EL SEGUNDO TURNO

LARA BAZELON

EL SEGUNDO TURNO

¿Eres mamá y trabajas?

Elimina la culpa de dividirte en dos

DIANA

Título original: AMBITIOUS LIKE A MOTHER: *Why Prioritizing Your Career Is Good For Your Kids*

Traducción: Yara Trevethan
Formación: Alejandra Romero

Diseño de portada: Planeta Arte & Diseño / Stephanie Iraís Landa Cruz
Ilustración de portada: © iStock

Extracto de "This Week in Fiction: Lauren Groff on the Cult of Motherhood", Cressida Leyshon, The New Yorker, © Condé Nast.

Bajo el sello editorial DIANA M.R.
Avenida Presidente Masarik núm. 111,
Piso 2, Polanco V Sección, Miguel Hidalgo
C.P. 11560, Ciudad de México
www.planetadelibros.com.mx

Primera edición en formato epub: abril de 2024
ISBN: 978-607-39-1266-2

Primera edición impresa en México: abril de 2024
ISBN: 978-607-39-1188-7

Impreso en los talleres de Litográfica Ingramex, S.A. de C.V.
Centeno núm. 162-1, colonia Granjas Esmeralda, Ciudad de México
Impreso y hecho en México — *Printed and made in Mexico*

Este libro es para mi madre, Eileen Amy Bazelon

Índice

Prefacio

Mi madre alguna vez me dijo: «Nunca dependas financieramente de otra persona».

Más que ningún otro consejo que me diera, este se me quedó grabado.

Mi madre trabajó toda su vida, nunca dejó de hacerlo. No lo hizo después de tener a mi hermana Emily, en 1971; ni a mí, en 1974. No lo hizo al terminar su residencia médica en 1975. Ni después de tener a mi hermana Jill, en 1976, y tampoco tras su cuarta hija, mi hermana Dana, en 1979.

Mi madre trabajó para ser independiente. Trabajó para poder tener una identidad fuera de su matrimonio y de sus cuatro hijas porque eso la hacía feliz. Trabajó para liberarse del estrés constante, y de la miseria y la pobreza que definieron su infancia. Y también para darles un ejemplo a sus cuatro hijas.

Y lo hizo. Nosotras cuatro fuimos a la universidad; todas somos madres y trabajamos tiempo completo.

Mi madre perdió a su papá cuando tenía 3 años. Murió de un infarto la mañana del 17 de febrero de 1948, a los 31 años.

«Sin duda, una experiencia desconcertante y devastadora», decía. Fue ingeniero en el Departamento de la Armada y era el único sostén económico de la familia. La madre de mi madre, Edith, se quedó sola a cargo de una niña pequeña. No tenía ahorros, trabajo ni dinero, más allá de los 5 000 dólares de la póliza de seguro de su esposo.

Las dos décadas posteriores en la vida de mi abuela estuvieron marcadas por las dificultades de llegar a fin de mes, al tiempo que luchaba contra una ansiedad y depresión graves. Ya no podía pagar la renta del departamento de Nueva Jersey en el que vivió con su esposo y no tuvo más remedio que mudarse junto con mi madre a Baltimore para vivir con sus padres, con quienes tenía una relación conflictiva. Incluso cuando mi abuela pudo pagar un departamento con un pequeño jardín en un vecindario cercano, ella y mi madre compartían la recámara. Esa fue la situación hasta que mi madre terminó la universidad. Edith se preocupaba constantemente por el dinero; en ocasiones dependía de su hermana menor y de su cuñado para que la ayudaran.

Mi abuela tenía un título universitario; sin embargo, a finales de la década de los cuarenta, las opciones para las mujeres, especialmente para las que tenían hijos pequeños, eran limitadas: maestra, enfermera o secretaria. Luego de trabajar como maestra sustituta durante meses, encontró un empleo como docente de inglés, en una escuela pública de Baltimore. La educación previa de sus alumnos era deficiente y tenían problemas con el plan de estudios. Edith se sentía frustrada por la manera en la que el sistema les había fallado, tanto a los chicos como a ella; tenía un sueldo pésimo, como el de la mayoría de los maestros en esa época (y como en la actualidad). De junio a septiembre, cuando la escuela estaba cerrada, no percibía ningún sueldo. Su sueño de tener una vida de clase media, con un esposo y una casa llena de hijos detrás de una cerca de madera blanca, se había hecho trizas. Padecía episodios de depresión y en varias ocasiones contempló el suicidio. «La falta de dinero la volvía loca», explicaba mi madre, «además, no podía adaptarse a su vida».

Debido a esto, mi madre se enfocó en su educación. Se saltó dos grados y obtuvo una beca completa para Bryn Mawr College, una prestigiosa escuela para mujeres en la que hizo el curso propedéutico. Era 1961 y ella tenía 16 años. Unos meses después conoció a mi padre, su primer y único novio serio. Al terminar el propedéutico, presentó su solicitud para la Escuela de Medicina. Tanto su madre como sus abuelos la aconsejaron que no lo hiciera. «Me dijeron que nunca conseguiría casarme porque ningún hombre me querría en caso de que tuviera una carrera». Ella los ignoró. Mi padre no se desanimó; varios meses después de que ella comenzó la Escuela de Medicina le propuso matrimonio. Se comprometieron la víspera de Año Nuevo de 1965 y se casaron luego de seis meses; mi madre tenía 21 años, y mi padre, 23.

El matrimonio no frenó las ambiciones de mi madre. «En Bryn Mawr teníamos un dicho», me dijo: «Solo se casan las que siempre fracasan». De 1966 a 1969 ella y mi padre, estudiante de Derecho en la Universidad de Pensilvania, vivían en un departamento que estaba en el sótano junto a un club campestre. A mi papá le gustaba el tenis, pero no podía ingresar a las canchas, ya que el club prohibía la entrada a los judíos. Sin embargo, como señaló mi madre, de cualquier modo, no habrían podido pagarlo. En su lugar, su vida giraba en torno a la escuela y las tareas. En 1970, mi madre se graduó de la Escuela de Medicina de Pensilvania, con el primer lugar de su generación.

Entre más me adentraba en la historia de mi madre, luego de innumerables horas de entrevistas que se alargaron más de un año, más claro fue para mí que el rol de mi padre y la relación entre ellos eran factores complicados en su éxito. Por una parte, mi padre apoyaba las aspiraciones profesionales de mi madre, que eran relativamente poco comunes para su época. En su primera cita en la pensión de Bryn Mawr College, mi madre, de 17 años, le dijo a mi padre, de 19, que sería médico. Él me dijo: «Me pareció genial. Mostraba ambición y determinación. Tenía ganas de hacer algo importante y útil. Mostraba independencia».

Por otra parte, mi papá dejó en claro que para que el matrimonio funcionara, mi madre tendría que asegurarse de que sus hijos estuvieran alimentados, vestidos, y que se les llevara a sus diversas actividades. De igual forma, que la cena estuviera lista a tiempo y que la casa permaneciera limpia. Ella se vio sola para tratar de resolver esa ecuación logística. Contrató a alguien para que hiciera la limpieza de la casa y parte de la cocina, y se encargara del cuidado de las niñas; teníamos empleadas y una nana que trabajó tiempo completo para la familia durante más de una década. Sin embargo, mi madre también manejaba a la escuela hebrea y recogía a otros niños, y nos llevaba al pediatra, al dentista y, a tres de nosotras, al ortodoncista. Se ocupaba de llevar pastelitos a la escuela en nuestros cumpleaños (en esa época, llevar dulces al salón de clase aún era legal).

Por supuesto, al crecer en la casa de mis padres era consciente de esta dinámica. Para que todos prosperáramos, o por lo menos funcionáramos, mi madre tenía que hacerse cargo de los quehaceres domésticos como un segundo empleo, y eso significaba que trabajaba muy duro y, al parecer, sin descanso. Lo que yo no había entendido hasta que empecé a escribir este libro fueron los sacrificios que hacía continuamente. Algunas de esas renuncias eran profesionales; otras, personales. Mi mamá pasó muchos años agobiada por la culpa de que estaba engañando a sus hijas y a sus pacientes. En tanto era madre ambiciosa, vivió un tipo peculiar de soledad, que en parte se originaba en la decisión de mantener su angustia en silencio por miedo de propiciar más críticas.

Pienso en mi madre como una pionera; sin embargo, su historia no es un triunfo en línea recta. Tuvo éxito dentro de las restricciones de un matrimonio que era básicamente convencional. Sus logros requerían que cediera su tiempo libre, su energía emocional y algunas de sus aspiraciones. «Casi no tuve amigos cercanos cuando tú eras niña», me dijo. «No tenía tiempo, nunca salía a comer con alguien y sentía que Nana [mi abuela] y Gamma [la mamá de mi padre] me desaprobaban. Papá me apoyaba solo si no interfería en sus asuntos». Le pregunté si sentía resentimiento por papá, quien llegaba tarde todas las noches de su despacho de abogados, trabajaba regularmente los fines de semana y, hasta donde recuerdo, nunca preparó una comida familiar. Ella me respondió: «¿Habría sido agradable que papá hubiera estado más presente? Por supuesto que sí, pero ese no era papá. Nunca sería diferente a quien era».

Aunque la profesión que mi madre había elegido no era común para su época, su historia no es única. Innumerables madres trabajadoras encontraron la felicidad y la plenitud, así como los medios indispensables de seguridad en su carrera. Pero casi en la misma proporción muchas mujeres se sintieron solas y sufrieron en silencio por la culpa, la vergüenza y el miedo porque lo pretendido en el ámbito laboral estaba reñido con ser una buena madre.

No lo está. El éxito profesional es satisfactorio a nivel emocional. También es liberador. Nos permite ser un ejemplo, mostrarles a nuestros hijos que, al perseguir nuestros sueños y ambiciones, somos fuertes, independientes y sumamente capaces. Pensemos en que la vida de las mujeres podría ser más libre y feliz si aceptaran esta verdad: su trabajo las beneficia a ellas, al igual que a sus hijos. No obstante, esta realidad es difícil de entender porque va en contra de cómo hemos construido y reforzado las cuestiones de género, en particular cuando se trata de la crianza de los hijos. Es fundamental que aceptemos y hablemos de esta verdad ahora.

Las mujeres de las generaciones *millennial* y Z deben poner atención a este mensaje. Luego de haber vivido la gran recesión de 2008 y recientemente el COVID-19, la peor pandemia en un siglo, ahora sabemos que las circunstancias económicas pueden cambiar de manera abrupta y ciertamente para empeorar. El empleo de una pareja que alguna vez fue seguro se puede perder en cualquier momento. Al parecer, las uniones conyugales estables se pueden disolver. El *opting-out*, abandono de la carrera profesional, es un término que se ha vuelto muy popular para describir a las mujeres que en el ámbito económico se encuentran en una posición favorable y que eligen dejar la fuerza laboral para criar hijos en la primera década del siglo XXI; sencillamente, ya no es una opción para la mayoría de las mujeres estadounidenses.[1] Y eso incluye a algunas que pensaban que lo era.[2] Años después, muchas de ellas descubrieron que la posibilidad de no trabajar era insostenible a nivel económico y emocional.

Para algunas de nosotras, el trabajo significa libertad económica para salir de relaciones infelices o para replantearlas de manera radical con la intención de enfrentar divorcios, recesiones económicas, enfermedades e incluso la viudez, sabiendo que podemos mantenernos a nosotras mismas y a nuestros hijos. Esa libertad es fundamental para nuestra capacidad de ser buenas madres.

Sin embargo, eso no lo decimos en entornos educados.

La verdad —que esforzarnos por tener éxito en el lugar de trabajo tiene el potencial de hacer que las mujeres sean buenas madres y no peores— sigue siendo controvertida. Desafía la idea preestablecida de que una «buena madre» es una mujer que deja de lado sus intereses para satisfacer las necesidades de sus hijos; contradice los estereotipos de lo que se considera el comportamiento femenino aceptable: ser modesta, recatada y respetuosa.

Como madre ambiciosa y trabajadora con dos hijos pequeños y varias actividades profesionales —profesora en Derecho, fiscal y escritora—, he sido juzgada. Algunos de esos juicios me los impone el medio y otros son autoimpuestos. Siendo una joven madre, siempre aceptaba cuando me ofrecían una oportunidad profesional que implicaba separarme de mis hijos, como un viaje a otro estado para dar una presentación académica, una residencia para escritores que había buscado desde hacía mucho tiempo con la idea de terminar un libro o un pleito legal para absolver a un cliente encarcelado a cientos de kilómetros de distancia. Estas oportunidades eran peldaños en la escalera, sí, pero también alimentaban mi mente que siempre estaba deseosa de nuevas ideas y compromisos profesionales. Enriquecían mi alma; no hay nada más emocionante y vital que ver cómo se abren las puertas de una cárcel y una persona inocente queda en libertad, y saber que jugué un papel para que eso sucediera.

Sin embargo, el tiempo es finito y las carencias se acumulan en un lado de la balanza. De manera inevitable, mis elecciones implicaban que estuviera menos disponible para mis hijos. Se podría decir que mis decisiones me costaron mi matrimonio. ¿Qué ejemplo es ese? Durante más de una década tuve problemas con estas cuestiones, me torturaban, buscaba una salida que me librara de la culpa, la vergüenza y la convicción de que era una «mala madre». Por años me apresuré como ratón en un laberinto, al pretender un equilibrio entre mi trabajo y mi vida personal que me indicara que había encontrado la salida. Corrí de forma incansable, pensando que si me recuperaba de los callejones sin salida y sobrevivía a las trampas llegaría al mágico Edén.

Pero ese lugar no existe. El Equilibrio entre Trabajo-Vida y la Madre Abnegada son dioses falsos. Escribí este libro con la esperanza de convencerte para que dejes de perseguir el mismo espejismo y de castigarte por fracasar en lograr lo imposible. Escribí este libro como un recurso, un refugio y una fuente de consuelo. No es egoísta querer alimentar tu cerebro o tu alma; no está mal pensar que hacerlo requiere algo más que ser madre. No es nocivo enfocarte en la capacidad de mantenerte o mantener a tus hijos, o hacer sacrificios desde un principio para tener la flexibilidad que brinda conseguir un puesto más alto en tu área o tener más opciones profesionales.

Al contrario. Elegir oportunidades laborales, dar prioridad a tu carrera —no todo el tiempo, pero en ciertos momentos—, modela lecciones valiosas para tus hijos, incluida la indepedencia, la resiliencia y la importancia de usar tu talento y habilidades para ayudar a otras personas. Estas premisas tampoco deben ir en detrimento del matrimonio si una mujer elige a su pareja de vida con estas ideas en mente. No existe un camino sencillo hacia la plenitud; en su lugar, se trata de un sendero lleno de baches donde hay belleza y caos cotidiano. Las madres no deberíamos recorrerlo solas, sino reunir a nuestra familia (con todas sus reiteraciones) y a nuestra pareja (con todas sus insistencias) conforme nos esforzamos en avanzar de manera decidida y confiada hacia nuestros valores y propósitos en la vida.

Recientemente, una de mis destacadas exalumnas que se acababa de casar me pidió una carta de recomendación para un puesto muy importante. Después de que se la envié, ella me escribió para agradecerme. Se refirió a un artículo de opinión de *The New York Times* que escribí en 2019 sobre las mujeres y la ambición;[3] en su nota decía: «Su artículo [...] fue la primera vez que me decían que estaba bien darle prioridad a mi trabajo. Escuchar que podía ser tanto una [futura] madre como una abogada apasionada fue muy liberador». Luego concluyó: «Gracias por empoderarme y mostrarle a una generación de mujeres jóvenes que no tenemos que conformarnos». Al leer su nota tuve que contener el llanto. También pensé: «Ojalá alguien me hubiera dicho eso cuando yo tenía veintitantos años».

Dado que en la actualidad las mujeres estadounidenses estamos empoderadas, pero también en peligro como en ningún otro momento, es importante manifestar esta verdad. *El segundo turno* indaga en la vida de madres ambiciosas, económicamente independientes, que crían niños felices y sanos: la historia de mi madre, la mía y la de tantas otras. Este libro es un llamado a contar nuestras historias en voz alta y con orgullo; una voz que exige enviar el tema obsoleto de que las mujeres ambiciosas son unas perras egoístas y agresivas al montón de basura de la historia, donde pertenece. Y es una invitación para dejar de poner a las madres que tienen una profesión en un ciclo de vergüenza y autodiscriminación, al pedirles que renuncien a su anhelo, que lo oculten o lo sacrifiquen.

Necesitamos cambiar la conversación. Muchas mujeres enfrentan los mismos obstáculos hacia el éxito a los que tuvieron que enfrentarse nuestras madres y abuelas. El arraigado prejuicio de género en el lugar de trabajo, incluidos tanto el acoso como la agresión sexual, y la «sanción de la maternidad»[4] presenta limitantes para avanzar. Para las mujeres de color, estas amenazas e inequidades se suman a un prejuicio racial y viejos estereotipos. Estamos en un ambiente político en el que las agresiones jurídicas dirigidas a nuestros derechos reproductivos son la norma y plantean una amenaza a nuestra capacidad de controlar nuestro cuerpo. En casa, enfrentamos estrés y cargas adicionales; se espera que asumamos la mayor parte de las labores al tiempo que nos hacen sentir como si no hiciéramos suficiente. La pandemia de COVID-19, que dejó desempleadas a cifras históricas de mujeres, puso al descubierto la realidad de que un paso en falso en el desempeño de este acto en la cuerda floja nos envía a muchas de nosotras en caída libre, sin ninguna red social de seguridad que nos atrape.

Los datos muestran que un tercio de los hogares están encabezados* por mujeres solas[5] y que, en la mayoría de los domicilios con dos cónyuges, ambos deben laborar para poder subsistir.[6] Ya sea que las mujeres trabajen por necesidad o por amor al trabajo o alguna combinación, tienen el derecho a recibir un pago y oportunidades equitativas para poder progresar. Merecen vivir en un mundo que responda a las complejidades de su vida como madres, ya que también son seres humanos con necesidades económicas y emocionales, las cuales no se pueden satisfacer únicamente con la maternidad.

Claro que ha habido avances, los más recientes con #MeToo, que aumenta de forma incesante el número de mujeres que alcanzan el punto más alto en sus profesiones, y también hay una mayor paridad con sus contrapartes masculinas en la esfera doméstica.[7] Sin embargo, en términos generales, la sociedad se ha negado a poner a las mujeres trabajadoras al mismo nivel que a los hombres trabajadores, de modo que ellas se quedan estancadas. Diversas profesiones siguen vinculadas al modelo tradicional diseñado por los hombres cuyas mujeres permanecían en el hogar para cuidar a los hijos: desde

* En México, 11470000 de hogares están encabezados por mujeres. De acuerdo con la ONU Mujeres, este fenómeno se repite en toda Latinoamérica y el Caribe (bit.ly/3S4Z7X2; bit.ly/3U9OgxJ). (N. *de la e.*).

la mañana hasta la noche en la casa, con muy poca o ninguna flexibilidad. En ciertos aspectos ha empeorado; con los avances en la tecnología, la realidad es que nos convertimos en un mensaje de texto o en un correo electrónico fuera del trabajo. Antes de la pandemia, la mayoría de los empleos requería una labor presencial estricta de nueve a cinco, y luego más trabajo en casa por la noche y los fines de semana.[8]

Este libro no aboga por el hecho de que las mujeres acepten estas restricciones o que trabajen hasta la extenuación como prerrequisito para ser ambiciosas; es una obra que defiende el cambio desde el interior (el interior del hogar, del lugar de trabajo y de las instituciones que establecen jerarquías y normas que hacen que las mujeres fracasen). La unión hace la fuerza cuando las mujeres, como colectivo, difieren y dicen: «No más: vamos a cambiar el paradigma».

La agitación social y política de los últimos cinco años que culminó en una pandemia ha dejado algo en claro: no podemos continuar con los mismos debates sobre el trabajo, los niños, el amor y la familia que manteníamos hace una generación. Las madres trabajadoras piden apoyo, más flexibilidad y mayor reconocimiento por parte del Gobierno, de sus parejas y de sus jefes. No obstante, la reciente presión por la igualdad de género solo tendrá éxito si dejamos de desacreditarnos a nosotras mismas. Es preciso dejar de comprar lo que las redes sociales y otras poderosas instituciones —culturales, políticas, familiares— nos venden: imágenes perfectas de madres esbeltas, abnegadas, discretas que llevan a cabo sin error el equilibrio entre el trabajo y la vida personal por sí solas.

Hablemos con la verdad: lograr un balance perfecto entre el trabajo y la vida privada no es más realizable que ser la madre abnegada perfecta. En su lugar, lo que tenemos, como comentó el hijo mayor de una madre que trabajaba tiempo completo, es «pesos que se deslizan de un extremo de la balanza al otro; de la familia al trabajo y del trabajo a la familia, con momentos ocasionales de equilibrio perfecto». El desequilibrio es saludable y necesario, e implica compartir los sacrificios y cargas que una madre no debería llevar sola a cuestas. Él puntualizó lo siguiente:

> No siempre puedes darles a tus hijos el tiempo o toda la atención (nadie puede); sin embargo, no hay duda de que siempre les das tu amor. Mientras los jóvenes se apegan a cosas y situaciones que la sociedad y nuestra cultura refuerzan como importantes, nada es más relevante que el amor, la seguridad y la sensación de sentirse apoyado. Me gusta pensar en ello como una especie de corriente eléctrica alterna que siempre está disponible y lista, incluso cuando no esté conectada. Tú, con la ayuda de otros, garantizas que este cimiento esencial está en su sitio.[9]

¿Qué se necesita para que la analogía de la corriente eléctrica pueda aplicarse a la imaginación pública, de modo que las mujeres trabajadoras puedan tener apoyo económico y emocional de sus parejas, colegas y la sociedad? Un cambio cultural. Un cambio legal. Una reestructuración que no merme la confrontación del trabajo y la vida en un juego en el que uno gana y el otro pierde. Está empezando a suceder. La pandemia es un punto de partida natural para esta negociación interprofesional de alto riesgo, puesto que ha cambiado el aspecto laboral para decenas de millones de estadounidenses, la mayoría de ellas mujeres. Si bien no hay entendimiento del impacto enormemente desproporcionado y el estrés que el confinamiento de un año produjo en las madres, quienes quedaron desempleadas** de manera masiva,[10] sí cambió las reglas del trabajo. Existe cada vez más reconocimiento de que muchos aspectos del empleo que no requieren interacción personal pueden desempeñarse a distancia de manera exitosa y eficiente.

Más aún, en particular ahora que la demanda de trabajo ha creado, al menos temporalmente, un mercado de buscadores de empleo, las mujeres están posicionadas para negociar horarios que se acomoden mejor a sus necesidades y a las de sus hijos.[11] Estos acuerdos en el trabajo ahorran tiempo y dinero porque reducen los costos y la cantidad de tiempo necesario para transportarse, y otros gastos relacionados con los horarios de oficina cinco días a la semana. La ropa informal significa ahorros en cuentas de tintorería; comer en casa se traduce en disminución de gastos al no tener que comer en restaurantes.

La pandemia también puso en la mesa de debate el cómo ampliar la red de seguridad social para proporcionar beneficios que transformen las vidas de las madres trabajadoras, como un seguro de desempleo estable, vacaciones pagadas, créditos para impuestos por cada hijo y cuidado infantil de alta calidad a bajo costo. La Ley del Plan de Rescate Estadounidense de 1.9 billones de dólares que el presidente Biden aprobó el 10 de marzo de 2021 proporcionó algunos de esos beneficios, aunque de forma temporal. Incluso si el Congreso no logra hacer que estas prestaciones sean permanentes, muchos estados pueden hacerlo y algunos ya lo han llevado a cabo.[12]

Sin embargo, ningún cambio real es posible hasta que las madres trabajadoras se liberen de esa situación y dejen de ser

---

** Según datos de la Organización Internacional del Trabajo, en América Latina y el Caribe, 13 000 000 de mujeres quedaron desempleadas a causa de la pandemia por COVID-19 (bit.ly/48ZeRlq). (*N. de la e.*).

el centro para todos: perfectas en el trabajo, perfectas como pareja y perfectas como madres, en donde cada rol está por completo definido. En lugar de participar en una lucha infructuosa en la que ponen por delante a sus hijos, en tanto que la maternidad es una labor que debe mantenerse hermética y alejada de los horarios laborales, los problemas, triunfos e infortunios, las mujeres necesitan aceptar que estos ámbitos interactúan y entender que el caos es bueno en sí mismo.

Hice tal cambio en mi propia vida de manera deliberada y elegí criar a hijos que se den cuenta de por qué mi trabajo es importante. Esto es una realidad para muchas profesiones, y si lo que haces te brinda felicidad a ti y a otras personas, si ofreces un servicio de suma importancia, aumentas tu cuenta bancaria o, con suerte, una combinación de todo esto, tus hijos apreciarán que tu trabajo hace que el mundo dentro y fuera de tu hogar sea un lugar mejor. Comprenderán que no pueden, y no deben, ser prioritarios. Al mismo tiempo, sabrán que su existencia te inspira y te motiva.

Cuando buscaba la plaza para una cátedra, cierta universidad con buenas intenciones me aconsejó que no mencionara a mis hijos o que al menos me abstuviera de poner retratos de ellos en mi oficina. También me recomendó que de ninguna manera dijera que ellos eran la razón por la que no podía asistir al grupo de investigación o aceptar materias adicionales. Rechacé estos consejos; quería dar un ejemplo diferente para las madres que en un futuro se vieran en esta situación. Mi intención era decirles a esas jóvenes: «Fui clara y directa sobre mis responsabilidades como madre y las limitaciones que se impondrían alguna vez. Gracias a una actitud ética en mi trabajo y mis logros demostré que ser madre de hijos pequeños no es incompatible con ser una académica que se merece una plaza de titular. Sí, a veces fue estresante e incluso aterrador, pero al final todo salió bien y también resultará bien para ti».

No he sido perfecta como madre; eso no existe. Pero he sido real y soy buena. Mis hijos son conscientes de que el amor por mi trabajo no disminuye el amor que siento por ellos. Ven que pago las facturas a tiempo y en su totalidad; se dan cuenta de que soy capaz de apoyarlos tanto a ellos como a mí misma gracias a la dedicación, la determinación y el trabajo duro que amo hacer. Hemos tenido días soleados y otros más grises; han visto mis problemas y cómo los supero. En el proceso, han aprendido que se puede hallar fortaleza en una situación de vulnerabilidad, y también han desarrollado la capacidad de ser resilientes.

Lo sé porque me lo demuestran. Cuando mi hija tenía 7 años, escribió un poema llamado «Levantarse». Lo recitó frente a toda su escuela primaria en una ceremonia. Dice así:

> Si algo difícil y pesado te oprime,
> y caes, vuelve a levantarte.
>
> Si alguien dice que es imposible,
> eso me hace sentir que es más posible volver a levantarme.
>
> Si vuelves a levantarte, no pienses
> que no voy a volver a hablarle nunca a esa persona.
>
> Piensa que trataré otra vez y, aunque me
> derriben de nuevo, volveré a levantarme.
>
> No sé si aprendí esto de la manera más dura
> o más fácil, pero he aprendido,
> y ahora tú también puedes aprender.[13]

Este libro narra la historia de las madres ambiciosas que viven en Estados Unidos en el siglo XXI, a quienes derriban y vuelven a levantarse. Son diversas en raza, edad, orientación sexual, origen étnico, clase, profesión, geografía y país de origen; están casadas, solteras, divorciadas y viudas. Lo que tienen en común es su fuerte amor por el trabajo, su capacidad de ayudar a mantener —o, en algunos casos, ser el sostén— a sus familias y su creencia de que esforzarse por obtener logros profesionales y estabilidad económica las hace mejores madres, no peores. Saben que un equilibrio perfecto entre el trabajo y la vida personal es imposible, pero en lugar de disculparse por lo que no pueden darles a sus hijos, celebran lo que sí pueden: una lección de vida en cuanto a independencia y autoconfianza que les brinda las herramientas para prosperar y el valor de perseguir sus propios sueños.

CAPÍTULO 1

Amor, matrimonio, carriolas

La gran mayoría de las mujeres adultas en Estados Unidos decide ser madre. El 86% de las mujeres entre los 40 y 44 años tienen hijos.[1] Cuando se trata de una elección, incluso la culminación de un sueño de toda la vida, tener un hijo debería brindar una alegría absoluta. Pero para las madres ambiciosas que trabajan, esa felicidad a menudo implica mucha ansiedad. ¿Qué significa ser madre en la vida de las mujeres que trabajan cuando el tiempo y el dinero escasean y las prioridades cambian en tanto las estructuras laborales permanecen rígidas? Para las mujeres que desean tener hijos biológicos, ¿cuándo es el momento «correcto» para tener un bebé, minimizar el impacto de esas inquietudes y maximizar la probabilidad de embarazarse y tener hijos sanos? La ansiedad que viven las mujeres al ser madres se incrementa por un cúmulo de mensajes contradictorios de las redes sociales que, por una parte, les advierten de las consecuencias de esperar demasiado y, por otra, les aconsejan retrasar el embarazo y el parto hasta que hayan logrado cierta estabilidad económica, profesional y emocional.

Al final de mis veintes, iniciados mis treintas, conforme leía acerca de estos temas, no estaba segura de a quién creer. El matrimonio es una institución familiar importante, y el ejemplo de mis padres me pesaba, inspirador y abrumador. Mi madre conoció a su verdadero amor a los 17 años, se casó con él a los 21 y disfrutó de cinco años de vida matrimonial con él antes de tener a su primera hija a los 26. Según yo, se había ganado la lotería. Mi papá era apuesto, amable, inteligente, exitoso, encantador y divertido. Como cualquier otra pareja, mis padres peleaban, pero era evidente que estaban muy enamorados.

También era obvio que su historia no sería la mía. En la medida en que pasaban los años y yo no encontraba a mi pareja ideal, empecé a preocuparme porque el tiempo se me acababa. Echando un vistazo al pasado, me doy cuenta de lo tonto que parece. Tenía treinta y tantos años y no había motivo para creer que tendría problemas para embarazarme. Sin embargo, me preocupaban las estadísticas de los titulares a principios de la década del año 2000: la fertilidad de una mujer en general empieza a mermar a finales de los 20 años y disminuye de manera sustancial a mediados y finales de los treinta.[2] Los científicos atribuyeron estos cambios al «decaimiento de la calidad del ovocito»; es decir, los óvulos no envejecen bien.[3]

En 2005 cumplí 31 años. Tenía un empleo bien remunerado, era propietaria de mi casa y tenía un círculo de amigos cercano, pero seguía soltera. El mismo año publicaron un estudio que casi me pone histérica: las mujeres entre 35 y 39 años son la mitad de fértiles que las mujeres entre 19 y 26; en promedio, les lleva el doble de tiempo embarazarse, decía.[4] No solo eso, más de una mujer de cada cuatro entre los 35 y los 40 no se embaraza después de intentarlo un año —el margen en el que los médicos sospechan problemas de fertilidad en lugar de solo mala suerte—,[5] comparado con el 13% de mujeres entre 30 y 34.[6] Dudé entre ponerme como loca y tener esperanza cuando escuchaba en los medios de comunicación con gran alboroto mediático sobre mamás famosas que tuvieron querubines adorables a los cuarenta y tantos años.[7]

En retrospectiva, los titulares del momento a ambos extremos del espectro estaban igual de desinformados. La posibilidad de parir a finales de los 40 años o inicios de los 50 no son inexistentes, aunque tampoco son altas. Sin embargo, varios estudios extensamente citados sobre la disminución de la fertilidad de las mujeres a menudo se malinterpretan con base en escasos ejemplos que no son representativos a nivel estadístico y se usan para infundir miedo. Millones de mujeres a los treinta y tantos años e inicios de los cuarenta conciben bebés de manera natural cada año.[8]* Pero estas noticias no son populares, sino que se presentan como casos atípicos. Luego de revisar con angustia todos los titulares o escuchar a amigos o familiares contar sus problemas de fertilidad, algunas mujeres creen que el mismo destino implacable las alcanzará. Estos mensajes del medio crean una presión autoimpuesta para poner todo en su sitio: la pareja perfecta, los hijos y la carrera, antes de que sea «demasiado tarde».

En 2002, la economista Sylvia Ann Hewlett puso un signo de admiración a este miedo en su libro *Creating a Life: Professional Women and the Quest for Children* (Crear una vida: mujeres profesionistas y la búsqueda de los hijos) al expresar: «En la madurez, entre un tercio y la mitad de todas las mujeres

---

* De acuerdo con el Inegi, hasta 2022 las mujeres mayores de 30 años que se convertían en madres representaban el 30% de los nacimientos registrados en México (bit.ly/3SutSGi). (N. *de la e.*).

triunfadoras en Estados Unidos no tienen hijos» a pesar de desearlos desesperadamente.[9] Hewlett, quien enfocó su investigación en profesionistas de élite, de altos ingresos y ejecutivos, citó «las restricciones de la carrera y las dificultades en las relaciones» como los principales motivos para decidir el no tener hijos entre estas mujeres.[10] Luego de haber sufrido abortos espontáneos y haber presentado dificultades durante años para embarazarse después de su primer hijo a los 31 años, le dijo a sus lectoras: «Aprendan a ser estratégicas con su vida privada, como lo son en su carrera».[11]

El problema con esa sabiduría propuesta es el inconveniente de enamorarte y formar una pareja que, para muchas mujeres, es discutiblemente la condición previa más importante para convertirse en madres, no son eventos de vida que se presten a una estrategia. Cuándo, cómo y si sucede quedan fuera de control. El corazón desea de forma natural, no lo que se supone que debe desear; sin hablar del hecho de que la persona al otro lado de la ecuación debe sentirse de la misma manera.

Muchos criticaron a Hewlett por incitar al «pánico de bebés», al tiempo que fracasaba al no tomar en cuenta la realidad de que la vida personal de las mujeres no se sincroniza con el tictac del reloj. En 2002, un cuarteto de mujeres comediantes solteras en *Saturday Night Live* —Tina Fey, Amy Poehler, Maya Rudolph y Rachel Dratch— tomaron turnos para burlarse de ella. Dratch, en un tono sarcástico, dijo: «Sylvia, gracias por recordarme que debo apurarme para tener un bebé. Mis cuatro gatos y yo pondremos manos a la obra para lograrlo».[12] Tres de estas cuatro comediantes tuvieron hijos después de los 40 años; la cuarta, Amy Poehler, tuvo un hijo poco antes de cumplir 39.

Recientemente, otros expertos, incluida la doctora Jean Twenge, una autora y psicóloga de la Universidad Estatal de

San Diego, criticaron a Hewlett y a otras porque se basaban en «datos cuestionables». En 2013, en *The Atlantic*, la doctora Twenge contraargumentó las aseveraciones de Hewlett con un estudio que mostraba que las mujeres europeas mayores de 35 años eran casi tan fértiles dos días antes de la ovulación que sus contrapartes de veintitantos años, y con un estudio neerlandés sobre madres que eran casi tan fértiles a los 40 que cuando lo eran a los 20 años. Twenge también incluyó su propia historia. Ella y su esposo concibieron de manera natural tres hijos cuando Twenge estaba al final de sus 30 años.[13] Sin embargo, entre los 40 y los 45 las posibilidades de embarazarse sin intervención médica disminuyen.[14] «Para los 44, las probabilidades de un embarazo espontáneo son casi nulas», declaró la doctora Jan van Dis, una ginecobstetra, al *The New York Times* en 2019.[15] Twenge aconsejó: «Planea tener a tu último hijo a los 40. Después de eso, es un juego de azar, aunque aun así podrías lograrlo».[16]

Sin embargo, los avances científicos han aumentado las posibilidades de embarazarse después de los 40, con desarrollos en técnicas reproductivas asistidas (conocidas como ART, por sus siglas en inglés), que principalmente implican congelar óvulos y fertilización *in vitro* (en ocasiones con óvulos de donantes). Cuántos óvulos debe almacenar una mujer para las ART es una pregunta compleja. Estos métodos son costosos, en general no los cubre la Seguridad Social y están lejos de ser infalibles. La probabilidad de que una mujer mayor de 35 años que recurre a las ART pueda concebir y parir un bebé sano es del 22%, según los Centros para la Prevención y Control de Enfermedades; después de los 42 años, solo tiene el 6% de posibilidades.[17]

Lo que complica aún más la situación es la ansiedad sobre los riesgos de salud relacionados con el embarazo después de los 35 años. Estos son «embarazos geriátricos», así llamados por el riesgo elevado de complicaciones, incluido el aborto espontáneo, el parto de un feto sin vida, deformidades genéticas, bajo peso y nacimientos prematuros.[18] (La primera vez que escuché el término *embarazo geriátrico* que se refería a mí cuando me embaracé por primera vez a los 36 años me quedé boquiabierta, pero sí, ese es el término médico).

La doctora Laurie Green, socia directora de Pacific Women's Obstetrics and Gynecology Group, en San Francisco, ha ayudado en el parto de más de 7000 bebés, incluido el mío. A la lista de riesgos de embarazos geriátricos, ella agrega venas varicosas, alto riesgo de cáncer de mama, hemorragias, diabetes gestacional, hipertensión y altas probabilidades de cesárea. Para las mujeres mayores de 40 años, esos riesgos aumentan. Las probabilidades de que una mujer menor de 25 tenga un bebé con síndrome de Down es 1 de cada 1200; a los 35, es 1 de cada 350; a los 40, es 1 de cada 100; y para las mujeres mayores de 45, es 1 de cada 30.[19]

Algunos estudios han mostrado que menos mujeres se apresuran a tener hijos en la actualidad porque quieren afianzar sus carreras, pagar su deuda universitaria, disfrutar su independencia y encontrar a la pareja correcta. Un informe de 2017 publicado por el Censo de EUA comparaba las edades a las que las mujeres se casaban y tenían hijos, usando dos grupos de control diferentes. Las integrantes del primer grupo tenían, como mi madre, entre 18 y 24 años en 1975, desde el *baby boom* hasta las generaciones silenciosas. Las del segundo grupo, jóvenes contemporáneas, tenían de 18 a 34 años en 2016, desde las *millennial* hasta la generación Z.

Las diferencias fueron notables: «En la década de 1970, ocho de cada diez personas se casaron cuando cumplieron 30 años. Hoy en día, ocho de cada diez personas se casan hasta los 45 años». Casi el 70% del grupo de mayor edad eran madres a los 30 años; para el grupo más joven, ese porcentaje disminuyó un 46%.[20] Estas cifras no son sorprendentes. Muchas mujeres en la actualidad terminan la universidad, se gradúan, forman parte del mundo laboral y desean tener una base financiera sólida —créditos pagados, un trabajo asegurado y bien remunerado— antes de ser pareja y madres.[21] Las mujeres del segundo grupo tienen más oportunidades profesionales que las generaciones anteriores, pero también más cargas, incluido el costo elevado de la educación superior, que puede resultar en una deuda estudiantil devastadora, y salarios que se han estancado para todas, salvo para los empleados muy bien pagados que pertenecen a una minoría selecta.[22]

¿Qué camino es el mejor: ser una madre a finales de los 20 años y principios de los 30, que significaría poner en pausa la carrera profesional, o esperar hasta finales de los 30 o principios de los 40, cuando tener un hijo podría ser más difícil?[23] Para las mujeres que reciben las oleadas constantes de información contradictoria, es útil orientarse y mantener el objetivo a la vista. Los debates sobre la fertilidad de la mujer vienen de mucho tiempo atrás y son acalorados, y si bien algunos principios generales se pueden extrapolar, las características individuales de cada caso significan que cada predicción es incierta. Sí, las mujeres son menos fértiles conforme envejecen, pero es imposible afirmar con certeza qué mujeres y hasta qué grado. Muchas de ellas, a finales de los 30 y principios de los 40 años, no tendrán dificultad para embarazarse; otras no presentarán problemas con la ART. Y algunas otras no podrán concebir ni de manera natural ni con la ayuda de la tecnología. Los estudios sobre fertilidad que están basados en muestras limitadas solo pueden hablar de generalidades, probabilidades y estadísticas discutibles. Historias como las de Hewlett y Twenge, como la mía, la tuya y la de tus amigas, solo pueden considerarse anécdotas. Cada mujer tiene su propia narrativa de fertilidad y es desconocida a menos que, y hasta que, ella decida escribirla.

Necesitamos crear un espacio para más historias diferentes al tiempo que rechazamos el arraigado impulso social de etiquetar a las mujeres con una fecha de caducidad y esperar que formen pareja y se embaracen. Eso no quita que, a casi un cuarto del siglo XXI, a las mujeres que persiguen sus metas profesionales y disfrutan de su independencia a los 30 años les dicen que son egoístas y cortas de miras. O, peor aún, que permanecer solteras y sin hijos no es una decisión, un accidente o un hecho irrelevante; significa algo más profundo.

Sara Eckel, una escritora independiente, publicó en 2011 el ensayo «Modern Love» («Amor moderno») en *The New York Times*,[24] sobre el temor que sintió cuando en una cita romántica le preguntaron cómo había sido su última relación.

> No quería que supiera la verdad: que a mis 39 no había tenido un novio serio en ocho años, ya que en otras citas los hombres habían retrocedido ante esta información, aunque yo era más joven. Me veían de manera tranquila y curiosa, como si fuera un restaurante con pocos clientes o una casa en venta durante demasiado tiempo. Un hombre incluso dijo: ¿Cuál es tu problema?

Pocas personas harían la misma pregunta si Sara tuviera 39 años y fuera un hombre llamado Sam. Algunos estudios reflejan esta diferencia y también su impacto en el pensamiento y las prioridades de las mujeres. Según las estadísticas, es más probable que las mujeres jóvenes le den más importancia a la maternidad al considerar dejar un empleo o una ciudad por una futura pareja con quien imaginan tener hijos, de acuerdo con la investigación presentada en el artículo de 2005 «I Can't Wait to Get Married: Gender Differences in Drive to Marry»

(«No puedo esperar a estar casado: diferencias de género que te impulsan a casarte»).[25] Sin embargo, los autores afirmaron que el interés de las mujeres para establecerse y tener hijos se relacionaba con su postura en los roles de género de manera más general: quienes se adaptaban a una visión más tradicional de la mujer como pareja subordinada y cuidadora principal eran más propensas a hacer sacrificios para casarse y ser madres.

En 2013, Scott Stanley, un profesor de psicología de la Universidad de Denver, citando un estudio del National Marriage Project (Proyecto Nacional del Matrimonio), escribió que los hombres, a diferencia de las mujeres, «no expresaron presiones sociales para casarse».[26] Esta actitud indiferente está enraizada en la creencia de que no hay prisa; un hombre de cuarenta o cincuenta y tantos se puede casar con una mujer más joven e incluso tener hijos.[27] Por ejemplo, un estudio de 2018 en 21 hombres entre 21 y 46 años que asistieron a una asesoría de fertilidad con sus parejas femeninas encontró que ninguno de ellos estaba preocupado por su capacidad de procrear hijos biológicos. Al mismo tiempo, «muchos dudaban de tener hijos porque tenían una sensación de incertidumbre sobre la paternidad o no se sentían "listos" para hacerlo». En el caso de estos hombres, estar preparado era un estado psicológico. Un participante de 40 años afirmó: «Fui un adolescente loco hasta los 38 años aproximadamente, así que era demasiado irresponsable para eso».[28]

Mientras tanto, a pesar de que se celebre a algunas mujeres solteras en la cultura popular y del hecho de que un número récord de adultos mayores de 18 años no están casados —más del 45%, según los datos del censo de EUA—,[29] el estigma relacionado con ser una mujer soltera «de cierta edad» sigue enraizado en la sociedad. Esta creencia tiene una larga historia; la frase se remonta a la Inglaterra del siglo XVIII y, de acuerdo con el fallecido columnista William Safire, «sugería que la mujer era una solterona». Varios escritores británicos famosos usaban el término de manera despectiva. Lord Byron escribió: «No hay cosa más incierta que el número de años de las señoras que se dicen de cierta edad». Según Charles Dickens, una mujer «de cierta edad» era como «una casa muy vieja, quizá tan vieja como decía ser y tal vez más vieja».[30]

Las mujeres solteras del siglo XX siguieron enfrentando la condena y presión constante para casarse, motivada en parte por su falta de acceso a empleos bien remunerados con la promesa de estabilidad o avance social. En un estudio de 1981 publicado en el *American Journal of Psychiatry*, los autores afirmaron que «una mujer no casada era considerada no atractiva, indigna y no deseada».[31] El estatus social disminuido de la mujer, combinado con sus necesidades económicas, la hacían sentir que establecerse en pareja era una obligación.

La mayoría de las madres solteras, como mi abuela, eran viudas o divorciadas, su situación no era una elección; sin embargo, las cualidades negativas se les atribuían a ellas. De acuerdo con el mismo estudio, una de cada cuatro personas creía que las mujeres solteras eran menos estables emocionalmente y afirmaba que era más probable sentirse incómodo en su compañía. Esto se relaciona con la experiencia de mi madre cuando creció en Baltimore, en la clase trabajadora, como una niña que estaba sola en su casa. Decía que ella y su madre eran despreciadas. «No tuve una familia ordinaria, así que no me adaptaba a ningún grupo social», me dijo.

Al inicio de la década de 1970, que coincide con el movimiento de liberación femenina y la decisión de muchas universidades exclusivas para varones de admitir a mujeres, las cifras empezaron a cambiar.[32] El porcentaje de mujeres que asistían a la universidad aumentó a más del doble de 1952 a 1979, elevándose de 6 a 12.2%.[33] Para 1981, más mujeres que hombres obtuvieron un grado de licenciatura.** Con la afluencia de mujeres que buscaban una educación superior, vino la promesa de una mayor estabilidad económica y una concepción distinta del matrimonio, la familia y la profesión.

En 1962, cuando mi madre estaba en el primer año de universidad, el 98% de sus contemporáneas expresaron su firme deseo de casarse. «La mayoría de las mujeres aprendió pronto en su vida que la elección de un marido, no de una profesión o empleo, era el factor determinante más importante de su posición social futura», escribieron los autores del artículo publicado en 1981. Para 1972, solo el 60% de las mujeres universitarias estaban decididas a casarse; menos consideraban el matrimonio como necesario para la seguridad económica o un prerrequisito para tener hijos.[34] «College Women Want a Career, Marriage, and Children» («Las mujeres universitarias quieren una carrera, casarse y tener hijos») fue el título de un artículo publicado por la psicóloga Arline L. Bronzaft en 1974. En una encuesta aplicada a 210 mujeres a punto de graduarse de la Universidad Municipal de Nueva York, la doctora Bronzaft encontró que el 79% «desea tenerlo todo» y menos del 10% consideraba su identidad como «centrada en el hogar y la familia».[35] Al parecer, estas mujeres marcaban una nueva tendencia, puesto que el porcentaje de mujeres con estudios de licenciatura de cuatro años aumentó del 10% en 1974 a más del 38% en 2020.[36] Con ese nivel de educación, vinieron grandes oportunidades y menos incentivos económicos para casarse como una forma de asegurarse un futuro financiero sólido.

Sin embargo, décadas después de la publicación del estudio de la doctora Bronzaft, los mismos juicios siguieron

** En Latinoamérica, de 1970 a 1985 el promedio de mujeres en la matrícula universitaria pasó de 35 a 45% (bit.ly/49uWcOo). (N. *de la e.*).

etiquetando a las mujeres sin pareja. En 2003, Phyllis Gordon publicó su artículo «The Decision to Remain Single: Implications for Women Across Cultures» («La decisión de permanecer soltera: implicaciones para las mujeres en distintas culturas») en el *Journal of Mental Health Counseling*. Gordon encontró que, incluso en el siglo XXI, los términos *nunca he estado casada* o *no casada* se relacionaban con un «estado de carencia». La doctora Gordon exhortó a profesionales de la salud mental a que «reexaminaran sus propios prejuicios». Criticó el pensamiento predeterminado del matrimonio como «la norma» y la arraigada creencia de considerar a todas las mujeres solteras como solitarias y no amadas, en lugar de verlas como un grupo diverso que incluía a muchas personas que han tomado una libre decisión. Exhortaba a valorar, no a tener compasión, de las que deciden permanecer sin pareja.

Las mujeres solteras que gozan de una posición destacada, con o sin hijos, han trabajado para disipar los estereotipos a los que se refirió la doctora Gordon en su investigación. Algunas de ellas —incluida Kate Bolick en su biografía de 2015 *Solterona: la construcción de una vida propia*— se enfrentan directamente a un asunto de misoginia y lo convierten en un grito de batalla para el empoderamiento. Sin embargo, es revelador que el libro comience de esta manera: «Con quién casarse y cuándo: estas dos preguntas definen la existencia de toda mujer».

Verna Williams, la decana de la Escuela de Derecho de la Universidad de Cincinnati, conoció a su esposo, David, en 1995, cuando tenía 34 años. Ambos eran ambiciosos abogados que defendían el interés público; Verna vivía en Washington D. C., y David, en Nueva York. Para Verna era difícil tener citas. Como era una mujer afroamericana fuerte y exitosa, constantemente le decían «Eres demasiado intimidante, demasiado inteligente».

Verna se graduó de la Escuela de Derecho de Harvard y esperaba conocer a alguien ahí. No lo hizo. Con el paso de los años, dijo: «Pensaba: "¡Dios!, mi mamá tenía 25 años cuando se casó y me tuvo a mí". Y yo no me veía en un matrimonio ni con hijos en el corto plazo. En el fondo repetía "¿Cuándo sucederá?"». Verna y David se casaron dos años después de conocerse. Tuvieron una hija, Allison, cuando ella tenía 39.

La presión para adaptarse al modelo de familia tradicional sigue siendo fuerte. La doctora Gordon observó que la primera generación de mujeres de algunos grupos inmigrantes enfrentó una coerción social intensa para casarse y tener hijos a una edad relativamente temprana debido a las normas culturales y creencias familiares de respetabilidad. Me parece que esto también es cierto para algunas mujeres a las que he entrevistado.

Diana Luong llegó de Vietnam a Estados Unidos el 29 de agosto de 1994, junto con sus padres y cuatro hermanos. Tenía 15 años. Le pregunté qué sabía del país antes de que llegara y, riendo, me respondió: «Nada». Diana se inscribió en una preparatoria pública y aprendió inglés; cargaba un pesado diccionario en su mochila y buscaba las palabras que no entendía. Asimismo, vio todos los episodios de *Friends*. «Era divertido y me ayudó mucho con la comunicación», dijo. «Mi personaje favorito era Rachel. Me encantaba porque era muy hermosa». Pero la vida de Diana no era en nada parecida a la de los solteros despreocupados de la serie. Luego de vivir una breve temporada con sus abuelos, su familia se mudó a un departamento de una sola recámara en Tenderloin, un vecindario de familias de bajos ingresos y alto índice delictivo en San Francisco.

Diana conoció al hombre que se convertiría en su esposo cuando ella cursaba el primer año de preparatoria, poco después de llegar al país. Él también era vietnamita, dos años mayor y parecía ser mucho más cosmopolita. Diana dijo que lo primero que la atrajo fue su aspecto emocional: «Siempre me cuidaba mucho». Faltaba a clases para preparar los almuerzos que le encantaban a ella —huevo con arroz y fideos, salchichas hechas en casa— y tomaba el autobús a la escuela para entregárselo personalmente. Cuando surgió el tema del sexo, Diana fue clara: «Le dije que no quería ser una chica mala que tenía relaciones sexuales y a la que abandonaban antes de casarse, porque tengo ideas muy tradicionales de Vietnam, a lo que él respondió "Seamos marido y mujer"». Su promesa consolidó la relación. Tuvieron relaciones íntimas y él le propuso matrimonio unos años después. Diana, todavía una adolescente, postergó la boda para terminar la escuela. Se casaron cuando ella obtuvo su título de pregrado universitario, a los 22 años. Me dijo que su esposo fue su primer y único novio. Sus hijos, Sarah y Brian, nacieron antes de que Diana cumpliera 30 años.

Aunque nació más de tres décadas después que mi madre, es notable que Diana haya tomado decisiones parecidas. Ambas se casaron con el primer y único novio que tuvieron, a quien conocieron de adolescentes. Pero si bien las decisiones de mi madre se mezclaron con la cultura nacional de la época y de la ciudad costera liberal en donde vivía,[37] las de Diana se ajustaron a las expectativas de su comunidad migrante, aunque eran inusuales en la ciudad costera liberal en la que vivía. Actualmente, existe una división cultural y de clase, con una primera generación de clase media-baja, y mujeres inmigrantes que se casan y tienen hijos a edades más jóvenes que las estadounidenses de clase media-alta, que son más propensas a postergar esas decisiones.[38]

La norma para las mujeres que viven en San Francisco es tener varias parejas antes de casarse a los treinta y tantos.

Menos del 18% de las mujeres menores de 35 años tienen hijos. Hoy, es más probable que las madres jóvenes en Estados Unidos sean conservadoras y religiosas, que se apeguen a las normas tradicionales de género y renuncien a una carrera para quedarse en casa. También es más factible que tengan menos educación y seguridad económica.[39] Joven esposa y madre, Diana se adaptaba de cierto modo, pero cuando se trató de su carrera y de su rol en la familia, su éxito fue rotundo (hablaremos más de esto en el capítulo 5).

También existe la diferencia geográfica. Las presiones sobre las mujeres que viven en el sur y en el Medio Oeste son diferentes; se les empuja a tener pareja y ejercer la maternidad a edad más temprana. Kenzie y su esposa, Abbie, se casaron poco después de un año de que empezaron a salir. Abbie, quien se crio en Mineápolis, acababa de regresar a su pueblo natal para trabajar como capellana en un hospital después de graduarse de la Escuela de Teología de Harvard. Tras cursar la preparatoria en Los Ángeles, Kenzie, quien se crio en St. Paul, también volvió para trabajar como directora de políticas en una organización de servicios sociales sin fines de lucro.

Kenzie y Abbie se conocieron luego de que ambas habían terminado relaciones largas. Ambas describieron haber sentido «momentos de pánico» parecidos. Abbie dijo: «Tenía 30 años cuando mi relación terminó y me di cuenta de que realmente quería tener hijos. En otros lugares, 30 es como tener 48». Kenzie, quien en ese entonces tenía 28, describió el sentimiento como si hubiera «retrocedido al punto de inicio. Algunos de mis amigos cercanos empezaban a casarse y tener hijos. Quizá era mi naturaleza de triunfadora, pero comparaba mi situación en relación con mis compañeras, y también siempre quise embarazarme, vivir esa experiencia y tener un hijo».

Ambas advirtieron que en el Medio Oeste era común casarse y tener hijos siendo joven. Incluso entonces observaron que algunas de sus amigas tenían problemas de fertilidad. Pero había otro factor que Abbie describió de manera concisa: «Por el hecho de ser homosexuales debemos ser muy deliberadas. Todo debe estar planeado». Kenzie agregó: «Queremos ser realistas. Algunas amigas lesbianas tienen que someterse a varios tratamientos de fertilidad para embarazarse. Sabemos que quizá tendremos que prepararnos para un largo proceso de fertilidad. No podemos asumir que vamos a intentar una vez y tendremos un hijo nueve meses después».

Cuando Abbie descubrió que su seguro médico cubría la inseminación intrauterina, decidieron comenzar de inmediato. Se casaron en las vacaciones de Navidad en 2019 y compraron una casa con un gran jardín. El COVID puso en pausa sus planes reproductivos durante unos meses, pero en mayo de 2020 Kenzie se embarazó luego del segundo intento de inseminación intrauterina y parió a su hijo, Dashiell, el 25 de febrero de 2021, cuando ella tenía 30 años.

Al leer con atención los datos empíricos y las narrativas antagónicas de mis entrevistas con docenas de mujeres, pensé en mis propias decisiones de vida y cuánto estaban moldeadas debido a los miedos establecidos por los medios de comunicación y el deseo ferviente de apegarse a las normas familiares. Entre los 20 y 30 años tenía una próspera carrera como abogada litigante en la oficina del fiscal federal de Los Ángeles. Mi sueldo estaba un tanto por debajo de las seis cifras; participaba en juicios del Gobierno federal de enorme relevancia en los que mis clientes enfrentaban años, incluso décadas, en la cárcel. Tenía una vida social sana, con amigos y citas románticas; salía a restaurantes, al cine, museos y conciertos. Acababa de mudarme a California y viajaba por todo el estado, asistía a catas de vino en la costa central, hacía senderismo en el parque nacional de Árboles de Josué y admiraba la majestuosidad rojo-anaranjada que ofrecía el puente Golden Gate cuando lo cruzaba a pie, como un cometa desde lo alto. Cuando veo fotografías de esa época, observo a una joven llena de vida y exitosa que vive la mejor etapa de su vida en una gran ciudad.

Sin embargo, no era así como me sentía exactamente. Estaba orgullosa de mí misma; sí, sabía que era una buena abogada, una buena hija, una buena amiga. Contaba con suficiente validación externa para corroborar esos sentimientos. Pero el empecinamiento que comenzó a finales de mis 20 años con frecuencia ahogaba mis logros: la cuenta regresiva de lo que temía se aproximaba rápidamente a la fecha de expiración. Disfrutaba salir con mis amigas y pasar tiempo sola, pero la ansiedad sobre el futuro teñía todo. Varias relaciones largas terminaron; la idea de permanecer soltera a los treinta y tantos me asustaba. Igual que Verna Williams, escuchaba lo mismo: cuándo sucederá. En el juego de las sillas musicales que consistía en encontrar a un compañero de vida, tenía miedo de no tener dónde aterrizar. Temía no tener hijos.

También me molestaba la comparación indirecta dentro de mi familia. Por supuesto, estaba mi madre que se adaptaba perfectamente a su generación: casada a los 21 años, madre a los 26. Luego estaba mi hermana mayor, Emily, y la menor, Jill; ambas se casaron a los 27 y tuvieron a su primer hijo antes de cumplir 30. A mis treinta y pocos y después de una separación en malos términos, visité a mis padres en Filadelfia. Cuando confesé mi miedo a quedarme soltera y sin hijos, mi madre dijo: «Bueno, la mayoría de la gente conoce a la persona con la que se va a casar en la preparatoria o la universidad». Cuando señalé lo obvio, que esa época ya había pasado para mí, simplemente asintió, pensativa.

Cuando mi esposo y yo empezamos a salir seriamente a finales de 2006, luego de una relación fallida anterior, ambos teníamos 32 años. Ahora que ha pasado el tiempo, podría parecer que éramos jóvenes, pero en aquel momento solo pensaba en que mi producción de óvulos sanos era cada vez menor. Matt ya era un tanto mayor cuando se inscribió en la Facultad de Derecho, puesto que trabajaba desde hacía algunos años; se graduó y consiguió realizar sus prácticas profesionales con un juez federal de San Francisco. Luego se mudó al norte en agosto de 2007. En enero de 2008 yo dejé atrás mi vida en Los Ángeles —mi trabajo, mis amigos, mi casa—, igual que las mujeres del estudio «I Can't Wait to Get Married». Matt estaba contento con la mudanza; había crecido en Marin, justo del otro lado del puente Golden Gate, y su familia aún vivía ahí.

El año siguiente tuve muchas dificultades para adaptarme a la vida como novia que vivía con Matt en una ciudad en la que no tenía amigos y trabajaba a distancia en un caso de pena de muerte que me parecía desesperante y poco interesante. Me sentía desdichada y en una encrucijada profesional. Pero quiero ser cuidadosa y no omitir detalles. La encrucijada profesional se debía por completo a mi propia decisión. Tras siete años de ser abogada de oficio, había llegado al punto más alto de un largo y pronunciado camino de aprendizaje y estaba ansiosa de un cambio. A partir de 2006, estuve tres semestres como maestra adjunta, una vez a la semana, en la Facultad de Derecho Loyola de Los Ángeles y me sentía estancada. Escribí algunos artículos de opinión sobre temas legales que me interesaban, de modo que ver mis ideas publicadas para el lector común me produjo mucha felicidad y satisfacción.

Fijé mis objetivos en lo que llamé «la apuesta de los cinco millones de dólares»: obtener una plaza como profesora titular en un seminario de enseñanza en Derecho, el cual estimaba que me daría verdaderos frutos unos veinte años más tarde.

Este tipo particular de trabajo me permitiría hacer lo que amaba: escribir, enseñar y litigar, exactamente como quería. Con una plaza permanente venía la seguridad, el poder y casi una completa autonomía; podría elegir mis propios casos y decir lo que pensaba. Este empleo me facilitaría establecer mi propio horario, lo que significaba que podía ser madre a mi propio ritmo. La vida de un académico permite tener horarios flexibles; siempre y cuando fuera productiva, podía escribir en casa los días que no daba clase e incluso tomarme un día libre para actividades personales sin que nadie se molestara. Después de años de presentarme en los tribunales a las 8:30 a. m., siempre a costa de jueces caprichosos cuyos fallos podían arruinar planes para cenar o incluso vacaciones enteras, quería una salida. De este modo, decidida a cambiar a una carrera académica, pasaba mis días sola en casa, escribiendo artículos sobre leyes y navegando en internet en busca de empleo.

A Matt no le hablé de «la apuesta de los cinco millones de dólares». Me preocupaba, quizá de manera egoísta, que si lo hacía negaría con la cabeza al constatar mi arrogancia y temeridad porque pensaba que podía hacerlo. Es bien sabido que las plazas permanentes en las escuelas de Derecho —en realidad en todo el ámbito académico— son muy difíciles de obtener; y en el caso de los seminarios, son aún más inusuales. Muchas escuelas de Derecho consideran la enseñanza práctica, en la que el docente dirige un despacho de abogados *pro bono* dentro de la escuela y litiga casos al lado de los estudiantes, con menos prestigio que los «puestos de podio», en donde los profesores imparten cátedra ante una clase numerosa e interrogan a los alumnos mediante el método socrático. Como resultado, múltiples escuelas de Derecho no ofrecen plazas permanentes a los practicantes. E incluso para ellos, alcanzar un puesto seguro y permanente les toma años. Yo no era una académica establecida y tenía muy poca experiencia docente. Las posibilidades de que se abriera una plaza en el norte de California y de que la obtuviera parecían improbables. Me preocupaba, no sin razón, que, al insistir en salir del Área de la Bahía, o incluso del estado, para tener uno de estos empleos, Matt se opusiera de manera rotunda.

Matt y yo estábamos apasionada y frenéticamente enamorados, pero nuestra relación era muy problemática. Incluso en nuestras etapas más felices peleábamos con frecuencia por todo, en particular por lo mucho que me preocupaba mi carrera y por el sentimiento de que Matt no apoyaba mi ambición ni apreciaba mis logros.

Las parejas que se divorcian por lo general te dicen lo mismo: al volver la mirada al pasado, siempre hubo señales de alerta. La siguiente historia es un ejemplo de lo que me pasó. A finales de diciembre de 2007, varias semanas antes de que me mudara a San Francisco, atendí mi última causa penal ante el tribunal federal. Mi padre, quien nunca me había visto en un juicio, cruzó el país para darme la sorpresa. Ese día que di vuelta en la esquina y lo vi sentado en una banca fuera del juzgado sigue siendo hasta hoy uno de los momentos más alegres de mi vida.

El caso, incluso según los generosos estándares de un abogado de oficio, estaba perdido. Mi cliente, un hombre mayor que padecía una enfermedad mental, entró a un banco al oeste de Los Ángeles y le pasó una nota a una de las cajeras que decía «Este es un robo de banco [*sic*], deme todo el dinero». La cajera, que tenía ocho meses de embarazo, hizo lo que le pedía. Su compañero presionó el botón de alarma que estaba en línea directa con la policía. Cuando llegaron, mi cliente se encontraba en el vestíbulo con unos billetes arrugados en la mano.

El incidente se grabó en las cámaras de seguridad. Incluso el juez no pudo ocultar su sorpresa cuando nosotros rechazamos la oferta del fiscal de declararlo culpable, a cambio de cien meses en la cárcel. Cuando orgullosamente le presenté a mi padre al juez, este movió la cabeza en mi dirección y le dijo a mi papá: «No tengo idea de lo que ella piensa que está haciendo aquí».

Sin embargo, yo sí sabía lo que hacía: para condenar a mi cliente, el jurado debía corroborar que usó la fuerza, el miedo o la intimidación; de lo contrario, se trataba solo de un robo común, un delito menor que el Gobierno no se habría molestado en considerar. Tras el testimonio de los testigos, el jurado se dio cuenta de que la evidencia era distinta: estaban frente a un anciano frágil que temblaba y balbuceaba entre mi compañero de juicio y yo. Como expliqué en mi alegato final, el hecho de que mi cliente pensara que estaba cometiendo un robo de banco no lo hacía un hecho verdadero. Lo único que importaba era si los cajeros se encontraban en realidad asustados. A pesar de sus testimonios teatrales, no lo estaban. El agente del FBI que entrevistó a ambos era un tipo honesto y admitió ese hecho cuando tomé la valiente decisión de llamarlo al estrado y cuestionarlo como un testigo hostil.

La apuesta rindió frutos: el jurado lo declaró inocente. Mi compañero de juicio y yo estábamos eufóricos. Algunas personas pasan toda su carrera sin una victoria en el tribunal federal; esta era mi tercera declaración de inocencia. Me despedía con bombo y platillo. Pero cuando llamé a Matt para darle la noticia, su voz era monótona: «Qué bien», dijo en un tono que dejaba al descubierto que pensaba cualquier cosa menos que estaba bien. Pasé de sentirme una heroína conquistadora a una mosca aplastada en segundos. El contraste entre la indiferencia de Matt, los abrazos de mis colegas y las sinceras felicitaciones de mi padre era extremo. Por alguna o varias razones complicadas, Matt no podía expresar felicidad por mi éxito profesional. Al menos eso me parecía. Es importante señalar aquí que existen siempre dos versiones de una historia. Escribo sobre mi relación con mi exesposo, consciente de que el lector solo está leyendo mi versión. Estoy describiendo la manera en la que me sentía cuando me encontraba en el extremo de una comunicación que consideraba despectiva e hiriente. Eso no es lo mismo que afirmar que sabía cuáles eran las intenciones de Matt.

Durante un tiempo en el que básicamente hice todo para lograr mis sueños académicos, ese problema disminuyó. No obstante, yo estaba mucho más interesada en hacer que Matt se casara conmigo que en enfrentar la realidad. Matt me propuso matrimonio el Día de San Valentín de 2008, cuando cumplí 34 años. Emocionada y aliviada en la misma medida, le dije que sí. Con el anillo en el anular, dirigí mi atención a la siguiente meta: tener un bebé. Había leído los estudios y estaba preocupada. Le dije a Matt que lo mejor era empezar a intentarlo de inmediato. Mis ciclos eran irregulares y hacía meses que tomaba anticonceptivos. Todos estos factores, le dije segura, aunados a mi edad significaban que el proceso para embarazarme tomaría al menos un año.

Recuerdo claramente la conversación. Fue justo después del 4 de julio y estábamos sentados en el jardín trasero de la casa que rentábamos en el distrito de Castro. Hacía calor en San Francisco para ser verano, que por lo regular es húmedo y horrible en esa temporada; lo suficientemente templado como para no usar, por un momento, el suéter que siempre llevaba conmigo. Al darle mis argumentos, Matt abría los ojos asombrado. Protestó. ¿No podíamos esperar? Estábamos planeando nuestra boda para octubre. Mientras tanto, nuestros dos empleos estaban por terminar y la recesión había comenzado.

De pronto, un futuro brillante se empañaba de incertidumbre. «No», respondí con firmeza, «no, no, no».

A final de cuentas, embarazarme me tomó a lo sumo 11 minutos. No bromeo: al término de ese mes pasamos un fin de semana largo con la familia de Matt en Tahoe. Su mamá nos tomó una foto durante uno de esos días en la playa. Yo llevaba un sombrero para la ocasión y un bikini de rayas verdes y blancas. El cabello de Matt se agitaba por una súbita ráfaga de viento. Estamos de perfil, mis brazos rodean su cuello y nuestros rostros están a centímetros de distancia. Nuestro hijo ya estaba con nosotros, dentro de mí, no más grande que un grano de arroz. No teníamos idea del cambio radical que implicaría en nuestra vida.

Cuando le comenté a mis padres, lo primero que mi madre dijo fue «Dios mío, ¿y tu vestido?». Ella y mi hermana Jill habían volado a San Francisco para ayudarme a escogerlo, una tarea que les tomó varios días y visitas a por lo menos cinco tiendas diferentes. Era hermoso: largo, blanco satinado, con un corpiño precioso. La reacción de mi padre fue desconcertante, aunque en ese momento la ignoré por ser obsoleta y ridícula: «¿No estás haciendo esto en el orden incorrecto?», preguntó. «¿En serio lo has pensado bien?».

Ahora que lo recuerdo, pienso que no entendí lo que mi padre trataba de decirme. No se refería a que fuera un error embarazarme antes de casarme, quería decir que era un error embarazarme y casarme con tanta premura y sin pensarlo. Él y mi madre vivieron juntos cinco años antes de tener a su primer hijo. Durante esa etapa establecieron rutinas, hablaron de quién haría cada cosa (en mi opinión, mi madre se llevó la peor parte del trato, pero la cuestión es que se pusieron de acuerdo en el reparto de tareas; ella sabía de lo que se trataba).

Ahora que lo veo a la distancia me asombra todo el tiempo de planificación y preparación para dos eventos únicos, el día de nuestra boda y el nacimiento de nuestro hijo, y lo poco que destinamos a cómo sería nuestra vida después. Dediqué gran parte de mis reflexiones y atención a los pequeños detalles de mi boda: invitaciones, lista de invitados, búsqueda del lugar, degustación de menús. Le invertí aún más tiempo y atención a prepararme para el nacimiento de mi hijo. Junto con Matt, pasé varias horas a la semana en clases de preparación para el parto sobre cómo aprender a respirar, medir las contracciones y fajar al bebé. De modo que casi no tenía tiempo ni atención para pensar en otros detalles de la vida cotidiana, como lo hizo mi madre con su pareja y una carrera próspera, mucho menos para averiguar si Matt estaba en el mismo estado de ánimo que yo.

Los debates sobre el momento óptimo para que las mujeres se casen, se embaracen y tengan un bebé, al tiempo que interfieran lo menos posible en su carrera profesional, enardecen los ánimos, pero arrojan poca luz. Se olvida lo central: enamorarse y que ese amor sea recíproco, querer casarse y que ese deseo sea mutuo; tratar de embarazarse y concebir está, en gran medida, más allá de nuestro control. No hay instrucciones que se puedan seguir, no se puede presagiar lo que desea tu corazón o el corazón que esperas ganar. No hay manera de pronosticar cómo reaccionará tu cuerpo.

Sin embargo, lo que está bajo nuestro control es la visión que tenemos de nosotros mismos como cónyuges, compañeros y profesionistas. Es importante ser conscientes desde un principio si es esta una postura compartida o, de lo contrario, si existe una manera de llegar a un acuerdo. Las tareas básicas y aburridas son importantes, mucho. ¿Tu pareja está dispuesta a tomar vacaciones y, de ser así, cuánto tiempo? ¿Tu pareja participará en las tareas del hogar, incluido el cuidado de los hijos, a partes iguales? ¿Quién llevará y recogerá a los niños de la guardería, de la primaria, de la práctica de futbol, de las clases de violín? ¿Pueden costear una niñera o una nana? ¿Es importante para uno o para ambos vivir cerca de su familia? Lo fundamental, ¿tu pareja entiende la importancia de tu carrera y te apoya en tu ambición, sobre todo cuando es difícil y agotador para él o ella?

Matt y yo nunca tuvimos estas conversaciones. Debimos tenerlas porque la realidad es que, si no lo haces, ninguna cantidad de amor puede salvar tu relación.

CAPÍTULO 2

El culto de la maternidad

Lo hagas o no lo hagas, estás fastidiada

En mi recámara había un cajón en un mueble en el que mi madre guardaba las tarjetas de felicitaciones que recibió cuando nací. Siendo pequeña me gustaba sacarlas y leerlas.

Mi tarjeta favorita tenía un dibujo de una madre y su hija. Los brazos suaves y blancos de la mamá arrullaban a su bebé. Su hermoso perfil, una nariz pequeña y delicada y las largas pestañas hacia abajo, se enfocaba por completo en el pequeño bulto dormido. Tenía el cabello dorado y ondulado; había creado un mundo solo para ellas dos.

En mi último año de universidad tomé una clase de escritura creativa que daba la autora Mary Gordon. Un día, nos pidió que escribiéramos un texto espontáneo en clase. Teníamos 15 minutos para plasmar lo que la palabra *madre* significaba para nosotros. Pensé al instante en la madre de la tarjeta.

Ni siquiera era real, pero seguía teniendo el mismo poder en mí que cuando era niña.

Mi verdadera mamá no se parecía en nada a esta mujer. Mi madre tenía el cabello oscuro, casi negro, corto y con el mismo estilo durante décadas. Su piel era color oliva, y sus brazos, naturalmente fuertes. Era baja y delgada, definitivamente no tenía lo que alguien describiría como «pechugona». En suma, sus abrazos eran rápidos y fuertes, su mirada se concentraba en la siguiente tarea que tenía frente a ella. Nunca dudé del amor de mi madre o de lo importante que yo era para ella, pero pocas veces sentía la fuerza radiante comparada con lo que sentía la bebé de la tarjeta: una atención maternal íntegra y universal. Sencillamente no era posible. Además de tener otras tres hijas, mi madre tenía un trabajo de tiempo completo.

¿Por qué la tarjeta influyó tanto en mí hasta mis veintitantos años? ¿Por qué sigue influyendo aunque yo tampoco me parezco, ni físicamente ni de otra manera, a esta madre ficticia? Cuatro décadas después puedo imaginarla sin problema y eso evoca sentimientos: una añoranza nostálgica de algo que nunca fue, pero estoy segura de que *pudo* y de hecho existió para otros niños.

En efecto, sabía que había conocido a esa madre cuando yo era niña.

Gretchen Rossman era la mamá de mi mejor amiga de la infancia, Tamara. A mis ojos de niña, Gretchen era todo lo que mi madre no era. Al parecer, siempre estaba en casa horneando un pastel o cosiendo un hermoso vestido de muñeca en su máquina de coser en el segundo piso de su casa enorme y cómoda. Gretchen no era médico, pero estaba casada con uno. Era hermosa, igual que la madre de la tarjeta. Pero también era un tanto distante, difícil de conocer.

Parte de esa distancia tal vez se debía a que Gretchen era extremadamente perfecta, y era inevitable no hacer comparaciones odiosas. Las festividades no judías en mi casa a menudo eran descuidadas, en particular las que mi padre llamaba «excusas para un consumo ostentoso», como el Día de las Madres. (Una vez, cuando le pregunté a papá qué quería para el Día del Padre, respondió: «Que me trates con respeto los otros 364 días del año»). No celebrábamos Navidad con muchos adornos, luces parpadeantes y árboles iluminados junto a la chimenea que llegaban al techo. Pero los Rossman lo hacían. Cada Pascua, Gretchen nos daba canastas con banderines rosas y azules antes de mandarnos a buscar huevos en el jardín.

Halloween era el momento en el que la diferencia entre mi madre y Gretchen se convertía en un abismo. Es interesante que mi madre lo recuerde de la misma manera. «Mary Feary, tu maestra de kínder, me caía bien», me dijo, «pero siempre me hacía sentir que estaba haciendo algo mal». Le pregunté a qué se refería. «Bueno, había alguien en tu kínder cuya mamá era ama de casa y hacía los disfraces de Halloween; yo no solo odiaba Halloween, nunca entendí qué hacer. No sabía cómo hacerlo y me parecía estúpido. Recuerdo que la señorita Feary me decía "Las mamás de fulana y sutana hicieron los disfraces más hermosos de Halloween", y luego me miraba como si dijera "¿Cuál es su problema?"».

Sabía con exactitud a qué madre se refería la señorita Feary. Los disfraces de Halloween de Tamara siempre eran perfectos; todos se maravillaban. Parecía que Gretchen podía hacer cualquier cosa con su máquina de coser.

El año que Tamara y yo estuvimos en la clase de la señorita Feary yo quise ser un tigre para Halloween, en honor al peluche que llevaba a todos lados para que olfateara y destruyera mientras yo me chupaba el pulgar. Cuando le pregunté a mi mamá la posibilidad de que me hiciera ese disfraz, estábamos en la recámara de mi hermanita, el cuarto se encontraba en remodelación porque ella se cambiaría de la cuna a una cama. Mi madre señaló un rollo de papel tapiz amarillo con rayas blancas que estaba en el suelo. «¿Por qué no te envuelves en eso?», sugirió. «Puedo pegarlo con cinta adhesiva».

La idea de entrar a la clase de la señorita Feary con la cabeza y los pies sobresaliendo de un rollo de papel tapiz pegado con cinta adhesiva (seguramente los brazos estarían pegados a mis costados) me llenó de angustia, a la que rápidamente siguió la furia. ¿Mi mamá hablaba en serio? Cierto, no tenía tiempo. Y no le importaba. Halloween no era una festividad que mi madre esperara con ansias para demostrar sus habilidades domésticas. Era un día que temía porque la hacía sentir abrumada e inadaptada.

Pero si eso era cierto para mi madre, ¿era todo lo contrario para Gretchen Rossman? ¿Consideraba esta fiesta y estas celebraciones como ejercicios alegres y significativos de su creatividad? ¿Gretchen Rossman era el icono de la maternidad que siempre pensé que era, la madre por naturaleza, todo el tiempo presente como aparecía en la tarjeta?

Tamara y yo nos distanciamos en la primaria y en segundo de secundaria ella se mudó de ciudad. No mantuvimos el contacto y no estaba en ningún modo preparada para lo que encontré cuando busqué a su madre en internet. Gretchen Rossman era profesora emérita de educación internacional en la Universidad de Massachusetts Amherst, coautora de nueve libros y una experta reconocida a nivel internacional sobre reforma educativa, que implicaba algo llamado «diseños y métodos de investigación cualitativa». Miré fijamente la fotografía junto a la información biográfica: era ella, no cabía duda.

Agitada, corté y pegué su dirección de correo electrónico y empecé a escribir. «Querida Gretchen». Hice una pausa, mi dedo sobrevolaba sobre el cursor. ¿Debería llamarla *profesora Rossman*? También se me ocurrió que quizá Gretchen no se acordara de mí, así que añadí unas frases para explicarme. Describí el libro en el que estaba trabajando, fui al tema: «Esta solicitud puede parecerte curiosa, pero te escribo para saber si puedo entrevistarte». Me respondió con una nota amable, asegurando que me recordaba y me pedía una lista de los temas que yo quería abordar. Le envié una larga lista, como un abogado que interroga a un testigo en un caso de misterio. «Tengo recuerdos muy particulares de ti», escribí, «pero no sé si son reales».

Resultó que mis recuerdos eran ciertos y a la vez no. Durante todo el tiempo que conocí a Gretchen, ella estudiaba un doctorado en Educación. Provenía de una familia de académicos; su padre era un economista reconocido en el MIT. Su madre tenía una licenciatura en Economía, pero era ama de casa. «Ahí aprendí todas esas habilidades», me dijo. «Ella siempre tejía, hacía mermelada, conservas y galletas. Pero creo que esa vida la frustraba».

Gretchen obtuvo sus títulos de licenciatura y de maestría en la Universidad de Pensilvania. Después enseñó en una escuela en el norte de Filadelfia. Todos sus alumnos eran negros y pobres. Recuerda bien a un chico que había perdido dos años y no sabía leer. La escuela no tenía presupuesto para niños con necesidades especiales, así que Gretchen empezó a idear su propio plan de estudios, adaptado a las necesidades de este chico y de otros estudiantes que tenían problemas. Las herramientas educativas que la institución le proporcionaba habían fallado, y dependía de ella encontrar una alternativa. «La epistemología me fascinaba. Trataba de explorar la raíz de los supuestos que guiaban ciertos métodos de aprendizaje para probar lo que los expertos daban por hecho que sabían sobre cómo adquirir conocimiento. A menudo se equivocaban».

En 1968, durante el segundo año de su programa de maestría, Gretchen conoció a su esposo, Milt, que era estudiante de medicina. Se casaron al año siguiente. Gretchen tenía 24 años. «Ese era el camino y la narrativa social que había interiorizado». Gretchen dio a luz a su primera hija, Dara, en 1971; y a Tamara en 1974. Esos años los pasó criando a sus hijas y la familia siguió a Milt cuando su carrera lo llevó a Texas, en la frontera con México, luego a Cleveland y, por último, cuando Tamara tenía un año, de regreso a Filadelfia. Gretchen se quejó de la última mudanza porque la familia había echado raíces y ella amaba a su comunidad, pero al final cedió. «La carrera de Milt era lo más importante», dijo.

De regreso a Filadelfia, Gretchen se sintió sola y perdida. «Creo que fui una buena mamá y ama de casa», dijo. «Hice lo que se esperaba de mí, pero no era suficiente. Necesitaba hacer algo para mí misma». En 1977, cuando Dara tenía 6 años, y Tamara, 3, volvió a la Universidad de Pensilvania para hacer un doctorado en Educación.

Gretchen amó la universidad, la ponía en contacto con profesores y estudiantes que compartían su pasión de trabajar en las desigualdades raciales arraigadas en el sistema educativo. «Era mi mundo, no el de Milt». Me contaba que a veces salía a tomar unas copas con sus amigos después de clase y regresaba a su casa a la 1:00 a. m.; dejaba que Milt preparara la cena y llevara a las niñas a dormir. «Lo entendía», dijo. Durante la universidad, empezó a trabajar medio tiempo en un programa de financiamiento federal llamado Research for Better Schools (Investigación para mejores escuelas). Ahí, junto con tres colegas, publicó su primer artículo académico. Siguieron más en los que Gretchen fue la autora principal. Tras un periodo como profesora adjunta en la Universidad de Pensilvania, Gretchen decidió que quería ser docente universitaria de tiempo completo.

Al enterarse Gretchen de que la Universidad de Massachusetts Amherst estaba contratando para una plaza de tiempo completo en el departamento de licenciatura en Educación, dijo «me estremecí. Era como si hubieran abierto el puesto para mí». (Cuando me di cuenta de que a lo largo del tiempo la había admirado como la perfecta madre y ama de casa, Gretchen había sido una ávida buscadora de su propia apuesta de los cinco millones de dólares; eso me hizo estremecerme *a mí*). Pero Milt tenía una carrera muy prometedora como maestro de Medicina en la Universidad de Pensilvania, y no tenía ninguna intención de mudarse.

Gretchen dijo que, con los años, «nuestro matrimonio se vino abajo. No hubo peleas, simplemente nos fuimos distanciando. Cuando envié mi solicitud para el puesto en la Universidad de Massachusetts, creo que en cierto sentido sabía que todo había terminado». La contrataron y empezó en 1987. Gretchen cursó el primer semestre dividiendo la semana entre las dos ciudades en un intento por hacer que las cosas funcionaran. Luego se dio por vencida: «Lo asumimos con madurez», explicó. «Nos divorciamos y dividimos todo en partes iguales. No obtuve pensión alimenticia porque no la quise. En ese momento, ganaba bien».

Tamara se mudó a Amherst con Gretchen después de primero de secundaria; y Dara, que estaba en preparatoria, se quedó con Milt. Dos años después, Dara también se mudó al norte, a la Universidad de Amherst. Ahora que se encontraba cerca de su madre, Dara estableció límites estrictos. «Yo tenía que llamar o hacer una cita para verla», me dijo Gretchen, riendo. «No quería que de pronto me apareciera en su dormitorio». Varios años después de eso, Tamara volvió a Filadelfia, a la *alma mater* de su madre. Ahora vivía a 15 minutos de su papá. Sobre los caminos en zigzag que separaban y reconectaban a la familia, Gretchen comentó: «La gente no me cree cuando les platico eso. Era una locura».

Al despedirme de Gretchen Rossman al final de nuestra primera llamada por Zoom, me sorprendí reprimiendo las lágrimas. Verla de nuevo después de tantos años fue conmovedor, y escuchar su historia fue tanto una sorpresa como un alivio. Gretchen no era la madre de la tarjeta. Mi idea sobre ella estaba sesgada por mi visión infantil y el poco acceso a su vida. Cuando hablé con Dara y Tamara, ambas me dijeron que con frecuencia tomaban el autobús de la escuela y se entretenían hasta que Gretchen regresaba de sus clases en la universidad o del trabajo de campo que hacía para su tesis. Algunas noches, su papá preparaba la cena y las llevaba a dormir. Con Gretchen, vi lo que quería ver; o quizá solo vi la imagen que proyectaba.

De hecho, se parecía más a mi madre de lo que jamás hubiera pensado. Ambas eran luchadoras conflictuadas, que consentían y luchaban contra las convenciones sociales. La ambición de Gretchen, a la que ella prefería llamar su «anhelo de éxito», la hizo más un caso atípico. Abandonó su matrimonio, su hogar, a una hija, e hizo una vida por completo distinta. Lo hizo por amor a su trabajo y por el deseo de ser independiente. Su decisión fue extremadamente inusual para una esposa y madre en la década de 1980.

Las siguientes generaciones de mujeres —mi generación y la *millennial*— no enfrentaron este tipo de elecciones explícitas y normas sociales tan crueles que las *baby boomers* como Gretchen y mi madre tuvieron que encarar. Nos dijeron que podíamos tenerlo todo, en el entendido de que «tenerlo todo» significaba ser discretas en cuanto a nuestros logros en el trabajo, al tiempo que proclamábamos a todo pulmón que nuestros hijos eran lo más importante. Resulta que este mensaje es, en sí mismo, una trampa.

Desde la época victoriana, la maternidad ha sido considerada como el punto máximo de la felicidad para la mujer y se ha entendido como su mayor logro. En el libro pionero *Las contradicciones culturales de la maternidad*, la socióloga Sharon Hays acuñó el término «maternidad intensiva» para describir un estándar increíblemente alto con el que se medía a las madres profesionistas: no solo deben ser las cuidadoras principales, también deben estar perfecta y absolutamente concentradas en sus hijos, lo que excluye todo y a todos los demás.[1]

Estas expectativas poco realistas ni siquiera necesitan afirmarse de manera explícita porque el auge de las redes sociales ha creado una manera maravillosa de difundir el mensaje a través de contenido filtrado.[2] «Considera la imagen de Instagram de la supermamá embarazada y después del parto: una mujer amorosa, organizada, sexy pero discreta, que tiene múltiples actividades al mismo tiempo, brilla en el yoga prenatal y que no se inmuta por el asunto de sus pechos que gotean, por la ropa sucia y el entrenamiento para dormir al bebé», escribió la doctora Alexandra Sacks, coautora del libro para padres *What No One Tells you* (*Lo que nadie te dice*), en su ensayo viral en *The New York Times*, «The Birth of a Mother» («El nacimiento de una madre»). «Esta mujer es una ficción. Es un ejemplo irreal de perfección que hace que otras mujeres se sientan inadecuadas cuando siguen algo y no logran tener éxito porque el estándar es imposible de alcanzar».[3]

A diferencia de las mujeres de la generación de mi madre y de Gretchen Rossman, a las del siglo XXI se les empuja y, en ocasiones, se les obliga financieramente a tener carreras profesionales. Cuando una mujer intenta hacer el truco de magia que implica realizar actividades de tiempo completo, es decir, tener un empleo, criar a los hijos y verse fantástica haciendo ambas cosas, terminan agobiadas y sin recursos, a veces hasta el límite. Entre tanto, están inmersas en historias bien elaboradas en redes sociales que presentan a celebridades hermosas, esbeltas y exitosas ofreciendo una atención a sus hijos las 24 h, los siete días de la semana, al tiempo que profesan que su maternidad no afectó su carrera. Esta ilusión imposible de alcanzar hace que las mujeres que sí son simples mortales se sientan mucho peor.

Las mujeres que tienen niños pequeños son bombardeadas con mensajes de que ser madre es una experiencia gozosa, casi eufórica. La maternidad se glorifica y se convierte en fetiche.[4] Casi todas las mamás célebres, desde la princesa Kate hasta Drew Barrymore y Jennifer Garner, describen su estilo de crianza como «activo» y afirman que dependen muy poco de ayuda externa. Una y otra vez escuchamos a estas mujeres glamorosas, famosas y profesionalmente realizadas decir que su «prioridad número uno» es ser madre, incluso cuando viajan a lugares muy lejanos a filmar su última película o preparan giras para dar conciertos alrededor del mundo.

El 2 de marzo de 2020, la revista *People* describió a la cantante Adele, multiganadora de discos platino y madre de un niño de 6 años, como «muy involucrada en la escuela [del pequeño]». Decía que su hijo fue su inspiración para adelgazar, y publicaba fotografías de «antes» en las que aparecía más llenita. Después de un fragmento en el que describían su régimen de salud y su próximo y tan esperado álbum, el artículo concluía: «Es una artista y una mamá. Necesita asegurarse de que es capaz de llevar a cabo ambas facetas de manera impecable. Ella solo quiere que todo sea perfecto».

En el número de diciembre de 2019 de *People*, Jennifer Lopez, entonces de 50 años, habló de su exitosa película *Estafadoras de Wall Street*, del espectáculo que presentaría en el medio tiempo del próximo Supertazón y de la gira de un año cuyos boletos ya estaban agotados, en un artículo de seis páginas que la nombraba una de las Personas del Año de la revista. No obstante, estos logros palidecían comparados con su obra más importante: «Ser la mamá de sus gemelos de 11 años, Emme y Max». La maternidad, decía Lopez, era su «trabajo número 1». Según un artículo de *People* de enero de 2020, la actriz Kate Hudson está muy ocupada «construyendo un imperio» que incluye escribir libros, crear una línea de ropa, un pódcast, una marca de vodka y actuar en tres futuras películas. Pero esta madre de tres hijos dejó claro a los lectores que puede «tener una vida equilibrada». En el párrafo final, bajo el subtítulo «La familia es primero», se describe a los hijos de Hudson como su «mayor prioridad». Citando a una fuente anónima, el artículo concluye: «Ama cocinar, relajarse e invitar a amigos a su casa. Las puertas siempre están abiertas y le encanta organizar fiestas temáticas y que sus sobrinas y sobrinos se queden a hacer pijamadas. Todos son una gran familia feliz».[5]

La conclusión es la siguiente: es posible, y óptimo, que las madres tengan carreras superexitosas al tiempo que siempre están presentes, con los cinco sentidos atentos a las necesidades de sus hijos, mientras pasan sin ningún esfuerzo de un *set* de rodaje a los pantalones de yoga para ir a la tienda a comprar comida; todo esto con un aspecto perfecto. Y en caso de que surja un problema, estas mujeres famosas se apresuran a renunciar a oportunidades laborales muy prometedoras para atender a sus hijos. La estrella de rap Cardi B abandonó una gira mundial con Bruno Mars luego de dar a luz a su hija. «No puedo dejar a mi bebé en las noches», dijo, rechazando la idea de que otra persona cuidara a su recién nacida, «ni siquiera un segundo».[6] Salma Hayek, la madre de una hija joven, declaró a la revista *People*: «Si más adelante [actuar] interfiere en su desarrollo, simplemente dejaría de trabajar».[7]

He estado suscrita a tres revistas durante más de veinte años: *People*, *Us Weekly* y *The New Yorker*, dos de las cuales leo religiosamente. Mi costumbre era reservar *People* y *Us Weekly* para las idas al gimnasio, donde las listas de las mujeres mejor vestidas, los casos criminales y los chismes imperdibles eran una buena distracción del tedio y la agonía de la elíptica. Este consumo semanal me parecía un hecho inofensivo. No fue hasta que empecé a escribir este libro que me di cuenta de la rapidez y la violencia con la que recibía el Mensaje de la Maternidad Mágica en estas páginas. Las historias —en realidad, la misma historia— aparecían en todos los números. Mujeres hermosas en el escenario y en su casa que hablan emocionadas de su proyecto más reciente, con un nivel apropiado de humildad, cuidadosas de adaptarlo a un contexto más amplio: solo importaba un rol, el de ser madre.

Cole Valley, el pintoresco vecindario de San Francisco donde Matt y yo nos establecimos después del nacimiento de nuestro hijo, reflejaba una feliz panorámica similar. Las madres jóvenes y profesionistas estaban por todas partes, todas ellas ágiles, amorosas y decididas. O eso parecía. Igual que mi propia madre, en esa época yo no tenía amigos cercanos. Aún extrañaba mi vida en Los Ángeles, donde Katie y Lauren, dos de mis mejores amigas y ambas extremadamente trabajadoras y ambiciosas, vivían con sus recién nacidos.

Creo que si hubiera podido pasar tiempo con buenas amigas que acababan de ser mamás, me hubiera sentido menos miserable e inferior, porque el andamiaje que hace posible su vida laboral —niñeras, nanas y, en el caso de Katie, un esposo que se quedaba en casa— hubiera sido visible; como también su caos, sus inseguridades y sus problemas tanto económicos como conyugales y profesionales. Juntas nos hubiéramos reído de esas celebridades y de sus afirmaciones despreocupadas sobre la maternidad abnegada que requería, entre otras cosas, recursos financieros que no están disponibles para la mayoría de la gente, incluidas nosotras, y que en cualquier caso no parecía creíble. Pero nadie en mi círculo inmediato compartía la broma, y reír sola únicamente me hacía sentir más excluida, rayando en la locura.

La maternidad es primero era el mantra que resonaba en mis oídos; decir lo contrario era socialmente inaceptable, incluso políticamente peligroso. Quizá el ejemplo más representativo es el de la ex primera dama, Michelle Obama. Es difícil pensar en una mujer más exitosa: graduada de Princeton y la Escuela de Derecho de Harvard, exsocia de un importante bufete de abogados, ex decana adjunta de la Universidad de Chicago y exvicepresidenta de Asuntos Comunitarios y Externos del Centro Médico de la Universidad de Chicago. Durante la mayor parte de su matrimonio, incluida la época en la que sus dos hijas eran pequeñas, su sueldo fue mucho mayor que el de su esposo.

Pero en 2012, mientras daba un discurso en la Convención Nacional Demócrata tras la nominación de Barack Obama para un segundo mandato como presidente, Michelle Obama quiso que los millones de espectadores supieran que «a fin de cuentas, mi cargo más importante sigue siendo "mamá en jefe"».[8] Jessica Valenti, una escritora feminista y madre de una niña pequeña, escribió un tuit en respuesta: «Espero el día en que una mujer poderosa no tenga que asegurarles a las estadounidenses que son madres, antes de cualquier otro rol».

Comparemos el tono del mensaje «primero soy mamá» con lo que dicen algunos padres. Consideremos al difunto Larry King, quien se jubiló de CNN en 2010, tras 25 años de ser el presentador de su programa de entrevistas epónimo. Desde su tribuna, King entrevistó a más de 50 000 personas, incluidos varios presidentes de Estados Unidos, jefes de Estado, ganadores del Óscar, y líderes humanitarios y religiosos. Cuando le preguntaron sobre el equilibrio entre su trabajo y su vida privada, King, quien tenía cinco hijos, fue contundente: «Mi carrera siempre fue primero. Solía decir que si la CNN llamaba por una emergencia y mi esposa se comunicaba por la misma razón, le respondería primero a la CNN».[9]

Si una mamá famosa dijera lo mismo, la lincharían en las redes sociales. Admitir sin rodeos que se da prioridad a la carrera sobre la maternidad —y es probable que la mayoría de las mujeres exitosas, famosas o no, lo hayan hecho— es una sentencia de muerte social. Como escribió la investigadora de la Universidad Estatal de San Francisco, Melissa Seelye, «La maternidad, a diferencia de la paternidad, se presenta como una misión sagrada de autosacrificio que define a todas las mujeres, e insultar o tomar a la ligera esa santa tarea sería similar a cuestionar la esencia misma de la feminidad. Si no es una madre devota, ¿qué es?».[10]

En estas historias y expectativas subyacentes, se omite que la postura «madre primero, carrera en segundo lugar» es un lujo al alcance solo de mujeres que pueden permitirse disponer de mucho tiempo sin trabajar porque tienen empleos flexibles y parejas con un alto nivel de ingresos. La mayoría de las mujeres no cuenta con estas condiciones. Cuando Diana Luong tuvo a su hija, Sarah, trabajaba tiempo completo en un salón de uñas, luego de haber estudiado en una escuela de oficios para obtener su certificado en Cosmetología; mientras que su esposo era el encargado del mantenimiento de un hotel. «Yo trabajaba sin descanso», dijo, «dos y a veces hasta tres turnos; si un cliente llegaba 15 minutos antes de que cerráramos, mi jefa decía "atiéndelo", de modo que siempre regresaba tarde a casa». La tarifa por hora era baja, pero con las propinas se compensaba; Diana ganaba aproximadamente 130 dólares al día.

El salón de uñas no le daba licencia por maternidad, pero las leyes de California estipulan que el periodo posparto se considera discapacidad estatal durante ocho semanas. Diana y su esposo apenas sobrevivieron con ese escaso ingreso, así que cuando se terminó, ella regresó al trabajo. Su horario no le daba tiempo de sacarse la leche, pero aun sí lo hubiera tenido, no había un lugar donde hacerlo, razón por la cual dejó de amamantar de manera abrupta. «Eso fue difícil», dijo. Todos los días, Diana usaba su media hora para el almuerzo y conducía hasta su casa para pasar unos minutos con la bebé antes de regresar al trabajo, haciendo un esfuerzo por no escuchar el llanto de Sarah. Le preocupaba que se le hiciera tarde y que eso la metiera en problemas con su jefa. «Manejaba de regreso a toda prisa, con pánico».

El empleo de Hely Harris es igual de absorbente. Ha pasado los últimos 25 años trabajando en restaurantes; cuando cumplió 18 años, empezó como recepcionista de un TGI Fridays en Orlando. Con los años, Hely ascendió de mesera y barista en restaurantes de cadena y pequeños cafés, hasta llegar a jefa de piso en Cookshop, un restaurante de productos orgánicos famoso en el barrio de Chelsea, en Nueva York. Sin embargo, aunque el restaurante formaba parte de un corporativo, el Grupo Bowery, y llevaba años de ser rentable, no ofrecía tiempo libre remunerado.

El esposo de Hely, Tim, también trabaja en la misma actividad comercial; hasta 2018 fue copropietario de varios restaurantes en Manhattan. Cuando estos establecimientos cerraron, Tim consiguió un empleo en el Grupo Bowery como director de bebidas. En 2013 tuvieron a su hijo Jack. El embarazo de Hely fue difícil; a las 32 semanas tuvieron que hospitalizarla y estuvo en reposo total. Jack nació por cesárea dos semanas después y pesó solo 1.87 kilogramos. Pasó tres semanas en la unidad neonatal de cuidados intensivos (UNCI). Hely se tomó 12 semanas más para recuperarse y cuidar a su hijo. Durante ese tiempo, presentó una solicitud por discapacidad a corto plazo que significaron 130 dólares semanales y tomó las dos semanas de sus vacaciones pagadas. (En 2016, el estado de Nueva York aprobó una ley que obliga al pago de licencia por maternidad, y Hely me informó que, en la actualidad, Cookshop cuenta con mejores políticas y ofrece a sus empleadas una licencia de tres meses con el 75% de sueldo). En total, Hely dejó de trabajar cuatro meses, en reposo o cuidando a su bebé prematuro, sin sueldo.

A falta de prestaciones formales, en ocasiones, las mujeres de bajos recursos, haciendo un gran esfuerzo, pueden recurrir a la comunidad para salir adelante. Nicole DeVon tenía 24 años y trabajaba en una tienda de aparatos electrónicos en un centro comercial de Spokane, Washington, cuando conoció a un chico «que era genial hasta que dejó de serlo». Cuando supo que estaba embarazada, terminó su relación con él. «Pensé en el tipo de madre que quería ser», dijo. «No quería estar con este hombre y ocuparme en un trabajo de ventas mal pagado el resto de mi vida». Criada por su padre adoptivo, quien provenía de lo que ella describía como una «familia inmigrante muy blanca y conservadora cuyo lema era "sal adelante por tus propios medios"», Nicole tuvo dificultades con asuntos de raza e identidad. Sabía muy poco de sus padres biológicos, únicamente que su madre era negra y que fue violada por el padre de Nicole, que era blanco. (Más adelante, Nicole se enteraría de que también tenía parentesco con nativos americanos). Ella y su padre adoptivo vivían en la reserva Yakama, cerca de la frontera canadiense, donde él trabajaba como orientador vocacional. Nicole siempre se sintió diferente y, en ocasiones, le hacían sentir esa diferencia. «Muchas cosas no tenían sentido para mí. No contaba con el vocabulario para lidiar con los prejuicios y la discriminación. No entendía estos conceptos, aunque sí los padecía en carne propia». Por esta razón tuvo problemas académicos. «Fui una pésima estudiante», explicó.

Sin embargo, al crecer entre los niños que vivían en la reserva, Nicole se sintió relativamente privilegiada. Era una atleta destacada y tenía muchos amigos; su sentido de autoestima provenía del deporte. Si bien el trabajo de su padre consistía en ayudar a niños a entrar a la universidad, a Nicole no pudo ayudarla. «Yo era una chica difícil y me crie yo misma, pedir ayuda era un signo de debilidad, así que nunca lo hice, eso hubiera arruinado mi imagen de chica mala». Se salió de tres universidades comunitarias distintas.

No obstante, una vez que Nicole supo que iba a ser mamá, me dijo: «Tuve que poner las cosas en orden». Con un poco de ayuda económica de su padre, Nicole se inscribió en la Eastern Washington University cuando su hija, Peighton, tenía 2 años. Los tres años siguientes, mamá e hija vivieron juntas en un pequeño departamento fuera del campus. «Tenía un maravilloso círculo de amigas de todos los orígenes: mexicanas, nativas americanas, afroestadounidenses, etc. En la escuela, algunas de nosotras éramos mamás solteras y nos ayudábamos mutuamente». Gracias a esta pequeña comunidad y al apoyo de familiares que cuidaban a la niña, Nicole pudo concluir su licenciatura y graduarse a los 30 años. Había trabajado medio tiempo en un programa de educación y ayuda en la primera infancia, dirigido por el Colegio Comunitario de Spokane, que ofrecía guardería parcial gratuita a familias de bajos recursos. «Tuve suerte de conseguir un trabajo al que podía llevar a mi hija». Los primeros años en los que cuidó a su hija siendo madre soltera al tiempo que estudiaba y ganaba dinero fueron difíciles. «Al contar la historia de mis orígenes, la gente siempre dice: “Dios mío, ¡por cuánto has pasado!”. Pero desde mi punto de vista fui afortunada, aunque estuve cerca de padecer muchos traumas».

Incluso las mujeres que tienen la posibilidad de tomar algunos días en el trabajo con goce de sueldo no siempre lo aprovechan, porque les preocupa que sus colegas y jefes piensen que requieren su presencia, concentración y motivación para un buen desempeño. Cuando le pregunté a Amanda Renteria, actualmente directora general de Code for America, si había tomado la licencia por maternidad cuando nació su primer hijo, sonrió con arrepentimiento y respondió: «De cierta manera». Amanda nació en 1974; sus padres eran agricultores en el condado más pobre de California y ella siempre se sintió orgullosa de haber superado los obstáculos gracias a su ética de «trabajar duro y divertirse mucho» sin restricciones. Fue tanto la primera mujer como la primera latina de su pequeña preparatoria rural que ingresó a Stanford. Graduada con las mejores calificaciones de su clase, también se distinguió en los equipos deportivos de la universidad.

En Stanford, Amanda cursó una doble licenciatura en Economía y Ciencias Políticas, y se graduó con honores. Su tesis versó sobre la poca presencia de mujeres de color en la política. Tras varios años de trabajar para Goldman Sachs en Wall Street, se inscribió en la Escuela de Negocios de Harvard, donde conoció a su esposo, Pat. «Ahí fue donde me enamoré», me dijo, «de él y del servicio público». Decidió que quería entrar en la política.

En 2004, durante la cuarta entrada del partido de los Red Sox, Amanda le propuso matrimonio a Pat en el jumbotrón, frente a los padres y hermanos de este. Vestida con una camiseta de beisbol que tenía estampada la palabra «Branneria» en la espalda —una combinación de su apellido y el de él, Branelly—, se arrodilló y le ofreció a Pat una pelota de beisbol en la que estaba escrito: «¿Quieres casarte conmigo?». Al año siguiente se mudaron a Washington D. C., donde Amanda empezó a trabajar como consejera económica de Dianne Feinstein, senadora demócrata de California.

Varios años después se abrió una plaza para el puesto de jefe de gabinete de una colega de Feinstein, la senadora demócrata Debbie Stabenow, de Michigan. Cuando fue a la entrevista, Amanda sabía que estaba en desventaja: pretendía ser la primera jefa de gabinete latina en el Capitolio y apenas tenía treinta y pocos años. Ni siquiera era de Michigan. Dijo que pensó: «Demonios, la diferencia es notable. Estaba preparada para expresarlo y darle valor». Para su sorpresa, Stabenow ya estaba de su lado. «Te quiero a ti», le dijo. Al escuchar esas palabras, Amanda pensó: «Estaba sorprendida. Siempre sentí que tenía que demostrar mis capacidades y ella me validó. Me conocía a mí y a mi trabajo».

Tener hijos no había sido un tema importante para Amanda. «Pensé que no podía porque siempre hubo problemas de fertilidad en mi familia». Pero a los 35 años se embarazó. Estaba feliz y también preocupada de lo que pensarían sobre su embarazo, y de «la realidad es que no puedes hacer lo mismo que acostumbrabas». Los viernes a las 6:00 a. m., Amanda jugaba en una liga de basquetbol exclusiva, conformada por reporteros y personal del Capitolio. Ella era la única mujer, todos los otros jugadores eran hombres. Cuando empezó su segundo trimestre de embarazo, uno de ellos le dijo «Ya no podemos jugar contigo».

Para Amanda, los deportes siempre fueron un medio para sobresalir —su carrera en Stanford la pagó gracias a una beca de atletismo—, y en su trabajo como jefa de gabinete, el juego semanal de basquetbol le ayudaba a «navegar en el mundo de los chicos». El Senado, tanto los miembros como el personal, estaba dominado por hombres blancos; ser «uno de los chicos», aunque fuera solo una hora a la semana, le brindaba a Amanda un contacto al interior que otras mujeres no tenían.

De pronto, había desparecido. «Quería que me trataran de forma normal», dijo, «pero estaba pasando por una transformación importante».

La mayoría de las veces, Amanda trataba de aparentar que todo seguía igual. Cuando sentía náuseas en la mañana, corría por el pasillo sin llamar la atención hasta un baño vacío para vomitar. «No quería que nadie se diera cuenta». Cuando se elaboró a medianoche la Ley del Cuidado de Salud a Bajo Precio, Amanda estaba ahí, con nueve meses de embarazo. El día en que dio a luz a su hijo asistió a una recaudación de fondos. «Al salir del evento, le dije a la senadora: "Creo que tengo que irme a casa". Ese fue el primer día que salí temprano del trabajo».

En un principio, Amanda le informó al Departamento de Recursos Humanos que quería «regresar al trabajo de forma paulatina». Sin embargo, luego de unas semanas estaba de regreso a tiempo completo. «No era una mamá de bebés», explicó. Contrató a una niñera que llevaba a su hijo Diego al trabajo para que ella pudiera amamantarlo. «Tuve suerte», dijo. «Tenía una oficina y podía cerrar la puerta». Amanda no regresó al trabajo por necesidad económica; contaba con licencia por maternidad y Pat ganaba un buen sueldo en una organización sin fines de lucro. Regresó en parte porque extrañaba el ritmo acelerado de trabajo, pero también «Sentía constantemente que debía demostrarme que era digna. Paradójicamente, entre más me promovían, más presión sentía».

«Estaba mejor cuando tuve al segundo», me dijo refiriéndose a su hijo que nació en 2012. «Eso se debió a que una de mis asistentes me dijo "Cuando estabas embarazada de Diego parecía que era muy fácil, y eso lo hace difícil para otras mujeres"». No había sido fácil. Entre el primer y segundo hijo, Amanda tuvo un aborto natural en el baño de la senadora Stabenow. Comentó que la conversación con su ayudante y el aborto «cambiaron mi manera de pensar y me di cuenta de que tengo que ser más abierta cuando hablo de estas cosas». Al fingir que nada era diferente y esconder sus propias dificultades, Amanda advirtió que estaba dando una imagen que hacía más difícil que las mujeres en su lugar de trabajo pidieran lo que necesitaban o que por lo menos aprovecharan lo que por derecho les correspondía: tiempo libre remunerado después de tener a un bebé.

Al examinar todas estas historias diferentes y tantas otras, me encontré con un hilo conductor común: cada una de estas mujeres sentía que su situación era únicamente suya. A excepción de Nicole, enfrentaron los retos de tener un bebé sin sentir que podían compartir sus problemas o pedir ayuda adicional en su lugar de trabajo. El embarazo y los primeros meses con su bebé fueron muy estresantes, en parte porque todas sentían que, para ascender o solo conservar su trabajo, se esperaba que actuaran como si nunca hubieran tenido un hijo.

Muchas de las mujeres que entrevisté hablaron de aprender a suprimir el dolor físico y emocional que sintieron por un aborto, dificultades en el parto o la interrupción abrupta de la lactancia con una sonrisa y una actitud que demostraba «yo puedo». Era el equivalente emocional de una mamá famosa que posaba en sus jeans ajustados, semanas después del parto, una imagen que vi en varias ocasiones en las revistas que compraba con tanta ansiedad. Lo que se les pedía a estas mujeres, y a tantas otras madres trabajadoras en Estados Unidos, era un rechazo abierto y público de las privaciones que hacían posible llevar a cabo su trabajo.

Existe la otra cara de la tarjeta de la madre, igual de potente e ilusoria. Ella es la madre en el lugar de trabajo: sonriente y combativa como si nada hubiera cambiado. Juntas, son las caras gemelas del culto a la maternidad.

¿Qué hay de las mujeres que no pueden permitirse permanecer en casa durante meses o incluso un año completo para fortalecer el vínculo con su recién nacido? De manera inesperada, con mi primer hijo yo fui una de ellas. Quejarme de esta espléndida situación parece absurdo, como la famosa historia de la princesa que siente la piedrita en la espalda, aunque esté recostada en un colchón de plumas. Sin embargo, para algunas mujeres, yo incluida, ser una madre que se dedica al hogar puede en ocasiones parecer una mala idea. Pero formular cualquier cosa que no sea gratitud y alegría por este privilegio parecería ofensivo, obtuso y malagradecido al extremo.

Mi hijo Carter nació el 18 de abril de 2009. Los meses antes de su nacimiento, que también fueron los primeros de mi matrimonio, fueron horribles. La recesión estaba en pleno auge y Matt no tenía un empleo. Poco después de que nació Carter obtuve un puesto como socia en un despacho de abogados en Los Ángeles, lo que significaba que debíamos salir de San Francisco y mudarnos de regreso a mi casa, la cual había rentado en mi ausencia. Matt estaba enojado e incómodo por las circunstancias, por la mudanza, por mí. Quería quedarse en Área de la Bahía, cerca de sus padres y de su hermano. Lo volvía loco tener que salirse por mi trabajo, sabiendo que para él no había nada en Los Ángeles. Este pleito —sobre dónde vivir y cuál de nuestras dos carreras era más importante— continuó a lo largo de todo nuestro matrimonio.

La relación se deterioró a tal grado que consideré mudarme sola a Los Ángeles. Pero no lo hice, ni siquiera hablé de la posibilidad con Matt. Asumir que nuestro matrimonio había sido un fracaso menos de seis meses después de la boda e irme sola con un bebé era demasiado vergonzoso y aterrador; sin contar que seguía enamorada de él.

Nos mudamos a Los Ángeles en enero y empecé a trabajar en el despacho de abogados con un embarazo muy avanzado.

Matt pasaba sus días solo en mi casa, enviando solicitudes de empleo sin recibir buenas noticias. Se volvió cada vez más frío y distante. Las circunstancias habían cambiado desde que me mudé a San Francisco por él y ahora era Matt quien se encontraba a la deriva. Estaba resentido conmigo, más de lo que yo con él.

Conforme pasaba el tiempo, me sentía más insegura y ansiosa, lo que, como era de esperar, alejó más a Matt. Entré en una profunda depresión, algo que había sentido en la universidad y que no quería volver a vivir. Empecé a consumir Prozac y pastillas para dormir. Los estudios que existen no han podido descartar los efectos negativos en un feto en gestación;[11] pero en conjunto, y después de consultarlo con mi ginecólogo, mi terapeuta pensó que era más seguro a que tratara de vivir con la aprehensión. Los medicamentos me ayudaron a dormir y a conservar la calma, pero también me hicieron sentir culpable y temerosa. ¿Y si estaba lastimando a mi bebé? Una noche, llorando, le prometí a Matt que si conseguía un trabajo en San Francisco yo renunciaría y nos mudaríamos ahí.

Era una promesa relativamente fácil de hacer. Nuestra vida en casa era miserable y mi vida laboral no era mucho mejor. A diferencia del trabajo en la Oficina de Defensoría Pública Federal, casi nunca iba al tribunal, no tenía autonomía y gran parte de las tareas que se delegaban a socios jóvenes como yo eran aburridas. Seguía enfocada en perseguir mi sueño de una vida académica. No quería vender mi casa e irme de Los Ángeles para siempre, pero estaba dispuesta a hacerlo para salvar mi matrimonio, siempre y cuando yo también tuviera oportunidades. Un amigo me envió la publicación de un empleo para una beca de investigación clínica de dos años en la Escuela de Derecho Hastings de la Universidad de California, en San Francisco. El sueldo era infame, menos de un tercio del salario en el despacho. De hecho, era menos de lo que ganaba cuando recién me gradué de la Facultad de Derecho ocho años antes, pero la experiencia podía ser invaluable. Las becas de investigación como esta con frecuencia eran trampolines para obtener un puesto académico de tiempo completo. Envié mi solicitud.

Así pues, varias semanas antes de que naciera Carter, nuestra suerte cambió de pronto. Matt recibió una oferta laboral de un despacho de abogados importante en San Francisco, un trabajo que venía acompañado de un salario considerable y excelentes prestaciones. Días después, yo obtuve el puesto en Hastings, con el acuerdo de poder escalonar la beca con otra aspirante. Ella empezaría de inmediato y yo un año después. Mientras tanto, me quedaría en casa con mi bebé. De manera repentina, la pesadilla que había durado meses terminó como por arte de magia.

Carter también me hizo sentir algo mágico. De alguna manera, a pesar de todo, era completamente normal. Más que eso, era hermoso como pocos recién nacidos; nació con la cabeza cubierta por completo de cabello rubio, los ojos azul océano de Matt y una piel blanca y rosada. Empezó a lactar sin problema; se aferraba con fuerza y los músculos de sus mejillas trabajaban frenéticos. Cuando en el hospital sostuve su cuerpecito en mis brazos, mi corazón se derritió.

El primer año de la vida de Carter fue lo más cercano en mi vida a ser la esposa y madre que Matt, y nuestra sociedad, esperaban. Matt se mudó al norte en julio de 2009, en tanto que Carter y yo nos quedamos todavía unos meses con la intención de preparar mi casa para la venta y darle tiempo a Matt de que encontrara un nuevo lugar donde vivir. Renuncié al despacho porque no quería tomar una licencia por maternidad que no me había ganado. Mis días estaban por completo ocupados: citas con el pediatra, visitar a amigos y dormir cuando podía.

Carter y yo nos mudamos a San Francisco en octubre. Matt había encontrado un departamento de un solo piso en un edificio centenario de arquitectura eduardiana, con un jardín trasero que parecía francés: senderos de piedra, flores silvestres, hileras de setos y una fuente que borboteaba. El vecindario era como un pequeño pueblo. La calle principal estaba a poca distancia y ahí había un supermercado, una tintorería, una ferretería y varios restaurantes aceptables.

Matt trabajaba muchas horas y yo continué mi rutina diaria con Carter, cuyo desarrollo era excelente. Debí sentirme encantada con esta vida idílica. Pensé de nuevo en la madre de la tarjeta. Finalmente, tenía la oportunidad de ser igual que ella. Sin embargo, no lo era. En ocasiones me sentía absolutamente feliz con mi bebé maravilloso, pero también estaba aburrida. Y sería una exageración decir que Carter tuvo mi completa atención. No recuerdo su primera palabra o sus primeros pasos; probablemente estaba leyendo o hablando por teléfono. Diligente, me uní a un grupo de mamás y luego me pregunté cuál era la finalidad. Las otras mujeres me caían bien, pero no teníamos nada en común más allá del hecho de que habíamos tenido un bebé recientemente. Me sentía sola, a la deriva y mortificada por esos sentimientos; ¿qué demonios me pasaba? Cuando Carter cumplió seis meses, lo inscribí en una guardería de medio tiempo. Justifiqué mi decisión frente a Matt diciendo que necesitaba esas horas ininterrumpidas para escribir; cuando se acabara la beca, tendría que entrar al mercado laboral y necesitaba producir y publicar artículos académicos.

También tenía otras razones que eran más difíciles de admitir. La verdad era que siempre había valorado mi independencia y disfrutado pasar tiempo sola. Ser esposa y madre anulaba esa parte de mi identidad, de modo que la quería recuperar. A veces aprovechaba el tiempo cuando Carter estaba en la guardería de maneras que me hacían sentir egoísta: iba con la manicurista, salía a correr, apreciaba el hecho de que lo único que requería mi atención eran mis propias necesidades.

No hablaba con nadie acerca de mis sentimientos porque parecían demasiado anormales. Me preocupaba que me juzgaran. Otras mujeres que he entrevistado desde entonces me confiaron que habían tenido sentimientos similares, al igual que el miedo a que las criticaran. Lyn Dexheimer y Caroline Halstead se conocieron en su iglesia en Hoboken, Nueva Jersey, y establecieron un vínculo sobre la frustración que compartían por ser madres y amas de casa; Caroline con unos gemelos de 2 años de edad y Lyn con un hijo de 2 años y un bebé. Era el año 2002 y Caroline acababa de renunciar a su trabajo como gerente de mercadotecnia de Pfizer. Ella y su esposo estuvieron de acuerdo en que alguien debía quedarse en casa y que ese alguien debía ser ella porque él ganaba más dinero. «No siempre me sentía feliz, porque no tenía nada propio. Me parecía en verdad difícil tener conversaciones honestas con otras mamás. Se suponía que debía estar feliz y emocionada todo el tiempo. Lyn fue receptiva a mi necesidad de decir "Esto es muy difícil" y "No soy una mala persona por decir que estoy cansada" o "A menudo esto no es divertido"».

Lyn, quien había abandonado su programa de doctorado en la Escuela de Economía de Londres para regresar a Estados Unidos por el trabajo de su esposo, dijo «Estaba decepcionada conmigo misma y me sentía como un fracaso. Caroline era la amiga con la que no tenía que hablar todo el tiempo de las actividades de nuestros hijos. Platicábamos sobre libros y películas». Lyn, quien dijo que había sido una «niña extraña y muy ambiciosa; escribía novelas y organizaba presentaciones editoriales para mí misma», se preguntaba dónde había ido la antigua Lyn. Caroline entendía. Era como si hubiera pasado de manejar a 200 km/h a hacer un alto total. Su amistad se hizo más estrecha; Lyn comentó: «Nos dimos cuenta de que recorríamos caminos paralelos; tratábamos de averiguar cómo volver al trabajo. Nuestras conversaciones maduraron hasta decir "Esto es importante por lo que nuestras hijas puedan pensar de nosotras"».

Con la ayuda mutua, la de sus maridos y la de un pequeño grupo de madres de apoyo, Caroline y Lyn se reincorporaron al mercado laboral; Caroline lo hizo cuando sus gemelos estaban por terminar preescolar, y Lyn, cuando su hija menor entró a preprimaria. Lyn empezó a dar clases en Rutgers, como profesora adjunta de Composición y Escritura, y volvió a inscribirse en el doctorado. Caroline obtuvo su certificado de docente, tomando clases nocturnas y los fines de semana. Hoy, Caroline da clases medio tiempo en un colegio técnico y Lyn es directora ejecutiva del programa de escritura en Rutgers. Con los años, no han dejado de recurrir una a la otra. «A veces dejaba a uno de mis hijos enfermos con Caroline», me dijo Lyn, «para que yo pudiera ir a dar clase. Si sus hijos tenían vacaciones de primavera, pero en Rutgers no, ella cuidaba a mis hijos. Nos las arreglábamos para organizarnos y confiábamos la una en la otra».

Tanto Caroline como Lyn estaban felizmente casadas; sin embargo, ambas decían que les darían a sus hijas un consejo diferente al que recibieron ellas cuando eran jóvenes madres, para que tomaran decisiones distintas. Caroline dijo «Tendría cuidado con esa necesidad de ser todo para todos, porque la persona que sale perdiendo eres tú». Lyn comentó: «Olvidemos esa idea de que, de manera predeterminada, los hijos y la casa son tu responsabilidad. A veces estallaba y decía "¡Tiene que ser más equitativo! Y mi esposo lo aceptaba. Pero tantos años de hábitos arraigados y comportamiento aprendido significa que, inevitablemente, caíamos de nuevo en lo mismo».

Yo no tomé el camino de Caroline y de Lyn de dar un paso atrás cuando mis hijos eran muy pequeños. Pensaba que hacerlo pondría en peligro mi «apuesta de los cinco millones de dólares». Cuando Carter tenía 2 años, tuve a mi segundo bebé, una niña llamada Ella. En esa época yo trabajaba tiempo completo como maestra becaria en UC Hastings. La escuela solo me dio 12 semanas de licencia no remunerada, lo mínimo estipulado por la ley federal. Me dijeron que, si pedía más, perdería mi empleo. Experimenté frustración, ya que, por ser la persona con el nivel más bajo, me trataban diferente y peor que a las mujeres que estaban por encima de mí en la jerarquía, aunque básicamente realizaba las mismas tareas. Al mismo tiempo, también quería regresar; entendía la importancia de este empleo en un contexto más general acerca de mis ambiciones profesionales.

Reincorporarme al trabajo después del nacimiento de Ella fue difícil. Las primeras semanas lloraba por dejarla todo el día en la guardería. Me decía que debía trabajar más que nunca pensando que, igual que Amanda Renteria, tenía que probarle a mis colegas, mis supervisores y mis alumnos que tener otro bebé no me había cambiado. Mi matrimonio, que había mejorado mucho después del nacimiento de Carter, volvió a ser accidentado. Matt no entendía mi elección, en particular cuando mi trabajo estaba tan mal pagado, apenas cubría el costo de la guardería de los niños. No podía entender por qué el trabajo me seguía acaparando igual que antes, aunque el resto de mi vida hubiera cambiado de forma tan profunda.

No se trataba de que Matt quisiera que me quedara de ama de casa, no lo quería, sino que deseaba que no fuera tan obsesiva con mi carrera cuando nuestros hijos estaban tan pequeños. Esperaba, como me decía a menudo, que estuviera más «presente», física y emocionalmente. Y con frecuencia yo no estaba porque o trabajaba o estaba en casa con mis hijos, pero ocupada con mi trabajo.

La preocupación acerca del modo en el que una madre se enfoca en su carrera y cómo puede afectar de manera negativa a los hijos pequeños se refleja en una cultura más vasta. En 2008, más del 60% de las mujeres con un hijo menor de 6 años trabajaba fuera de casa. Pero un estudio de 2013, del Centro de Investigaciones Pew, encontró que solo el 16% de los encuestados pensaba que es bueno para los hijos que su madre trabaje tiempo completo, menos de la mitad aprobó el trabajo de medio tiempo y un tercio creía que debían quedarse en casa.[12]

Al analizar una base de datos de 2016, los sociólogos Jerry A. Jacobs y Kathleen Gerson escribieron: «Una consecuencia de la ambivalencia en torno al empleo de las madres es el aumento de un conflicto cada vez más intenso entre la norma de "cuidado maternal intensivo", sobre todo en la clase media, y la presión en las mujeres de llevar ingreso y crear fuertes lazos en el lugar de trabajo». De forma consistente en Estados Unidos en los últimos treinta años, «una minoría considerable [de la población] sigue siendo hostil o ambivalente a la participación de las mujeres en la fuerza laboral, en particular en el caso de las madres con hijos pequeños».[13]

La conclusión es la siguiente: se espera que muchas madres, en particular quienes tienen niños pequeños, den prioridad a sus hijos sobre su carrera. Se les dice que cuidar al bebé —amamantar, cambiarle los pañales, enseñarle a dormir— las hará plenas. Es cierto que los bebés son increíbles y adorables, pero para muchas mujeres, yo incluida, gran parte del trabajo que implica cuidarlos es repetitivo y agotador. «¿Quién quiere estar presente para esto?», me preguntaba a menudo mientras realizaba mi rutina de gatear sobre el piso de la cocina para recoger cereales triturados con una servilleta de papel húmeda, al ritmo de los berridos enfurecidos del niño.

Las madres primerizas con frecuencia están cansadas y solas. Extrañan la motivación del trabajo y el hecho de interactuar con personas con intereses similares. Pero cuando las madres primerizas se reincorporan a su empleo, ya sea porque tienen o quieren hacerlo, o por ambas razones, es posible que las vean con desconfianza. Incluso si la descalificación no es común, el menosprecio y los juicios sutiles son evidentes.

Leah Nelson, de 39 años y madre de dos hijos que trabaja en una pequeña organización sin fines de lucro en Alabama, me contó lo siguiente:

> A veces, [el trabajo] me aleja de mis hijos. En un pueblo que está hecho para amas de casa, a pesar de que tiene una gran cantidad de madres solteras (yo estoy casada), con frecuencia me hace sentir como una pésima mamá. Cuando tengo que elegir entre una situación que no es urgente de mi hijo y una verdadera emergencia que implica la seguridad o la libertad de una persona, no es difícil escoger. Lo difícil es sentirte inadecuada a los ojos de otras mamás, aunque por supuesto nadie nunca dice nada.

Algunas investigaciones muestran que, cuando la pobreza no es un problema, a los hijos de madres que trabajan tiempo completo no les va peor que a los hijos de un ama de casa.[14] De hecho, un estudio de 2018 en más de 100 000 personas a lo largo de 29 países encontró que las hijas de las madres trabajadoras eran más felices y exitosas en su propia carrera que las hijas de las amas de casa.[15] En el caso de los hijos, no hubo ningún efecto perceptible, aunque los hijos de madres trabajadoras realizaban más labores domésticas en su propio matrimonio. (Hablaremos más de esto en el capítulo 8). Quienes critican el culto de la maternidad como «sobreprotectora», «paternidad helicóptero» o incluso «paternidad buldócer» afirman que es posible que los hijos de madres ocupadas estén mejor porque estos chicos entienden que sus necesidades no son siempre la prioridad, y que trabajar y cuidar a los hijos es compatible, no antagónico.

Michele Combs, una archivista de la Universidad de Siracusa, lo formuló de esta manera: «Hace ya muchos años que superamos el culto de la maternidad como un tipo de llamado sagrado que debería absorber por completo el tiempo y la energía de una mujer. Demasiado cuidado puede ser tan dañino como muy poco; además, ¡lo que importa es la calidad, no la cantidad!».

No obstante, es interesante observar que los datos empíricos que muestran que a los niños no les afecta que su madre trabaje tiempo completo fuera de casa no hacen mucho por reducir la ansiedad y la vergüenza que sienten las madres. Algunos expertos creen que la presión ha incrementado gradualmente en la actualidad, porque se espera que las madres recuperen el cuerpo que tenían antes del embarazo en cuestión de semanas después del parto y que muestren todos los demás signos exteriores de que han superado el embarazo. En el libro *The Mommy Myth (El mito de ser mamá)* de 2005, las coautoras Susan Douglas y Meredith Michaels plantean que perpetuar el ideal de la madre perfecta está íntimamente vinculado a la publicidad de muchos productos y servicios destinados a hacer que las mujeres hagan un esfuerzo continuo para lograr estados físicos y emocionales imposibles.[16]

Muchas madres primerizas experimentan una tensión constante entre lo que el mundo espera de ellas y lo que ellas mismas desean. A menudo, sus parejas suponen que ellas cambiarán de manera drástica su actitud hacia el trabajo. Algunas mujeres lo hacen, pero muchas otras no. Quienes estamos en la última categoría, que seguimos apasionadas y obstinadas como nunca en la búsqueda del éxito profesional, con frecuencia somos juzgadas como «malas madres» por parte de nuestra pareja, nuestra familia y una sociedad que no da concesiones.

Cuando una madre trabajadora golpea con fuerza la etiqueta de «mala madre», puede ser asombroso. La novelista galardonada, Lauren Groff, madre de dos hijos jóvenes, respondió a la pregunta sobre la maternidad en una entrevista en *The New Yorker*:

> Antes de que nacieran mis hijos, tomé la decisión de no sentir culpa ni vergüenza sobre mi maternidad. Soy buena madre y quiero pasar con mis niños el mayor tiempo posible, pero viajo mucho y me aíslo de mi familia todos los días para trabajar, no organizo fiestas de cumpleaños y solo una vez en mi vida acompañé a mi hijo a que jugara con un amigo; me dieron ganas de azotar la botella de Perrier en el suelo y cortarme. En casa hablamos mucho de la asignación de responsabilidades porque ni mi esposo ni yo queremos asumir roles con base en suposiciones colectivas erróneas sobre la dinámica de géneros. Creo que en nuestra sociedad la idea de la maternidad es patológica e incluso personas con buenas intenciones dan por hecho el sacrificio de una madre. La culpa y la vergüenza son herramientas que sirven para mantener a la gente controlada; las preguntas más recurrentes que me hacen en mis conferencias o entrevistas tienen que ver con ser madre y escritora; esperan que realice esta suerte de danza de humildad que no quiero ni tengo la habilidad de bailar.[17]

Cuando leí la afirmación de Groff, casi me quedo sin aliento por la audacia de su diagnóstico y la verdad brutal de sus palabras. No eran las madres ambiciosas quienes se equivocaban, era la sociedad, por poner tantos obstáculos en su camino.

CAPÍTULO 3

Aprender de primera mano sobre el segundo turno

Para averiguar cómo las mujeres quedan atrapadas en esta situación insostenible debemos retroceder y considerar cómo nos educaron.

A principios de la década de 1970, un mantra se afianzó. A las mujeres se les decía que podían ser lo que quisieran a nivel profesional, y también casarse y tener hijos.[1] «Tenerlo todo» era la frase que popularizó Helen Gurley Brown, fundadora de *Cosmopolitan*; fue el título de su libro *bestseller* de 1982, en el que le prometía a las mujeres que el éxito financiero, la satisfacción profesional, el matrimonio, los hijos y buen sexo estaban todos sobre la mesa: un festín que podía consumirse como en un bufet donde puedes comer todo lo que quieras.[2]

De acuerdo con la historiadora feminista Ruth Rosen, el lema «Tenerlo todo» echó raíces y brotó como hiedra venenosa desde entonces. Escribió que las revistas femeninas «convirtieron a una feminista en una superheroína, con el cabello volando al viento mientras corría por todas partes, con el portafolios en un brazo y un bebé en el otro».[3] Con la ropa, peinado y maquillaje adecuados, y la combinación correcta de modestia y autoconfianza, tenerlo todo parecía estar al alcance de la mano.

Asimismo, este ideal se popularizó en elementos más progresistas de la cultura, aunque el énfasis no se hacía en la apariencia física, mucho menos en el sexo apasionado, sino en la celebración de las mujeres que perseguían una carrera fuera de casa. *Free to Be... You and Me (Libre de ser... tú y yo)*, el álbum vanguardista plagado de estrellas de Marlo Thomas lanzado en 1972 fue el himno de mujeres trabajadoras como mi madre y de hijas como yo.[4] En mi canción favorita, «Mommies Are People» («Las mamás son personas»), Thomas une su voz a la de Harry Belafonte para enumerar, en verso, las interminables oportunidades profesionales que están abiertas a las mujeres con hijos. Cantaban: «Las mamás [pueden ser] casi cualquier cosa que quieran ser». La lista incluía agricultoras, médicas, poetisas, taxistas, chefs y cantantes famosas. Nada quedaba fuera, decían, salvo ser padre.

Conocía todas las letras del álbum *Free to Be... You and Me*, que mis padres ponían en casetes de ocho pistas durante las décadas de 1970 y 1980 siempre que salíamos a carretera en la camioneta familiar para nuestras vacaciones anuales de verano que duraban dos semanas. Cada canción cuestionaba los estereotipos de género y defendía, a menudo de manera juguetona y divertida, la igualdad de género. Millones de personas respondieron de forma positiva a su mensaje. Yo fui una de ellas: una creyente ferviente e inspirada.

En cierto sentido, mis padres lo vivieron. Mi mamá era una médica exitosa, respetada por sus colegas, sus pacientes y los residentes a quienes supervisaba. Y mis padres llevaban a casa el mensaje de que mis hermanas y yo podíamos hacer cualquier cosa que quisiéramos. «Yo creía por completo en la igualdad», me dijo mi padre. «Jamás se me ocurrió que mis hijas se verían limitadas por su género; como era cierto en el caso de su mamá y de muchas de nuestras amigas». Le pregunté quiénes de esas amigas habían tenido empleos tan reconocidos como el de mi madre. Hizo una pausa y rio: «No sé, no muchas. El hecho de que no fuera verdad para nuestras amigas no significa necesariamente que no pensaran que sería cierto para sus hijas».

En primaria, mi hermana mayor, Emily, fue de visita con su clase a un hospital. A las niñas les dieron cofias de enfermera y a los niños estetoscopios de médico. En el relato que mi padre contaba, Emily dijo que ella quería un estetoscopio y regresó a la casa con uno. A mi padre le encantaba esa anécdota. Por supuesto que su hija se negaba a aceptar los roles tradicionales estereotipados de género; la doctora Bazelon era su madre.

Sin embargo, al interior de su casa, el entorno de la doctora Bazelon no era muy distinto al de las generaciones pasadas. Ella era responsable de cocinar, limpiar y llevarnos a todas nuestras citas, actividades y eventos, así como de contratar a las niñeras y personal de servicio que proporcionaban un apoyo fundamental. A pesar de la gran ayuda —mis hermanas y yo tuvimos a una niñera muy querida que nos cuidó desde que éramos bebés, nos recogía de la escuela algunos días a la semana cuando ya estábamos más grandes, hacía un poco del quehacer en la casa, ayudaba con las compras del supermercado, revisaba nuestras tareas y empezaba a preparar la cena antes de que mi mamá volviera a casa—, mi madre tenía un segundo empleo. Nunca vi que mi padre tendiera la cama, usara la aspiradora, lavara la ropa o por lo menos se preguntara cómo se hacían esas tareas.

También quedaba claro que la carrera de mi padre tenía prioridad y que para él se aplicaban reglas diferentes. No era inusual que mi padre llegara tarde, que hiciera llamadas del trabajo durante la cena o que pasara horas metido en una cabina telefónica cuando estábamos de vacaciones. Como asociado júnior de un despacho de abogados importante en Filadelfia, estaba decidido a ser socio y lo logró, en 1976. Pero luego de conseguirlo solo estuvo más ocupado y tenía más trabajo. A finales de la década de 1970, mi padre fue el abogado principal en un caso civil complicado, de modo que se desplazaba a Florida para las declaraciones una semana cada mes. Este ritmo de trabajo tan riguroso duró años.

Los viajes de mi papá a Florida me ponían furiosa. Cuando llamaba desde su habitación en el Hyatt Inn de Sarasota para darnos las buenas noches, yo invariablemente le colgaba el teléfono. Lo extrañaba mucho y sentía su ausencia todos los días. Pero mi rabia desaparecía tan pronto regresaba a casa, y jamás se me ocurrió cuestionar su decisión de darle prioridad a su trabajo. Quizá se debía a que, cuando mi padre estaba con nosotras, nos daba tiempo de calidad; y porque paradójicamente sus ausencias frecuentes hacían que atesorara el tiempo que pasaba con él, en tanto que el tiempo que pasaba con mi madre lo daba por hecho y lo valoraba menos.

Papá era irreverente y travieso. Nos perseguía a mis hermanas y a mí por la casa, nos pegaba en el trasero con los trapos de cocina y nos volteaba de cabeza mientras nosotras reíamos y gritábamos. Era tan alto, 1.95 m, que cuando me levantaba en el aire podía tocar el techo. Estar con mi padre a menudo significaba diversión; le gustaba organizar y jugar a las escondidas, por ejemplo. (Una vez, mientras jugábamos con otra familia, mi papá se escondió en el techo del *garage*. Hasta hoy, no tengo idea de cómo se subió ahí. Pasó más de una hora y nadie podía encontrarlo. Recuerdo haber escuchado su risa estridente y al alzar la vista, asombrada, lo vi de pie, triunfante, por encima de nosotros). En ocasiones, se ponía del lado de los niños; como cuando le rogamos que si podíamos quedarnos despiertas para ver la última parte de *La novicia rebelde* en televisión o cuando pedimos dos aderezos diferentes para nuestro helado, en la nevería Hillary.

Mi madre era quien ponía las reglas y las hacía cumplir; nos fastidiaba para que nos laváramos los dientes y recogiéramos las toallas húmedas del suelo, y se ponía furiosa si sacábamos comida de la cocina. «¿Tienen idea de la cantidad de hormigas que eso atrae?», gritaba al tiempo que nosotras poníamos los ojos en blanco. (Ahora, por supuesto, me sorprendo diciendo exactamente lo mismo a mis hijos, y veo los mismos ojos en blanco). Cuando sus esfuerzos para que nos comportáramos fallaban, lanzaba la advertencia que, inevitablemente, me dejaba aterrada: «Espera a que llegue tu padre». Mi padre era quien imponía los castigos más duros, en general con reprimendas que me dejaban hecha un mar de lágrimas, pero eso lo reservaba para las peores faltas. Generalmente relacionaba a mi padre con diversión y juegos, y a mi madre con tareas y quehaceres. He escuchado historias parecidas de otras mujeres a las que he entrevistado. Era inevitable que el padre fuera el «divertido» y que la madre fuera quien impusiera la disciplina.

En ausencia de papá, mi madre se quedaba sola. A veces, alguna de mis abuelas venía a casa a quedarse con nosotros, aunque no recuerdo que ninguna de ellas fuera particularmente útil. No tengo memoria de haber escuchado a mamá quejarse o sentir rencor por ello contra mi padre; en su lugar, avanzaba fuerte y determinada. Con tres niñas pequeñas, y cuatro después, cuando él no estaba en casa, ella parecía más agobiada que de costumbre, así que tomaba algunos atajos. Con frecuencia cenábamos lo mismo que en el desayuno:

huevos revueltos o *hotcakes* con miel de maple. Para mí era más fácil portarme mal porque sabía que ella estaba demasiado ocupada para disciplinarme si yo le pegaba a mi hermana menor o si salía corriendo y gritando cuando se acercaba con el cortaúñas. Esas eran las ventajas, aunque también implicaba obtener menos atención. Pero nunca me sentí insegura ni dudé de la capacidad de mi madre. Era infinita, plena, incansablemente competente. Nunca se derrumbaba; nunca, ni siquiera lloraba. Cuando lo pienso, no tengo idea de cómo resistía noche tras noche, mes tras mes, año tras año.

Era incomprensible imaginar la situación contraria, que mi madre nos dejara por su trabajo durante días, a cientos de kilómetros de distancia. Mi padre sencillamente no lo hubiera aceptado y, en cualquier caso, no hubiera podido soportarlo. Aparte de ir al hospital para tener un hijo o presentar sus exámenes ante la comisión médica en Mineápolis y, más adelante, en Houston, mi madre nunca pasó una noche lejos de nosotras.

Lo que nunca entendí hasta que empecé a entrevistarla para este libro era cuántos sacrificios tuvo que hacer en su carrera, aunque asegurara que los hizo con gusto. Al principio quería ser nefróloga, una doctora de los riñones. Pero, «había muy poca flexibilidad, muchos turnos de noche y urgencias. Simplemente nunca se adaptaría a mi vida», dijo. En su lugar, estudió psiquiatría. Me comentó que en esa época la psiquiatría se consideraba el patito feo de su campo; algunos médicos pensaban que estaba por debajo de ellos porque «no era verdadera medicina». Pero en lo que concernía a empleos médicos, era una elección que se adaptaba a su familia. Podía controlar sus horarios y elegir su propio lugar de trabajo; rentó un consultorio a menos de medio kilómetro de la casa.

Mi madre insistía que amó su especialidad desde un principio y que nunca se arrepintió de sus elecciones de carrera.

Pero no fue, sino hasta que su última hija asistió a la universidad que pudo capitalizar en su poder adquisitivo. Mientras crecimos, ganaba mucho menos dinero que mi padre y trabajaba solo algunas horas menos que él, en parte porque su disponibilidad era limitada. Muchos pacientes querían consultar a su terapeuta por la noche, después del horario laboral. Durante unos años, una noche a la semana, mi madre preparaba la cena, dejaba a papá en casa para que nos bañara y atendía una o dos consultas. «Pero luego vino Florida», explicó, «y ese fue el final». Le pregunté si estaba decepcionada de haber perdido la oportunidad de ampliar sus consultas privadas. «No», respondió, «era agotador y no valía la pena». Agregó que tener menos consultas le permitía hacer otro trabajo que amaba, incluido enseñar en la Escuela de Medicina de Pensilvania y ser psiquiatra en jefe en el centro de salud de su *alma mater*, Bryn Mawr. De estos otros empleos percibía un sueldo bajo, pero ella los disfrutaba. Además, las diferentes experiencias profesionales hacían más interesante su carrera de lo que hubiera sido de otra manera.

Me sorprendió escuchar que a mi madre le pagaban mal, y si bien era cierto que trabajaba menos horas que mi padre, también era verdad que siempre parecía más ocupada. No tengo ningún recuerdo de mi madre sentada sin hacer nada. Incluso cuando se suponía que descansaba; por ejemplo, cuando veía su querido *Masterpiece Theatre* en PBS los domingos por la noche, seguía haciendo mil cosas: pagaba las facturas, escribía tarjetas de agradecimiento o tejía un suéter. Nunca podía parar, probablemente porque sentía que no podía.

La historia de mi madre no es única. El porcentaje de mujeres *baby boomers** que trabajaba fuera de casa aumentó de

* En Latinoamérica, las mujeres mayores de 15 años representaban el 21.5% de la fuerza laboral en 1970, y el 29.2% para 1980. Mientras que

manera constante a principios de 1960. Para 1970, las mujeres conformaban el 43% de la fuerza laboral. Diez años después, el porcentaje de mujeres entre 25 y 44 años que laboraba fuera de casa había aumentado al 71%.[5] Las mujeres también se abrían camino en profesiones que estaban dominadas por hombres, como el derecho y la medicina; sus cifras aumentaron de 20 a 36% en empleos que implicaban destrezas gerenciales.** Lo mismo fue cierto para la clase obrera. Según *The Atlantic*, «De 1970 a 1984, el número de mujeres carniceras que laboraban en plantas de embalaje aumentó más de un tercio y [...] para 1984, casi el 80% de los nuevos empleos en coctelería estaba ocupado por mujeres». No obstante, esa historia refleja que la mayoría de las mujeres trabajaban solo en empleos de medio tiempo, los cuales les permitían ocuparse de su responsabilidad principal, que era cuidar a los niños en casa, y no compensaba de manera proporcional su poder adquisitivo. Para 1986, «los hombres casados*** [eran] dos veces más exitosos en su poder adquisitivo que las mujeres casadas».[6]

Para una madre trabajadora, es difícil alcanzar todo su potencial profesional cuando en casa la espera un segundo turno no remunerado; en su mayoría monótono, de poca importancia e ingrato. En 1989, la socióloga y profesora de la

---

en México fue de 17.9% en 1970 y de 30.1% en 1980 (bit.ly/3HVrJNA). (N. *de la e.*).

** Las mujeres de Latinoamérica y el Caribe registran un importante progreso al asumir cada vez más responsabilidades en la gestión empresarial (bit.ly/4bElprJ). (N. *de la e.*).

*** Aunque los salarios por hora son similares, en esta década se muestra una diferencia en horas trabajadas por semana, lo que impacta en el ingreso: 35.90 h para hombres y 9.2 h para mujeres (bit.ly/3OGfW9S). (N. *de la e.*).

Universidad de California, en Berkeley, Arlie Hochschild, publicó *La doble jornada*, un libro fundamental que exploraba esta realidad. Sí, las mujeres trabajadoras habían escapado al destino de sus propias madres, conocidas en todo el mundo gracias a Betty Friedan, en su obra *La mística de la feminidad*. Esas mujeres, blancas de clase media, eran las «amas de casa de la década de 1950», quisieran serlo o no. Eso era lo que la sociedad esperaba y promovía: un sexismo generalizado limitaba sus oportunidades profesionales en gran medida a la enseñanza y la enfermería, en tanto que las mujeres pobres y de color en general estaban confinadas al trabajo doméstico, limpiar las casas de otras personas y cuidar a sus hijos.

Sin embargo, como Hochschild observa, muchas de estas mujeres pioneras que rechazaron el estilo de vida hogareño cayeron, sin darse cuenta, en otra trampa. Sí, podían tenerlo todo, siempre y cuando ellas hicieran todo. Los días laborales de una mujer profesionista eran las horas consumidas por las intensas tareas domésticas: cocinar, limpiar, hacer las compras, lavar la ropa. Algunas de las mujeres a las que entrevisté tomaron una serie de decisiones premeditadas para no caer en esa situación, como contratar ayuda de tiempo completo o casarse con parejas que estaban dispuestas a asumir un papel activo en la crianza, pero eran la excepción.

Décadas después de la publicación del libro crucial de Hochschild, la doble jornada se ha reducido de forma considerable, pero sigue siendo obstinadamente persistente. Tomando en cuenta la raza, origen étnico, clase, nivel laboral, estado civil y geografía, las tareas domésticas no remuneradas de una mujer en el hogar exceden a las del hombre por 2 h al día, de acuerdo con un estudio de 2020 que realizó el Instituto para la Investigación de Políticas de la Mujer.[7]

Otros investigadores que estudiaron este tema atribuyeron la persistente brecha entre parejas casadas heterosexuales, en las que ambos tienen ingresos, en parte al «hecho de que los hombres modernos no se adaptan a la cantidad de tiempo que dedican a los quehaceres del hogar con base en la situación laboral de su esposa».[8]

Cuando era joven, a menudo escuchaba a las personas describir a mi madre con una admiración que rayaba la incredulidad. Inevitablemente hacían alguna versión de esta pregunta: ¿Cómo hace todo eso? La respuesta era triple: con mucha ayuda, reduciendo sus propias ambiciones profesionales y haciendo, a pesar de todo, trabajos remunerados y no remunerados las 24 h del día. Pero yo nunca daba esa respuesta; en su lugar, solo me encogía de hombros. Era una niña, daba por hecho el refinado y complicado mecanismo que hacía que la familia funcionara sin falla. Ese trabajo fue visible hasta que me casé y tuve a mis propios hijos, y retrocedí.

Me hubiera gustado ser más introspectiva y haber tenido más transparencia al hablar con Matt sobre cómo quería y necesitaba que mi propia vida de madre trabajadora fuera diferente. No tenía intenciones de sacrificar ninguna oportunidad profesional significativa y no me interesaba asumir la responsabilidad principal de los quehaceres de la casa. Despreocupada e ingenua, lo di por entendido, ya que había elegido a una pareja que parecía progresista en teoría; de manera intuitiva entendería y el reparto de tareas se llevaría a cabo de forma natural y de modo equitativo.

La mayoría de las veces este tipo de confianza resulta equivocada. La hija de Verna Williams, Allison, tenía 18 meses de nacida cuando Verna entró a la Escuela de Derecho de la Universidad de Cincinnati como docente aspirante a la titularidad. Su esposo, David, estaba fundando una organización sin fines de lucro. Aunque ambos estaban muy ocupados y concentrados en su carrera, Verna esperaba que David fuera el «chico feminista» del que se enamoró y con quien se casó. Pero «él sencillamente supuso que yo haría todo. Era demasiado incongruente. De pronto, era yo quien hacía las compras, lavaba la ropa y hacía los quehaceres». Después de lo que ella describió como «tiempos muy difíciles», fueron a terapia de pareja. Pero la dinámica no cambió mucho y Verna contrató a una persona para que la ayudara con los quehaceres domésticos. «Vivíamos ese problema de género que experimentan muchas parejas. David trabajaba todo el tiempo, y Allison y yo teníamos nuestra propia rutina. Tengo recuerdos felices de esa época. A veces él es parte de ellos, a veces no. Cuando platico con mis amigas, es la misma historia».

Samantha, de 39 años, externó una frustración parecida. Tuvo a su hijo David en 2010, cuando vivía con su esposo en Costa Rica, donde el nació y se crio. En 2012, la familia se mudó a Queens, Nueva York, donde Samantha consiguió un empleo de tiempo completo como gerente comercial de una compañía de diseño de iluminación; su esposo, quien hablaba poco inglés, laboraba como ayudante en una panadería. Aunque él tuvo varios ascensos hasta llegar a ser gerente de operaciones, Samantha siempre ganó más que él y trabajaba más horas; sin embargo, ella era la cuidadora principal, sobre todo cuando a David le diagnosticaron TDAH en el jardín de niños. «[Mi esposo] siempre ha sido un padre involucrado», me dijo, «pero soy yo quien gestiona todo lo relacionado con las tareas, las citas con los médicos, el plan de educación individualizada [de David] e informarme para saber qué preguntar en cuanto a las necesidades de mi hijo. Mi esposo no quiso hacer ningún esfuerzo por entenderlo, así que era yo quien debía averiguarlo».

Vanessa,[9] de 32 años, creció en una familia de clase media en Mineápolis, donde su padre era dueño de un pequeño negocio de limpieza corporativa. Su madre, quien tenía certificado de preparatoria, era ama de casa, pero también ayudaba en la administración de la empresa. Tiempo después, trabajó en la cafetería de la escuela pública a la que asistían Vanessa y sus hermanos. Su madre era muy religiosa y la educaron para ser sumisa. Decidida a rechazar esta educación a la que llamaba «exclusiva y patriarcal», Vanessa ganó una beca completa para una pequeña universidad privada.

En 2019 obtuvo un empleo en el Gobierno local de Mineápolis, como consultora; ayudaba a gestionar una mejor atención médica, educación y vivienda a comunidades de color en la región. También estudiaba la licenciatura en Educación en St. Paul; tomaba clases medio tiempo. Su pareja, Travis, no tenía un título universitario y trabajaba con adultos y niños que padecían trastornos mentales. Tras salir durante cinco años, se comprometieron en 2018, un año después de que su hijo nació. Vanessa describió que los mayores retos en su relación se enfocaban en el dinero —ella ganaba más y pensaba que Travis debía hacer un esfuerzo por optimizar sus finanzas personales— y en la distribución inequitativa de las tareas del hogar. «Siento que no hay reciprocidad», dijo, «ni que él tenga iniciativa para compartir la carga. Tener que verbalizar constantemente que necesito ayuda y recordarle que lave los platos o limpie el baño es ya un trabajo en sí mismo, y no creo que debería hacerlo». Explicó que, en un principio, Travis estuvo de acuerdo en «que necesitábamos replantear nuestros roles para que fueran más neutrales en cuanto a género», pero la realidad de su vida cotidiana no llegaba al nivel de sus ambiciones.

Una y otra vez he escuchado a mujeres de las generaciones X y *millennial* que habían empezado su relación con la idea de que los quehaceres domésticos se dividirían por partes iguales, pero rápidamente se desengañaron cuando tuvieron hijos. Los datos respaldan este hecho. Conforme profundizaba más en la investigación, empecé a preguntarme: ¿hasta qué grado esta idea de competencia femenina inherente en todo lo que se relaciona con el hogar y los hijos es solo un estereotipo? ¿Hasta qué punto las mujeres de mi edad y más jóvenes funcionan según un manual obsoleto que recibimos de nuestra propia madre, ya sea porque nos lo dijeron de manera explícita o porque lo normalizaron al asumir ambos deberes? Por una parte, se trata de tenerlo todo y *Libre de ser... tú y yo*; por otra, a muchas mujeres también les dijeron «¡Sí! Sé una profesionista» y «¡No! No descuides tu casa».

¿Por qué es así? En gran medida se debe a que nuestro país perpetúa un reparto inequitativo de las labores en el hogar, al insistir en que las madres son las más apropiadas para ser las cuidadoras principales y realizar las tareas domésticas. Asimismo, la ecuación no considera el rechazo de nuestros políticos, en su mayoría hombres, para establecer una red social de seguridad que aliviara la carga de las mujeres trabajadoras que no desean renunciar a su trabajo. Por ejemplo, Estados Unidos es el único país industrializado que se niega a brindar cuidado infantil subsidiado y licencia por maternidad remunerada, a pesar de que los empleadores hacen énfasis en el camino al éxito en el trabajo, el cual requiere pasar muchas horas en la oficina.[10]

En la medida que entramos a la tercera década del siglo XXI, es sorprendente que muy pocas cosas hayan cambiado. Incluso en hogares heterosexuales en los que las parejas dividen en un principio las labores domésticas, muchas informan que esa paridad desaparece cuando llegan los hijos.[11] Según un estudio publicado en 2018 por la Kaiser Family Foundation,[12] más del 75% de las madres asumen la responsabilidad de las citas médicas de sus hijos y son cuatro veces más propensas que los padres a faltar al trabajo para cuidar de sus hijos enfermos. Las cifras no han cambiado desde que Kaiser empezó a estudiar el tema en 2001.

La periodista y psicóloga Darcy Lockman entrevistó a cincuenta madres como parte de una investigación para su libro de 2019, *All the Rage: Mothers, Fathers, and the Myth of Equal Partnership* (*Toda la rabia: madres, padres y el mito de la colaboración equitativa*), y se incluyó entre esas mujeres; a pesar de su determinación de no repetir el pasado, se convirtió en la cuidadora principal predeterminada y gestora del hogar.[13] La pandemia de COVID-19 exacerbó esta desigualdad. Durante la cuarentena, en general eran las madres, no los padres, quienes asumían tareas adicionales que hacían que la realidad de su segundo turno laboral previo pareciera un ensueño en comparación.[14] «Siento como si tuviera cinco trabajos: mamá, maestra, directora comercial, limpiadora y cocinera». Una madre que trabaja de tiempo completo y que ahora tiene a un hijo en edad escolar le dijo a un reportero de *The New York Times*: «Mis hijos me llaman "mamá directora" y "la señora de las comidas". Es agotador».[15]

Un estudio publicado por McKinsey en la primavera de 2021 observó el impacto nefasto de la pandemia en las madres trabajadoras. Casi una de cada cuatro mujeres con un hijo menor de 10 años consideraba renunciar a su trabajo, en parte porque los sistemas de apoyo fundamentales —escuelas, cuidado extraescolar, niñeras, abuelos y nanas— ya no estaban disponibles.[16] En contraste, solo el 13% de los padres contemplaron una decisión similar. Para las mujeres que no podían permitirse renunciar —con frecuencia porque son el único sustento, son madres solteras o mujeres de color—, el estrés, agotamiento y ansiedad se intensifican sin ninguna salida posible.[17] Y estas fueron las madres que tenían la suerte de contar con empleos.

A las parejas del mismo sexo les fue un poco mejor, aunque los datos empíricos mostraron que dichas parejas también tendían a distribuir una parte mayor de las labores domésticas no remuneradas a una sola persona en la relación una vez que tuvieron hijos; se pasaba así de la paridad[18] a un modelo que cede la responsabilidad principal de la casa al cónyuge cuyo empleo es menos demandante y peor pagado.[19] Asimismo, es interesante observar que las parejas del mismo sexo mostraron menos desacuerdo con el tema «porque se comunicaban; porque el cónyuge que no se encargaba del cuidado de los niños asumía otras labores; o porque el reparto de tareas no llevaba la carga de género».[20]

Cuando entrevisté a Abbie y Kenzie ocho meses después del nacimiento de su hijo, Dashiell, un caluroso día de verano a finales de julio de 2021, conocí a una pareja del mismo sexo que se adaptaba al modelo. Ambas tenían empleos exigentes de tiempo completo antes de que Kenzie diera a luz. Pero cuando fue momento de volver al trabajo, Kenzie pudo hacerlo a distancia con horarios flexibles, en tanto que Abbie, capellana en un hospital, no podía: su horario fijo era de 7:30 a. m. a 5:00 p. m. Antes del bebé se repartían las labores domésticas al 50%. A pesar de la mejor intención para conservar esa dinámica, la vida después del bebé lo hizo imposible. Kenzie fue objetiva al describir este cambio:

> Hay momentos en los que me siento abrumada; miro a Abbie y le digo «necesito ayuda para llevar esta carga, siento que mi cerebro está frito». Pero cuando lo pienso con honestidad, no se relaciona con el reparto de las labores, sino sobre todo con mis ganas de hacer

muchas cosas al mismo tiempo y de involucrar [a mi bebé] en mi vida.

Por su parte, Abbie sonaba nostálgica: «Sigo apreciando lo que hago, es extremadamente satisfactorio, pero desearía que el horario fuera diferente para tener más tiempo con mi familia y menos entre las paredes del hospital».

Antes, durante y después de la pandemia las madres trabajadoras hicieron su mejor esfuerzo para satisfacer a todos, lo que creó un nivel de estrés que las pudo llevar al límite. Mi entrevista con Daphne LaSalle Jackson, de 39 años y teniente coronel de la Fuerza Aérea con base en Alabama e instructora de asesoría jurídica de la Fuerza Aérea de EUA (JAG, por sus siglas en inglés), empezó en FaceTime mientras le cambiaba el pañal a su hija. Respondió a mis continuas preguntas mientras terminaba, se despedía con un beso de su esposo y de sus dos hijos, se subía a su camioneta y manejaba veinte minutos hasta la base Maxwell de la Fuerza Aérea, pasaba el control de seguridad y se dirigía a su oficina, donde se cambió para ponerse el uniforme militar, entre constantes pausas para responder mensajes de texto. No se distrajo ni un momento de sus reflexiones, de su actitud alegre y amistosa ni de su celular. Cuando le comenté sobre esta notable y rápida transformación, al parecer sin interrupciones, Daphne respondió que su propia madre había puesto la vara muy alta luego de divorciarse del padre de Daphne.

«En la primaria, cuando llegaba a casa con una tarea que me habían calificado con 9.7, me decía: "Excelente, ¿en qué fallaste?"». Daphne se crio en Patterson, Luisiana, un pequeño pueblo con un solo semáforo, cerca del Golfo de México; se distinguió en el programa para niños talentosos y sobresalientes en su preparatoria local. Compitió en atletismo a nivel estatal. «Saqué un 8 y eso me rompió el corazón», me dijo. En la

Universidad Estatal de Luisiana (LSU, por sus siglas en inglés), Daphne se inscribió en el programa del Cuerpo de Entrenamiento de Oficiales de la Reserva; después del primer año era la cadete número uno con una beca completa. En 2003 se convirtió en la primera comandante mujer afroestadounidense del cuerpo de cadetes de la LSU, así como presidenta de la Unión de Estudiantes Negros de la escuela.

Al ver a sus padres pasar por un divorcio difícil que destrozó emocionalmente a su madre, Daphne dudaba en tener una pareja estable. Sin embargo, en 2008 conoció a Jared Jackson en el estacionamiento de un Walmart cerca de la base Altus de la Fuerza Aérea, en Oklahoma, donde ambos estaban estacionados en ese momento, y se enamoró. Jared se salió de la Fuerza Aérea unos meses después y trabajó como contratista independiente para el Departamento de Defensa; se casaron en 2010. Cuando Daphne tuvo a su primer hijo, Jett, en 2013, formaba parte del equipo de abogados defensores que representaban a Abd al-Rahim al-Nashiri, detenido en Guantánamo acusado de bombardear el USS *Cole*. Las fuerzas armadas no le permitieron llevar a su hijo a Cuba, pero Daphne llevó el sacaleches, decidida a no renunciar al caso.

«Me sacaba la leche en el centro de detención, en los aviones, entre reuniones con el cliente, a medianoche y de nuevo a las tres de la mañana; y llevaba conmigo una hielera para poder congelar la leche. Me sentía muy orgullosa de mí misma porque estaba ahí, era mamá primeriza y lo tenía todo bajo control. Pero fue muy difícil». Cuando Daphne se embarazó de su segundo hijo 18 meses después, pensó: «No puedo hacerlo otra vez. No puedo». Le autorizaron su salida del equipo legal y le asignaron un nuevo puesto que implicaba mucha más responsabilidad: jefa de justicia militar de la Fuerza Aérea en Washington D. C., donde supervisaba a 40 000 miembros de las fuerzas armadas en todo el mundo.

Su nuevo puesto no disminuyó el estrés ni los quehaceres domésticos de Daphne. Su segundo hijo, niño también, fue prematuro, nació a las 32 semanas y pasó sus primeros veinte días de vida en la unidad neonatal de cuidados intensivos (UNCI). A los cinco meses tuvo problemas de salud y tuvieron que ponerle un respirador. El apoyo de la dirección de las fuerzas armadas fue crucial para que Daphne pudiera cuidar a sus dos hijos. «Hicieron todo lo posible para concederme permisos adicionales que estuvieran disponibles para que yo no agotara mi tiempo personal. Se portaron maravillosos conmigo».

Dos años después le ofrecieron un puesto como instructora de la JAG en la base Maxwell de la Fuerza Aérea. Era otro ascenso en su carrera, pero Daphne dudaba; no quería desestabilizar una situación doméstica que ya de por sí era difícil. Jared era una pareja amorosa y comprensiva, pero Daphne seguía siendo la cuidadora principal. Le había dado a las fuerzas armadas diez años de su vida y ahora que se encontraba satisfecha con su compromiso de servicio estaba considerando renunciar, lo cual tenía sentido, sobre todo porque estaban pensando en tener al tercer hijo. Fue Jared quien hizo la pregunta difícil: «¿Ya terminaste?».

Daphne pensó en su trayectoria dentro de la jerarquía de las fuerzas armadas y en lo que podía hacer con la posición que tanto trabajo le había costado obtener. «Se trata de utilizar el puesto al que lograste llegar para ayudar a los demás a subir; así me siento en relación con la comunidad afroestadounidense y mi trabajo en la JAG», me explicó. «Quería ser esa guía, el rostro negro en un mar de rostros blancos, el rostro de una mujer en un mar de rostros masculinos. Quería ser la persona que motivara, inspirara e impulsara a toda esta gente que podía pensar que no pertenecía ahí».

A Jared le respondió: «No siento que haya terminado», y él dijo: «Bien, entonces nos quedamos, es así de simple».

No fue simple. Después de mudarse a Montgomery, Daphne dio a luz a su tercer hijo, una niña, en 2018. El trabajo de Jared lo envió a Huntsville, 3 h al norte. Durante dos años y medio, cada mañana Jared salía de su casa a las 4:30 a. m., del lunes, y regresaba el jueves ya entrada la noche. Daphne tenía la tarea de salir con los niños a las 6:45 a. m., para llevarlos a la guardería y la preprimaria y así poder llegar a su trabajo a las 7:30 a. m. Los domingos cocinaba para toda la semana porque no tenía tiempo de preparar la cena cuando regresaba a casa. Jared se hospedaba en una habitación sin cocina, por lo que Daphne le alistaba la mitad de la comida para que se la llevara. Contrario a lo que esperaba, la pandemia implicó más, no menos, igualdad en su vida doméstica porque obligó a Jared a trabajar desde casa y eso le permitió involucrarse más tanto en el cuidado de los hijos como en las tareas del hogar. «Hasta que padecimos el COVID, me sentía como mamá soltera», explicó Daphne.

Ashton Clemmons describió a su esposo, Bryan, como un «hombre hecho y derecho; un republicano que conduce una *pick-up* y le gusta cazar y pescar». También dijo que es incondicionalmente alentador en las aspiraciones profesionales de ella. Se conocieron en 2006, poco después de que al padre de Ashton le diagnosticaran cáncer. Ashton, quien creció en un pequeño pueblo en el condado de Alamance, Carolina del Norte, se graduó de la Universidad de Carolina del Norte en Chapel Hill, en 2005, y fue admitida en el programa de la maestría en Educación de Harvard. «Le dije a Bryan que iba a ir y él me dijo que vendría conmigo. Le respondí que no, a menos que nos casáramos primero. Esa es la tradición del sur y sabía que mi mamá se moriría si nos fuéramos a vivir juntos sin estar casados».

Tres semanas antes de que el padre de Ashton muriera, Bryan le pidió permiso para casarse con su hija. Se casaron en 2008, cuando Ashton tenía 24 años. Bryan, de 27, renunció a su trabajo en construcción para irse con ella a Cambridge, Massachusetts. Mientras Ashton estudiaba la licenciatura, él trabajó como mesero en un restaurante mexicano en Harvard Square. «Nunca se quejó», explicó Ashton, «Recuerdo que le dije "debes sentirte miserable", pero él respondió "no quiero que te preocupes porque este es el momento en el que has sido más feliz"».

Luego, agregó: «Ha sido una bendición en nuestra vida porque en los cambios importantes está dispuesto a decir "No sé cómo será, pero podemos hacer que funcione"». Un cambio crucial llegó después de las elecciones presidenciales de 2016. La familia tenía una vida cómoda, aunque agitada, en Greensboro, Carolina del Norte, con una hija de 6 años y unos gemelos de tres. Ashton era tutora adjunta de educación y Bryan había empezado su propio negocio de construcción. Con un poco de ayuda de la mamá de Ashton y de una niñera, ambos trabajaban y se ocupaban del cuidado de los niños.

«Estaba consternada por la cantidad de mujeres blancas que había votado por Donald Trump», dijo Ashton. En Carolina del Norte, un estado indeciso, Trump ganó por casi 175 000 votos y los republicanos conservaron la mayoría en la legislatura estatal. Aunque el padre de Ashton había sido jefe del partido demócrata en el condado de Alamance, la política nunca le había llamado la atención. Sin embargo, en cuestión de semanas después de la elección, Ashton y algunos de sus amigos más cercanos fundaron Onward, una organización que exhortaba a las mujeres que también estaban desconcertadas por el cambio tan radical hacia la derecha en el país para que fueran políticamente activas. El grupo aumentó hasta alcanzar 500 miembros.

En la primavera de 2017, Ashton asistió a una comida con Tammy, una reclutadora de LEAD NC que se ocupaba de la búsqueda de candidatos para campañas a nivel estatal. Ashton llevó una lista de mujeres que había identificado como posibles candidatas. Tammy le dijo: «Creo que deberías ser tú».

«Mi impulso fue responder: "¡de ninguna manera!"», me dijo Ashton. Además de tener tres hijos menores de 6 años, acababa de empezar su nuevo trabajo como tutora adjunta y estaba escribiendo su tesis para su segunda licenciatura en liderazgo educativo en la Universidad de Carolina del Norte, en Greensboro. «Pero luego pensé "¿Cómo es posible que no lo haga?"». A Ashton le preocupaba en particular la manera en la que el liderazgo republicano actual había mermado el financiamiento de las escuelas públicas, socavando así todo por lo que ella había luchado durante su carrera: mejorar la calidad de la educación pública para las comunidades marginadas. Estaba cansada de presenciar, impotente, cómo el gobernador demócrata de su estado vetaba disposiciones legislativas, solo para que los republicanos las invalidaran. «Sentía que debía tratar de recuperar el equilibrio y la decencia».

Ashton me contó que cuando le dijo a Bryan que quería postularse como candidata, «él tuvo muy buena actitud. Sabía que no era el mejor momento, pero también que era una oportunidad única, y que haríamos que funcionara». Ashton anunció su candidatura para la Asamblea estatal en noviembre de 2017 y renunció a su trabajo para hacer campaña tiempo completo. Sus horarios eran extenuantes; seis noches de cada siete no llegaba a cenar a su casa. Cuando la niñera se marchaba, Bryan se ocupaba de hacer las compras, darles de comer a los niños y bañarlos. Un año después, él y Ashton celebraron la victoria en su distrito de 80 000 habitantes, con el 69% de los votos.

Sin embargo, una vez que Ashton empezó su trabajo en 2019, que implicaba 90 minutos de trayecto de ida y 90 de regreso de su casa en Greensboro a Raleigh, rápidamente regresaron a sus roles anteriores. «Sigo siendo quien se encarga de casi todas las tareas. Si se trata del pediatra, el dentista, los maestros o la niñera, yo recibo todas las llamadas». Cuando Ashton tenía una junta en la noche, Bryan ayudaba llegando a casa temprano, pero en palabras de Ashton, «también tenía que planear cómo sería esa noche». Ella hizo una pausa. «No sé. Quizá yo soy mejor para los asuntos cotidianos de la casa o tal vez es la manera de socializar con otras madres. Me cuesta trabajo saber que cedí el control y que él hace lo que una mamá debería hacer cuando yo no estoy, porque sé que no lo hará de la misma manera».

Muchas madres que entrevisté se referían al mismo punto. Si bien a menudo se sentían agobiadas por el segundo turno, también creían que eran mejores en esas tareas; ceder la autoridad de los quehaceres domésticos a sus parejas masculinas significaba aceptar que todo se puede hacer de forma diferente y, en su opinión, peor. Algunas mujeres no querían asumir ese compromiso, aunque eso signifique tener que trabajar más.[21]

Cuando Matt y yo nos casamos me sentí igual. De alguna manera me era más fácil aceptar ser profesionalmente ambiciosa si era yo quien realizaba la mayor parte de las labores domésticas. Igual que Ashton, Daphne y tantas otras madres, me decía que yo era mejor por naturaleza para hacerlo. Conversar durante horas con los padres de los amigos de mis hijos (casi siempre eran las madres) o incluso durante algunos minutos al recogerlos o dejarlos en la guardería no era el fuerte de Matt. A mí me brindaba mucha satisfacción sentirme competente. Mis hijos hacían amigos (si así puede llamarse a las interacciones sociales entre niños pequeños), iban a sus revisiones médicas y yo los bañaba todas las noches. Uno de los halagos que más atesoro me lo hizo una maestra de preescolar de Carter, quien me dijo: «Su hijo siempre huele bien». Luego bajó la voz y agregó: «No todos son así, ¿sabe?».

Pero el segundo turno también era agotador, estresante y solitario. Me sentía como un hámster en una rueda en movimiento frenético e interminable; detenerme significaría caer. Cuando Carter tenía 3 años, y Ella, 1, sí me detuve, de manera más bien dramática: acepté un puesto académico en Los Ángeles que significaba ir y venir de nuestra casa en San Francisco. Me iba de lunes a jueves, igual que mi padre. De hecho, era más extremo: sus viajes eran cada mes; los míos, cada semana, incluidos los veranos. De manera abrupta abandoné la idea de que yo era «mejor» cuidadora. Resultó que no era cierto. De ciertas formas, Matt está más presente, es más observador y sensato que yo. También es mejor para imponer orden y disciplina. Tengo mis fortalezas como madre, pero carezco de la calma, el comportamiento imperturbable, el aura de competencia y la gran atención al detalle de Matt.

Algunas mujeres —más jóvenes que mi madre y mayores que yo— cuyos hijos crecieron en la década de 1990 e inicios del año 2000 describieron a sus maridos como responsables para la mayoría de las labores domésticas y el cuidado de los hijos. Elizabeth Gleicher, una jueza en la Corte de Apelaciones en Michigan y madre de tres hijos, era una de ellas. Viajaba tanto dentro como al interior del país siendo abogada litigante; la práctica jurídica de su esposo, Mark, era como abogado de menor grado en la Corte de Apelaciones. «Definitivamente era una madre atípica», dijo. «No asistía a muchos de los eventos de mis hijos, Mark era el que iba. Él tenía total flexibilidad». Mientras tanto, Elizabeth era quien ganaba la mayoría de los ingresos, de modo que pagó las escuelas privadas y universidades de sus hijos. «Tenía veredictos y acuerdos multimillonarios», explicó. «Ganaba mucho dinero».

Beth Fouhy, una consultora de relaciones públicas que pasó décadas como reportera y editora política, más recientemente con NBC News y MSNBC, dijo que su esposo a menudo era el cuidador principal de su hijo, Jonathan, quien nació en 1996, cuando Beth tenía 34 años. «Mi esposo no se ajusta al estereotipo de los que dicen "llego a casa, abro una cerveza y veo el futbol". Colabora mucho en la casa, siempre lo ha hecho, y nunca alardea sobre eso». Sus tareas parentales aumentaron en gran medida en 2008, después de que lo despidieron de su empleo en alta tecnología, y Beth, que en esa época trabajaba para Associated Press, se convirtió de manera temporal en el único sostén de la familia. Le asignaron cubrir la primera campaña presidencial de Hillary Clinton; calcula que de septiembre de 2007 a enero de 2009 pasó 250 noches fuera de casa, viajando con una maleta por todo el país para asistir a los diferentes actos electorales y recaudaciones de fondos.

Pero la verdad es que estos casos son atípicos. Pocos padres en una relación heterosexual participan de manera equitativa. A los papás se les elogia por realizar tareas cotidianas como ir de compras con sus hijos, llevarlos al médico o a jugar con amigos.[22] Cuando las madres hacen lo mismo, a nadie le llama la atención porque eso es lo que las madres hacen. Las mamás que renuncian a las comidas o que se ausentan durante días en viajes de negocios con frecuencia sienten la desaprobación. Sus elecciones se juzgan de manera distinta.

¿Qué significa todo esto para la siguiente generación de mujeres ambiciosas que deciden si quieren o no ser madres? Hablé con Jill Filipovic, una autora y periodista feminista que se casó en 2018. A los 37 años estaba profundamente indecisa sobre si tener hijos. «Soy *freelance* y mi esposo no. Él está todo el día en una oficina y yo trabajo desde casa. Es probable que la diferencia que existe en nuestras circunstancias y quién tiene horario flexible resulte en que sea yo quien se encargue del cuidado de los hijos más de lo que quisiera». No tenían los recursos para que alguien ayudara en la casa tiempo completo y no podrían vivir de la misma manera en que lo hacían en la actualidad. Jill dudaba si se arrepentiría de no ser madre y se preguntaba si estaba reaccionando a la cultura que les decía a las mujeres «tu vida importa más si tienes hijos» y que la «maternidad es la entrada a la edad adulta y el primer lugar desde el cual las mujeres deben obtener significado y propósito», una idea que se había obstinado en negar al dedicarse a su vida profesional.

Sarah Corning, de 22 años y graduada en mayo de 2020 de la Universidad de Virginia, me dijo que había tenido problemas para averiguar cómo podía hacer las cosas de manera diferente. Según su propia descripción, su infancia había sido única y maravillosa. El trabajo de su padre como ejecutivo de compañías destacadas como Whirlpool y Nike llevó a su familia por todo el mundo. Nacida en Japón, Sarah vivió con sus padres y su hermana mayor en Chile, Suiza, Tailandia y Brasil, hasta que finalmente se establecieron en Atlanta. «Nuestra vida era una gran aventura internacional», dijo. Debido a las constantes mudanzas cada pocos años, la madre de Sarah nunca pudo tener un trabajo estable bajo sus propias condiciones. Sarah me explicó que la intención de su madre era ser profesora universitaria, pero sus planes se ponían continuamente en pausa.

«Hubiera querido no tener tantas ganas de tener hijos, porque aunque tengas la pareja más progresista y práctica del mundo, la responsabilidad siempre recae en la mujer», me dijo.

> Estoy impregnada de la teoría feminista que me empodera para desviarme del camino convencional. Y si bien esas ideas me han llevado a tener una vida más autode-

> terminada, no solucionan todo. Me casaré con un hombre y quiero tener hijos. Pero luego está la realidad: no todas podemos ir por ahí fingiendo que hay algo más o que nuestra pareja lo hará. De modo que solo me queda preocuparme sobre cómo puedo no ser convencional en una relación convencional; cómo puedo tener hijos, esperar más de mi pareja y tener una carrera.

Al escuchar a Sarah, pensé en mi entrevista con Mashal, quien era un tanto mayor, estaba casada y era madre trabajadora. Mashal, cuyos padres eran refugiados afganos, era una de cuatro hijos criados en un hogar estrictamente musulmán. De niña, Mashal sabía que eran pobres —«Una vez que estaba buscando entre unos papeles encontré un sobre lleno de dinero de colores. Le pregunté a mi mamá qué era y me explicó que eran cupones de comida»—, pero su familia decidió darle una buena educación y se mudaron a un suburbio al norte de California, donde las escuelas públicas eran excelentes. Los dos padres de Mashal trabajaban, su madre era maestra de preescolar; su padre lavaba platos y, más tarde, fue conductor de autobús. Me explicó que su «mamá era el tipo de madre que sacrificaría su empleo por sus hijos. Solo trabajaría medio tiempo, aunque necesitáramos el dinero».

Mashal asistió al colegio comunitario mientras trabajaba medio tiempo en un restaurante local. Ahí conoció a Dave, quien asistía a la misma escuela. «Supongo que le gustó el sándwich que le hice», me dijo. A diferencia de Mashal, Dave provenía de una familia de clase media y era californiano de quinta generación. La familia de Mashal no aprobaba que saliera con nadie, en particular con un cristiano; la única manera de ablandarlos, aunque fuera un poco, era casándose. Lo hicieron seis meses después de que se conocieron. Mashal tenía 19, y Dave, 22. Mashal se cambió a una licenciatura y se graduó en Escritura y Comunicaciones. Obtuvo un empleo en la beneficencia católica, trabajando con clientes que padecían enfermedades crónicas y trastornos por abuso de sustancias, rápidamente ascendió hasta llegar a ser directora de sitio y supervisaba a su propio personal. Durante su trayectoria en ascenso, cuando tenía 24 años, tuvo un hijo.

Mashal me comentó: «Pensé que sería como mi mamá y sacrificaría todo por mi hijo, pero no me siento así. Lo amo y quiero darle todo, pero he aprendido a cambiar mis expectativas. Si le dedico incluso el 80% después de un día de trabajo agitado, creo que estoy haciendo una buena labor». Dave gana bien como director de arte para una compañía de publicidad, y Mashal sabe que pueden permitirse que ella renuncie y se quede en casa. Pero no quiere hacerlo. «Nunca me visualicé sin trabajar. Vengo de una familia que trabaja para sobrevivir. Entonces amo mi trabajo y mi carrera. Soy la directora más joven en nuestra agencia y pienso que, en este momento, solo puedo ascender; eso me motiva, me da ánimos».

Dave y Mashal le pagaban al hermano de esta, de 19 años, para que cuidara a su hijo mientras ellos estaban en el trabajo; lo dejan y lo recogen de la casa de los padres de Mashal, donde vive su hermano. Trabajan casi el mismo número de horas y dividen las labores domésticas de manera equitativa. «Nadie tiene roles específicos», me dijo. «La gente hace lo que es necesario, pero no hay género para las tareas». Es interesante observar que, a pesar de su crianza conservadora, en casa de los padres de Mashal eso también se daba por hecho. «Mi papá preparaba la cena todas las noches. Eran un equipo y nosotros también lo somos».

En general, los padres *millennial* como Dave son más progresistas que los hombres de la generación de mis padres, más dispuestos a pensar los roles de géneros tradicionales de manera distinta. Al menos, la mayoría ayuda un poco en la casa y con el cuidado**** de los niños. Y cada vez hay más familias en las que el cuidador principal es el padre, quien a veces elige quedarse en casa tiempo completo. Cuando era joven, el término *papá que se queda en casa* no existía. En 1989, cuando el Centro de Investigaciones Pew empezó a buscar a padres que se quedaban en casa, el 4% de los hombres entraba en esa categoría y el 25% de ellos afirmó que estaban en busca de empleo. Para 2014, el porcentaje de padres que se quedaban en casa se había duplicado. Si bien es difícil conocer las cifras exactas, no cabe duda de que el número de padres que son cuidadores principales de sus hijos ha aumentado de manera constante. De acuerdo con la Red Nacional de Papás que se Quedan en Casa, pueden representar hasta siete millones.[23]

Para las mujeres cuyos esposos también trabajan fuera de casa, ¿qué debe suceder para eliminar la idea predeterminada de que el segundo turno es principalmente la carga de la madre? En primer lugar, separar el género de las labores domésticas. Los hombres son igual de capaces de tender una cama, comprar comida, limpiar el baño y preparar la cena. Esto no es el «trabajo de una mujer», así como no solo administrar un pequeño negocio, hacer una cirugía a corazón abierto u operar maquinaria pesada es el «trabajo de un hombre». El hecho es que, como dijo Sarah Corning, «la responsabilidad siempre recae en la mujer» es un diagnóstico del problema, no es un pronóstico inevitable.

En segundo lugar, algo más controversial, necesitamos separar el género del cuidado de los hijos. Es cierto que el

---

**** De acuerdo con Eréndira Niño Calixto, las nuevas generaciones de hombres practican el «paternizaje» y son activos en la crianza de sus hijos (bit.ly/3vJDhRg). (*N. de la e.*).

embarazo, el parto y la lactancia, que son experiencias que vinculan a nivel mental y corporal, son propias de mujeres. Pero luego de esos primeros seis a 12 meses, las parejas masculinas pueden y deberían participar de igual manera. No hay nada que sugiera que las mujeres son, por naturaleza, mejores para enseñar a los hijos a dormir, para cambiar pañales, darles de comer o cualquier labor que requiera la crianza de niños pequeños. Cuando estos crecen, las ocupaciones no tienen género: recogerlos y dejarlos en la escuela, llevarlos y traerlos de alguna actividad deportiva u otros pasatiempos, y ayudar con las tareas. La feminización histórica de estos quehaceres es solo eso: una reliquia histórica. En la medida en que cada vez más padres participan, su aptitud para esas tareas se dará por entendida, en lugar de que sean elogiadas. Normalizar la naturaleza sin género de estas labores facilita dividir y mantener esa división aún bajo estrés, el estrés adicional de los hijos, más cargas en el trabajo y otras presiones.

En tercer lugar, las madres necesitan deshacerse de la preocupación de que, como dijo Ashton, sus parejas masculinas no harán «cosas de mamás» como ellas quieren que se hagan. Es inevitable que te sientas frustrada cuando ves que tu pareja hace algo imperfecto o incluso mal, cuando sabes que tú podrías hacerlo dos veces mejor en la mitad de tiempo. Pero la simple repetición tiende a mejorar el desempeño de toda habilidad, incluido el cuidado de los niños y los quehaceres domésticos. Rechinar los dientes ante la curva de aprendizaje de tu pareja vale la pena por las miles de horas de «tiempo recuperado» para una madre trabajadora y los innumerables resentimientos que no aumentarán como resultado.

Por supuesto, en muchas relaciones habrá momentos en los que el trabajo de uno tomará prioridad sobre el del otro, o cuando el horario laboral de alguno es más flexible (por ejemplo, los años en los que Daphne tuvo que realizar la mayor parte del cuidado de los niños porque Jared tenía un empleo que lo obligaba a vivir en otra ciudad durante la semana). La clave es la reciprocidad; como veremos más adelante con Daphne y Jared, el péndulo oscilaba drásticamente. No hay manera de predecir los detalles exactos de tu carrera o la de tu pareja, pero sí existe una forma de pronosticar si la persona con la que te casas tendrá la misma consideración que tú le demuestras cuando tu profesión adquiere prioridad.

El enamoramiento puede ser tan deslumbrante como mirar el sol de frente. Es mejor disfrutar del calor y mantener la vista sobre la tierra. Pregúntate: «¿A qué aspiro con esta persona? ¿Se siente en verdad feliz por mí y por mi éxito profesional? ¿Entiende la importancia de mi trabajo? ¿Se hará cargo de la casa cuando sea su turno de navegar a contracorriente?».

Como dijo Sarah, es cierto que «no podemos ir por ahí fingiendo que somos otra persona». Pero podemos reinterpretar nuestro rol; podemos darle a nuestra pareja masculina un delantal, un bebé que llora o la lista del supermercado, en el entendido de que no nos está haciendo un favor; está haciendo lo que le corresponde. El segundo turno nunca va a desaparecer, pero cuando la carga se comparte, lleva la mitad de tiempo, es la mitad de difícil y la mitad de extenuante. Me gusta la manera en la que Mashal lo explicó: «La gente hace lo que se debe hacer». Si tanto el hombre como la mujer en una pareja heterosexual realizan el experimento del amor, el matrimonio y la paternidad con la expectativa de que las responsabilidades son de ambos, el paradigma cambiará. Poco a poco, a trompicones, a veces con miedo y ansiedad. Pero para las madres trabajadoras ambiciosas, la inversión por adelantado y el esfuerzo que implica cambiar la dinámica disfuncional de género en el hogar les brindará enormes dividendos en su capacidad de progresar a nivel profesional, emocional y en su relación con sus hijos.

CAPÍTULO 4

La toxicidad de la ambición femenina

Las docenas de mujeres que entrevisté para este libro provienen de grupos raciales, étnicos y geográficos diversos. Eran mujeres cisgénero, LGBTQ, solteras, divorciadas y viudas, y trabajaban en diferentes profesiones: la propietaria de un pequeño negocio, una figura política, directora de restaurante, capellana, profesional de la belleza, decana de una facultad de derecho, jueza en la Corte de Apelaciones, autora galardonada, bibliotecaria, activista de movimientos políticos comunitarios, ginecobstetra, cantante de ópera o teniente coronel en la fuerza aérea. El rango de edad oscilaba entre los veintipocos y los ochenta y tantos; vivían en pueblos pequeños y grandes ciudades, en estados demócratas o republicanos. Lo que compartían era su ambición profesional y de maternidad; eso era todo, o al menos eso pensaba yo.

De hecho, la mayoría de las mujeres a las que entrevisté compartía algo más: un rechazo consciente de la etiqueta «ambición» y una reticencia bien arraigada para reconocer que la ambición alimentaba sus ganas de tener éxito. Casi todas ellas expresaron un profundo escepticismo de que eran un buen ejemplo para este libro cuando se los describí. Mimi Hu dijo: «Cuando leí por primera vez el título de tu proyecto, pensé: "No, no, no, esa no soy yo. Yo solo soy... No creo ser tan ambiciosa"». Estas palabras eran las de una mujer que se crio en una provincia agrícola en China, que se graduó en primer lugar de una preparatoria de más de 400 alumnos y fue una de las veinte adolescentes seleccionadas por una fundación privada para asistir a la universidad en Estados Unidos, con beca completa.[1] Llegó sola, hablaba muy poco inglés y nunca había viajado en avión.

Muchas personas me sugirieron que entrevistara a alguien más en su lugar; a una amiga que, insistían, fuera realmente una madre ambiciosa en vez de alguien que solo tuvo «suerte» y fue «afortunada». Escuché esas palabras una y otra vez, junto con «Estaba en el lugar correcto, en el momento adecuado», que ofrecían como una explicación exhaustiva para lo que, en realidad, fueron años de esfuerzo, determinación y excelencia demostrada. «Dios mío», exclamó mi madre haciendo una mueca cuando le pregunté si era ambiciosa. Al final respondió, reticente: «En esa época, o incluso en la actualidad, no ibas a la Escuela de Medicina sin ser ambiciosa; así que supongo que sí lo era». Pensé en entrevistar a hombres exitosos para escribir un libro sobre padres ambiciosos, pero suponía que la actitud generalizada sería algo como «¡Qué gusto que me hayas encontrado!».

Según la RAE, «ambición» significa «deseo ardiente de conseguir algo, especialmente poder, riquezas, dignidades o fama». Cuando le pedí a la autora Mary Gordon que definiera la palabra «ambición», respondió: «Cuando te gustaría ser muy muy buena en algo, que se reconociera lo que haces y obtuvieras recompensas por ello». ¿Por qué a las mujeres el término les parece repugnante a nivel visceral cuando se aplica a ellas mismas? La escritora Robin Romm, quien editó la colección de ensayos *Double Bind: Women on Ambition* (*Doble vínculo: las mujeres y la ambición*), escribió que la indecisión de las mujeres en el uso de la palabra «ambición» para sí mismas proviene del «sentimiento generalizado de que los esfuerzos y los logros deben abordarse con delicadeza para no arriesgarse al juicio negativo de las personas».[2] Traducido libremente: las mujeres temen que si dicen que son ambiciosas otras personas pensarán que son unas perras frías, despiadadas y pretenciosas.

Tienen razón. En nuestra cultura, en la que los hombres están motivados y son implacables en su búsqueda del éxito, esos rasgos se perciben como positivos. Pero algunos estudios muestran que cuando las mujeres exhiben esas mismas cualidades, a menudo se les considera excesivamente agresivas y calculadoras. A las mujeres con hijos, en particular hijos pequeños, se les juzga incluso de manera más severa. Se espera que los padres den prioridad al trabajo sobre la familia, pero las madres que toman las mismas decisiones en busca de reconocimiento y éxito «son juzgadas de manera categórica» por abandonar a sus hijos y permitir que sufran como resultado de su egoísmo, según las académicas Robin J. Ely e Irene Padavic, quienes estudian el rol del género en el espacio de trabajo. «Podríamos imaginar que son un ejemplo, pero de manera constante se les describe como malas madres; mujeres "horribles" que no son "modelos positivos para las mamás trabajadoras"», escribieron en la *Harvard Business Review*, en 2020. ¿Cuál es el mensaje para las jóvenes madres trabajadoras que vienen detrás de ellas? Es una situación donde todo se pierde. «Si responden a la presión familiar y hacen concesiones, debilitan su posición en el trabajo; pero si se niegan a hacer esas concesiones en favor de su ambición profesional, merman su posición como buenas madres».[3]

Consideremos a Hillary Clinton. Durante años ella fue el sostén económico principal de su familia; trabajaba como socia en un despacho de abogados prestigiado mientras su esposo hacía carrera en la política. Cuando Bill Clinton se postuló por primera vez para la presidencia en 1992, Hillary se defendió de un ataque político de un adversario al decir: «Supongo que pude haberme quedado en casa, hornear galletas y organizar reuniones de té, pero lo que decidí hacer fue continuar con mi profesión».[4]

Los ataques fueron inmediatos, intensos y, en apariencia, interminables. Clinton pasó semanas tratando de retractarse de sus comentarios, se disculpó reiteradamente e incluso presentó una receta para galletas con chispas de chocolate en *Family Circle*, para un concurso de pastelería con la primera dama Barbara Bush, quien se había quedado en casa para criar a sus seis hijos. El comentario de las galletas ensombreció a Clinton durante años, igual que el sentimiento generalizado entre los electores de que su aparente ambición sin fin —para reformar la atención médica cuando fue primera dama, para postularse al Senado después de que salió de la Casa Blanca y para asumir su notorio puesto como secretaria de Estado— la convirtió en una mujer egoísta y antipática. Su primer intento de postularse para la presidencia se vio frustrado cuando perdió la nominación demócrata frente a Barack Obama. A lo largo de las primarias que fueron muy reñidas, las preguntas giraban en torno a la «simpatía» de Clinton, que Obama abordó de manera directa en un debate, cuando hizo su indigno comentario: «eres lo suficientemente agradable, Hillary», en un tono que implicaba lo contrario.[5] La propia ambición de Obama era evidente, incluso impresionante; decidió buscar la presidencia tras servir menos de un mandato en el Senado. Pero en Obama esa ambición se tradujo como una gran confianza en sí mismo que les garantizaba a los electores que él contaba con la experiencia necesaria para hacer el trabajo.

Durante su segunda candidatura a la presidencia en 2016, Clinton seguía esforzándose por pulir su imagen ante lo que la reportera de *The New York Times*, Amy Chozick, llamó «una feminista radical en la imaginación de sus críticos, la lady Macbeth que fue una afrenta a las decisiones que muchas otras mujeres han tomado».[6] El artículo de Chozick, escrito días antes de que los electores acudieran a las urnas, se tituló «Hillary Clinton and the Return of the (Unbaked) Cookies» («Hillary Clinton y el retorno de las galletas [sin hornear]»).

Como todos sabemos, Hillary Clinton perdió el 8 de noviembre de 2016, en una derrota inesperada contra Donald J. Trump, un promotor inmobiliario, estrella de diferentes *reality shows* y novato en política, quien, de manera reiterada, expresaba desprecio por las mujeres; como es bien conocido, se jactaba de que podía «agarrarlas por los genitales» y usaba lenguaje de género para ridiculizar a la propia Clinton; incluso la llamó una «mujer despreciable» en el último debate.[7] Si bien hubo varias razones para explicar la derrota de Clinton, su género —y el mensaje codificado a su alrededor, incluido que estaba demasiado preparada, que era calculadora e implacable—, sin duda, contribuyó.[8] En su discurso de admisión de derrota, Clinton lo reconoció. Luego de agradecer a las millones de mujeres que apoyaron su campaña, dijo: «Sé que no hice añicos ese techo de cristal tan alto y tan difícil, pero algún día alguien lo hará».[9]

De manera más reciente, ha sido interesante observar la dinámica que se desarrolla en el escenario político conforme una cantidad cada vez mayor de madres se postulan como candidatas y se nominan para cargos de poder en el Gobierno.

En 2020, Kamala Harris y Amy Coney Barret, dos mujeres destacadas en ambos extremos del espectro político, se empeñaron en poner fin a la etiqueta de la ambición. Ambas hicieron énfasis en su devoción por la familia como una manera de mostrarse cercanas y atemperar la percepción de que estaban demasiado motivadas por su carrera.[10] Cuando Harris, senadora estadounidense, se convirtió en la favorita para la vicepresidencia, algunas personas del círculo cercano de Biden no fueron sutiles en su crítica. Días antes de que Biden anunciara su decisión, realizaron una «campaña en la sombra» en contra de Harris —quien se había enfrentado a Biden para la nominación demócrata a la presidencia— antes de retirar su candidatura. ¿Cuál era su preocupación? «Es demasiado ambiciosa y estaría enfocada exclusivamente en ser presidenta ella misma».[11]

Analicemos esta crítica, empezando por borrar la palabra «exclusivamente». No hay nada en el historial de Harris que sugiera que descuidaría las tareas tradicionales de un vicepresidente y que se «enfocaría exclusivamente» en quitarle el puesto a Biden. De hecho, la imagen pública que la acompañó en la contienda era por completo tradicional; atacó a Trump de maneras más ingeniosas y mordaces que Biden para que él pudiera permanecer en la lucha y elogiaba a Biden. Lo que queda es una advertencia de que Harris contemplará la posibilidad de «ser presidenta». ¡Por supuesto que sí! Y este deseo no es en ningún modo distinto al de cualquier vicepresidente en la historia reciente, a excepción de Dick Cheney.[12] Barack Obama eligió a Joe Biden como vicepresidente tras la campaña fallida de este último; después, Biden se postuló de nuevo para el puesto. George H. W. Bush siguió el mismo modelo tras su derrota frente a Ronald Reagan en las primarias presidenciales republicanas. Lo mismo hizo Al Gore, el segundo al mando de Bill Clinton. En otras palabras, este tipo particular de ambición es una característica, no un defecto, de la vicepresidencia. Solo porque Harris es mujer, y una mujer de color, muchos consideran su ambición como un rasgo que la descalifica.[13]

A mediados de agosto de 2020, Biden, al parecer ajeno a la crítica de la ambición, eligió a Harris y la convirtió en la primera mujer de color jamás nominada para el puesto. En el periodo de campaña, Harris promocionó sus cualidades domésticas: constantemente subrayaba la importancia de su rol como madrastra de dos menores y hacía énfasis en su compromiso de preparar la cena todos los domingos, independientemente de lo que pasara.[14] Harris —quien superó múltiples obstáculos como la primera mujer negra que fue fiscal de San Francisco, fiscal general de California, senadora júnior por California y vicepresidenta de Estados Unidos— le dijo a los entrevistadores que «tiene un título que atesora mucho más», el de «Momala», el nombre que le otorgaron los hijos de su esposo.[15]

En septiembre de 2020, el presidente Donald Trump anunció su elección de nombrar a Amy Coney Barrett, jueza federal en la Corte de Apelaciones, como remplazo de Ruth Bader Ginsburg en la Corte Suprema de Estados Unidos. En los comentarios públicos que hizo desde el Jardín de las Rosas, Trump se alegraba de que Barret «haría historia como la primera madre de niños en edad escolar que jamás haya servido en la Corte Suprema de Estados Unidos». ¿Qué tiene que ver la maternidad con ser jueza? Al parecer, todo. Barrett, quien tiene siete hijos, uno de ellos con síndrome de Down, era elogiada tanto por sus capacidades para criar a «una familia estadounidense considerable»[16] como por su capacidad intelectual. La admiración por esta «supermamá» jueza fue bipartidista y continua durante todo el tiempo que duraron las declaraciones de Barret: la demócrata Diane Feinstein, senadora sénior por

California, preguntó si Barrett tenía una «fórmula mágica»[17] para lograr la ecuación perfecta de maternidad más carrera; y el senador por Carolina del Norte, Thom Tillis, se unió a los elogios republicanos que definían como «notable» la capacidad del cuidado maternal de Barrett.

Es claro que nadie, hombre o mujer, hubiera llegado a esas alturas profesionales vertiginosas como lo había hecho Barrett sin una buena dosis de sana ambición. Pero todos, Barrett incluida, omitieron hablar del ingrediente clave de la receta: ella también se adaptó con cuidado al guion principal de la maternidad al afirmar en su audiencia de confirmación ante la Comisión de Asuntos Judiciales del Senado «Si bien soy una jueza, en casa soy mejor conocida como coordinadora del salón de mis hijos, conductora de transporte compartido y planificadora de fiestas de cumpleaños».[18]

A las mujeres de mi generación, que crecieron en la década de 1970 y 1980, nos educaron para creer que podíamos ser cualquier cosa que deseáramos, un mensaje que también se le brindó a las *millennial* y a las chicas que pertenecen a la generación Z. El mensaje era de igualdad: a los hombres y a las mujeres se les juzgaría con el mismo parámetro en una meritocracia diseñada para recompensar la inteligencia, el trabajo duro y el talento. Pero resultó no ser cierto, no para las mujeres de mi generación ni para las que vinieron después de mí. Estamos sujetas a un estándar diferente al de nuestros pares masculinos, un parámetro que no permite un reconocimiento honesto, de nuestra parte ni de la de nadie, de que nuestro éxito solo se debe a la suerte, a la buena fortuna o una buena guía.

La simple verdad —«Estoy aquí porque lo merezco» u «Obtuve el empleo porque soy la mejor candidata»— rara vez sale de la boca de una mujer porque sabe que se interpretará como soberbio, arrogante y claramente poco femenino. Los hombres se jactan; las mujeres inclinan la cabeza con humilde gratitud. Cuando nos convertimos en mamás, el estándar se hace aún más exigente; nunca, jamás, podríamos admitir ni una sola vez que pusimos a nuestra carrera en primer lugar. Hacerlo sería abrir la puerta a juicios interminables. A esa mujer no solo se le consideraría exagerada, también la tacharían de Mala Madre.

En los últimos cincuenta años, las mujeres han avanzado a pasos agigantados en el campo de la educación. El 4 de agosto de 2019, *Inside Higher Ed* informó que «En la actualidad,* las mujeres obtienen el 57.4% de las licenciaturas, el 58.4% de las maestrías y el 52.8% de los doctorados.[19] Si se consideran los títulos de asociado, licenciatura, maestría y doctorado en su conjunto, las mujeres han obtenido 13 000 000 de certificados más que los hombres desde 1982».[20] Pero tanto en la escuela como en el campo laboral, a los hombres se les juzga distinto y se espera que se presenten ante el mundo de maneras por completo diferentes. A los chicos se les recompensa por ser escandalosos, sin remordimientos y confiados; de las chicas se espera que sean modestas, discretas y renuentes a atribuirse el mérito. Esta dualidad en las expectativas continúa en la edad adulta.

Quizá ninguna celebridad, dentro o fuera de la pantalla, refleja el hecho de que las mujeres ambiciosas deben actuar de manera más poderosa que la ganadora del Óscar a la mejor actriz, Reese Witherspoon. En los personajes que Witherspoon ha representado a lo largo de su carrera, en su tiempo como productora de películas y en sus comentarios públicos

* Los datos recopilados por *Inside Higher Ed* corresponden al Departamento de Educación de EUA. A nivel mundial, la Unesco reporta que, en 2014, para nivel pregrado y máster, las mujeres representaban el 53% de graduados; y a nivel doctorado, el 44%. Para 2018, solo el 30% de investigadores eran mujeres, 43% profesoras de nivel medio, 54% de nivel secundaria y 66% de nivel primaria (bit.ly/3UW4pY7). (N. *de la e.*).

francos, no solo se reflejan los estereotipos exasperantes, sino también su firmeza, mediante su ambición, de ponerlos de cabeza.

A los 23 años, en la película independiente *La trampa*, de 1999, Witherspoon protagonizó a Tracy Flick, una estudiante muy aplicada que competía para ser presidenta del alumnado en contra de un atleta agradable pero tonto. La hermana de este último, una lesbiana rebelde y parrandera, termina ganando admiradores en buen número. La ambición desnuda y sin remordimientos de Flick —«No puedes interferir con el destino, por eso es el destino», proclama en relación con su historia que será relatada pronto— era considerada por sus compañeros y maestros como poco atractiva y amenazadora. De hecho, tan amenazadora que el señor McAllister, un maestro querido de Estudios Sociales protagonizado por Matthew Broderick, hace todo lo posible para garantizar su derrota.

La trampa es una comedia negra. Los torpes intentos y la descarada hipocresía del señor McAllister son irrisorios. (Aunque engaña a su esposa, McAllister juzga a Tracy por haber tenido un amorío con su colega casado, a quien despidieron por esa razón. A McAllister nunca se le ocurre cuestionar la diferencia de edad o el tremendo abuso de autoridad que está necesariamente implicado en una relación maestro-alumno; básicamente, lo que en la actualidad reconocemos como una forma de abuso sexual). Al final, McAllister y el tonto terminan del lado perdedor, pero pocas personas que salen de ver la película piensan: «¡Vaya!, me gustaría ser como Tracy».

Desde muy jóvenes a las mujeres se les educa para justificar o minimizar sus logros, de modo que no amenacen a los hombres, quienes no tienen dichas limitaciones de comportamiento. En un experimento ampliamente difundido de 2003,

Frank Flynn, un profesor de la Escuela de Negocios de Columbia, le dio a la mitad de sus alumnos la biografía profesional de Heidi Roizen, una exitosa inversora de capital de riesgo en Silicon Valley.[21] La otra mitad de la clase recibió un material idéntico, pero Flynn cambió el nombre de Heidi a Howard. Posteriormente, todos los alumnos respondieron un cuestionario con sus impresiones de Howard o de Heidi.

Flynn informó que «de forma generalizada, los estudiantes fueron mucho más duros con Heidi que con Howard. Aunque piensan que ella es igual de competente y eficaz que Howard, no les cae bien, no la contratarían y no les gustaría trabajar con ella».[22] El Howard ficticio usaba su «personalidad agresiva» y su «confianza» como loción fina; cuando estas mismas cualidades se atribuían a la Heidi de la vida real, apestaban como el almizcle que secretan los zorrillos.

Las mujeres ambiciosas agradables son aquellas que muestran no tener ninguna ambición. En un perfil de *The New York Times*, publicado en noviembre de 2020, sobre la prometedora estrella de CNN, Abby Phillip, una mujer negra de 31 años, su exjefe en *Politico*, John Harris, la describió de manera aprobatoria como «muy callada y ambiciosa, pero no se presenta de manera llamativa como lo hacen algunas personas ambiciosas». Si bien Harris utilizó lenguaje neutro de género —«algunas personas ambiciosas»—, no es el tipo de elogio que se usa típicamente para describir a los hombres que intentan ascender en la misma profesión.[23]

Dos años después de *La trampa*, Witherspoon demostró este tipo de ambición «callada» en la película taquillera *Legalmente rubia*. Protagonizaba a Elle Woods, quizá la alumna más incompatible en los 300 años de historia de la Escuela de Derecho de Harvard. Elle, quien ama arreglarse, presumir e ir de compras, asombra a su hermandad al obtener una excelente calificación en la prueba de admisión a la Facultad de

Derecho y entrar a la universidad por sus propios méritos. Pero su finalidad no es conseguir un título prestigioso, sino recuperar al sinvergüenza que, sin más, la abandonó la noche que ella pensó que le propondría matrimonio.

Durante la estancia de Elle en Harvard, vemos cómo los profesores y compañeros de clase la humillan y la desestiman constantemente como una cabeza hueca, pero mediante su penetrante intelecto y aguda perspicacia solo demuestra que todos se equivocan. Sin embargo, los ataques retóricos de Elle van acompañados de una sonrisa dulce y una lección de humildad; incluso en el triunfo, nunca abandona sus atuendos color pastel, su peinado perfecto de salón y una actitud adorable. Su agudo ingenio, oculto bajo un parpadeo de pestañas encantadoras, es el remate. De hecho, su habilidad en el tribunal es tan inesperada que es lo que alimenta la comedia. Al esconder su inteligencia detrás de una imagen de coquetería e idiotez, Elle Woods era mucho más deseable y menos amenazadora, tanto para hombres como para mujeres, que Tracy Flick, quien ascendió la escalera al éxito con una determinación obstinada, por completo convencida de que se lo merecía, igual que un hombre.

Legalmente rubia estaba en cartelera cuando yo cursaba el segundo año en la Escuela de Derecho de la NYU. Yo no era ninguna Elle Woods en ningún sentido, pero compartía su reticencia en cuanto a proclamar mi inteligencia. Siempre sobresalí en la escuela; asistí a una universidad de la Ivy League y me gradué con honores. NYU es una Escuela de Derecho de élite que se encuentra dentro de las cinco primeras en el país.

Asistí a la Facultad de Derecho para ser una gran abogada. En busca de esa meta, acumulé premios codiciados: excelentes calificaciones, un lugar en la *Law Review* y un contrato federal en prácticas. Pero en público, por instinto no me atrevía a reconocerlo. Me sentía muy intimidada por los métodos interrogatorios de mis profesores; casi todos eran hombres blancos y las humillaciones llovían sobre los estudiantes que respondían mal, por lo que yo permanecí callada todo el primer año, a menos que me preguntaran directamente, en cuyo caso no tenía más elección que responder. Advertí que muchas de mis compañeras de clase se sentían igual, en tanto que nuestros compañeros en general solo se encogían de hombros. Equivocarse y que los avergonzaran no los disuadía para que lo intentaran una y otra vez. También tenía miedo de que otras personas, en particular los hombres a quienes quería parecerles atractiva, pensaran que era una engreída. ¿Quién hubiera querido salir, mucho menos casarse, con alguien que mostrara estos logros con orgullo?

Es vergonzoso admitir que el hecho de que me preocupara ser abiertamente ambiciosa tuviera un efecto negativo en mi vida amorosa, pero los datos respaldaban mi inquietud. Hagamos una pausa por un momento para considerar esta estadística actual: más de un cuarto de todos los estadounidenses creen que a los hijos de madres que trabajan tiempo completo les va peor que a los hijos de las madres que se quedan en casa, de acuerdo con un análisis del Centro AP-NORC de la Universidad de Chicago.[24]

«Incluso en el siglo XXI los hombres prefieren tener compañeras menos ambiciosas que ellos a nivel profesional», escribieron los profesores de Economía, Leonardo Bursztyn, Thomas Fujiwara y Amanda Pallais, en su estudio empírico de 2017, «Acting Wife: Marriage Market Incentives and Labor Market Investments» («Esposa en funciones: incentivos del mercado del matrimonio e inversiones del mercado laboral»). Agregaron que «los hombres tienden a evitar a las parejas femeninas con características que en general asocian con la ambición profesional, como una educación de alto nivel. Es relativamente poco probable que una mujer gane más que su esposo, y cuando eso sucede, la satisfacción marital es menor y el divorcio es más probable».[25]

Las mujeres que son ruidosas y orgullosas sobre lo que la psiquiatra Anna Fels llama «dominio de una habilidad especial» y el nivel profesional que han alcanzado como resultado ocasiona la percepción de que son menos «femeninas» y, por lo tanto, menos atractivas para posibles parejas masculinas. Algunos estudios han demostrado que «la atmósfera diaria en la vida de las mujeres, desde la infancia en adelante, está filtrada de pequeños encuentros en los que se espera la retirada discreta, la entrega de atención disponible para otros, en particular en presencia de los hombres», escribió. «Se niegan a adjudicarse un papel central y resuelto en sus propias historias; otorgan con entusiasmo el crédito a alguien más y evaden el reconocimiento».[26] Minimizarse a sí mismo por instinto no es un rasgo femenino que esté determinado biológicamente, es un comportamiento aprendido y recompensado.

A nivel inconsciente, siempre supe que asumir mi ambición podía ser contraproducente. Tras graduarme de la Facultad de Derecho con honores, me mudé a California para trabajar en mis prácticas con el honorable Harry Pregerson, en la Corte de Apelaciones de EUA para el Noveno Circuito. Por dentro, desbordaba de orgullo; por fuera, me aseguraba de permanecer modesta y despreciarme siempre que me felicitaban. Ese año fue maravilloso. El juez Pregerson era un feminista ferviente y mis tres compañeras de práctica eran mujeres; dos de ellas siguen siendo mis mejores amigas. Sin embargo, trabajábamos tras bambalinas para apoyar al juez. Recuerdo sentirme orgullosa cuando, durante los alegatos orales, el juez Pregerson les hizo a los abogados una de mis preguntas. Pero las palabras salían de su boca, no de la mía.

El año siguiente obtuve el empleo de mis sueños como abogada litigante en la Oficina del Fiscal Federal de Los Ángeles. Esta vez, todas las palabras eran mías. Pero ser una abogada litigante como mujer joven, en particular en los primeros años, es existir bajo un reflector muy difícil: mis tropiezos eran públicos y patentes, y todo lo que decía, vestía y hacía se examinaba con lupa. De pronto, lo implícito era explícito. Fue un duro despertar a lo que la difunta académica Deborah Rhode caracterizó como «el doble estándar y el doble vínculo». Las profesionistas, advirtió, debían tener cuidado de no ser «demasiado "blandas" o muy "estridentes" o demasiado "agresivas" o "no lo suficientemente agresivas"».[27]

No solo los hombres refuerzan el doble estándar y el doble vínculo. Más tarde en mi carrera, luego de tener a mis dos hijos y apenas contar con tiempo para dormir, mucho menos para ir a un restaurante a darme un festín, tuve una supervisora que me dijo, en términos nada ambiguos, que debería maquillarme y pintarme el cabello cuando empezara a tener canas. De hecho, me dijo que necesitaba cambiar por completo mi aspecto y se ofreció a pagarlo; eso me llevó a una primera visita a Sephora. «¿Necesita ayuda?», me preguntó, amable, la vendedora. «Necesito ayuda con todo», respondí.

Ahora, soy miembro del programa de recompensas.

He pensado mucho en el hecho de que una mujer profesional debe cultivar cierto tipo de aspecto. Tengo sentimientos encontrados sobre el tema. Por una parte, es injusto que tenga que pagar estos costos mientras que mis colegas masculinos no. Por la otra, en algún sentido disfruto de mi versión más refinada y estilizada de mí misma. Puede ser empoderadora.[28] Relaciono la moda con mi madre, quien ama llevarme de compras cuando voy a Filadelfia una vez al año con mis hijos. Siempre me anima a elegir colores más atrevidos y diseños más vanguardistas de lo que yo jamás escogería. Atesoro esas tardes anuales; nos divertimos mucho y siempre comemos juntas después. De manera inevitable, cuando alguien me hace un cumplido por como estoy vestida —un vestido estampado de leopardo, un suéter con escote en forma de ojo de cerradura, una blusa color turquesa— sonrío tímida y respondo «Gracias, mi mamá lo escogió».

Pero mis asociaciones positivas son una feliz coincidencia, no una aprobación del mandato de que la mujer debe invertir tiempo, dinero y energía en la búsqueda de cierto aspecto, en particular al llegar a cierta edad. Y cuando dedico tiempo, dinero y energía para mi «cuidado» —cosméticos, productos para el cuidado de la piel, manicura, pedicura, depilación de cejas, tinte de cabello— el costo es significativo, no solo en cuanto a mi cartera, sino por mi tiempo. La naturaleza de expectativas sociales sobre el aspecto de cada género puede ser estremecedora. Hace poco vi en Netflix un documental sobre un abogado ya mayor, muy famoso. Cuando la cámara hizo un acercamiento, se podía ver el vello de su nariz que sobresalía. ¿Cuántas mujeres en su posición «se habrían descuidado» al punto en el que una toma como esa fuera posible? Supongo que ninguna. Sin embargo, en un hombre la actitud despreocupada en cuanto a la apariencia física se da por hecho.

Los costos económicos y psicológicos para conservar cierto tipo de apariencia no deberían ser una carga que deben pagar las mujeres ambiciosas. Sin embargo, para muchas lo es, y se hace más arduo y oneroso conforme envejecemos. En ocasiones se siente como si persiguieras un horizonte que se aleja sin pausa mientras manejas por una autopista con peajes exorbitantes y ninguna salida. Debora L. Spar, la entonces presidenta de Barnard College, formuló este problema cuando escribió en *The New York Times* que «si [una] mujer ignora el proceso de envejecimiento y acepta con más honestidad las inevitables arrugas, grasa abdominal y canas, se arriesga a sobresalir como una anomalía en su círculo personal y profesional».[29]

El tiempo que se requiere para buscar un aspecto tanto femenino como profesional muy particular bien podría invertirse en logros sustanciales, y jugar el juego significa aceptar el mensaje de que si las mujeres aceptan su feminidad de esta manera tradicional, parecerán menos amenazadoras en las estructuras de poder dominadas por hombres. Por otra parte, también existe el problema de marginar aún más a las mujeres que no son blancas ni cisgénero. En 2019, California aprobó la Ley CROWN,[30] que prohíbe la discriminación en contra de empleados debido a los peinados tradicionales que se asocian con la comunidad negra, incluidas rastas, trenzas y cabello natural. El prefacio de los estatutos establece que la ley era necesaria para combatir el prejuicio arraigado de que el «profesionalismo estaba, y sigue estando, estrechamente relacionado con los rasgos y costumbres europeos, lo que implica que las personas que no entran de manera natural en las normas eurocéntricas deben alterar su apariencia, en ocasiones de forma drástica y permanente, para ser consideradas profesionales».[31]

Lo mismo es cierto en el caso del comportamiento; una mujer astuta oculta su ambición cuando modula la voz y emplea expresiones faciales que evocan a cualquier chica o, en el caso de las mujeres maduras como yo, a su madre igual de íntegra. Las mujeres que alzan la voz, que señalan con el dedo o que parecen estar enojadas se perciben como prepotentes, agresivas y crueles. Estas cualidades no se traducen en futuras oportunidades profesionales.

Cuando pasé al ámbito de la academia, encontré una tribuna más amplia para mis ideas. Los artículos y libros que escribí provocaron que me llamaran para aparecer en televisión y dar discursos públicos. Ese consejo estaba impregnado en mí, similar a cuando acudía a entrevistas para conseguir trabajo: sonreír para contrarrestar la impresión de que tenía una «cara de pocos amigos».[32] Incluso en mis empleos me han llamado la atención más de una vez por ser «demasiado estridente» —en el tribunal, en las reuniones de docentes—, cuando defiendo mis posturas. Ya sea que se trate de desafiar a un testigo hostil, rebatir un argumento legal de la contraparte o responder a un comentario ofensivo de un colega, sin importar lo irrespetuoso o deshonesto que pueda ser el interlocutor o lo poco digno de su posición, he aprendido a actuar «con más pesar que enojo». De no seguir estas normas me convertiría en una persona desagradable e irracional, y este tipo de mujeres tienen menos oportunidades. Es así de deprimente y de simple.

A veces me resultaba difícil acatar estas normas de conducta basadas en el género. No me educaron para sonreír si no tenía ganas, mucho menos a modular mi tono de voz. Es cierto que mi madre es toda una modelo, pero cuando yo era niña ni ella ni mi padre jamás me dijeron que tenía que ser bonita, ni que lo era. Lo más que hacía mi padre era decir con brusquedad «Te ves apropiada» cuando me arreglaba para un evento especial, como ir al teatro en Broadway. ¿Y en cuanto a enojarme de manera visible y verbal? Eso era parte de la vida de mi agitada e intelectualmente combativa familia judía. Yo gritaba todo el tiempo, con indignación y superioridad, y no dudaba en usar los codos para obtener lo que yo pensaba que merecía: el lugar en la primera fila, la última dona de la caja, la última palabra en una discusión.

Pero en el tribunal, en el salón de clase, en las entrevistas de radio y los *sets* de televisión, cuando siento la oleada de indignación, hago todo mi esfuerzo para no dejarme llevar por esos impulsos. Temo que me consideren estridente, o peor aún, una perra. Cuando tengo éxito, me siento como si traicionara mis principios feministas. Pero cuando la evidencia anecdótica y empírica me dice que esa actitud me dará resultados más favorables, ya sea para un cliente o para mí misma, no actuar así me parece un error. Al seguir mi ambición, he intentado ser una de las mujeres «calladas y ambiciosas» que los hombres poderosos como John Harris, en *Politico*, elogian y recompensan.

Soy una excelente abogada litigante. Soy una destacada profesora de derecho. Soy muy muy buena en los diversos aspectos de mi trabajo: la escritura, discursos públicos, recaudación de fondos, enseñanza y, lo más importante, sacar a la gente de la cárcel. No debería ser difícil escribir estas frases, pero lo es. Se supone que las mujeres no tendrían que decir «soy talentosa», sino restarles importancia a nuestros logros y decir «tuve suerte» o «tuve la fortuna de contar con la oportunidad y con un gran mentor». La suerte y los mentores juegan un papel muy importante, pero también la capacidad, la motivación y la ambición pura. Cuando logras que un jurado no llegue a un acuerdo u obtienes una sentencia absolutoria en una corte federal —y yo lo he hecho varias veces—, significa que has vencido al gobierno más poderoso del mundo sobre la faz de la tierra. Cuando recaudas 250 000 dólares en tres meses para duplicar al alumnado de tu seminario jurídico, cuando concibes la idea para que una comisión exonere a los prisioneros condenados injustamente y que el fiscal de distrito lo haga realidad y te ponga a cargo, eso no es suerte y no se debe a un mentor.

La eterna modestia y la humildad tampoco son necesariamente una estrategia ganadora si lo que quieres es estar a la cabeza y a cargo. Los hombres son felices al apropiarse y atribuirse el mérito de las ideas de las mujeres, e integrarlo sin inconvenientes a sus propios logros. Hasta que las mujeres se apropien de su trabajo, no obtendrán el crédito y, con él, las oportunidades que se merecen. Ya es hora de reconocer que exhortar a las mujeres para que «den todo» en el trabajo, pero de manera modesta y «femenina», solo antepone obstáculos en el camino para su éxito. El borde del precipicio por el que caminan las mujeres —ser atractiva, pero no demasiado; trabajar duro, pero de forma discreta; ser resuelta, pero no amenazadora— inevitablemente llegará a su fin. Mantener el prototipo no solo es imposible, también es insensato porque le dice a las mujeres que lo asimilen, en lugar de enfrentar los contratiempos que van desde comentarios de género y ofensivos hasta el acoso y la pérdida de buenas oportunidades laborales y ascensos.

Ann Marie Sheehy, de 46 años, obtuvo su título de licenciatura en Stanford y el título de Medicina en la Escuela de Medicina Mayo, en Rochester, Minnesota. En los años transcurridos desde entonces, se divorció, crio a dos hijas y ha ascendido en el escalafón de la Escuela de Medicina de la Universidad de Wisconsin y en el Departamento de Salud Pública hasta convertirse en jefa de la División de Medicina Hospitalaria. En la actualidad, sus tareas incluyen supervisar un departamento de sesenta personas y representar los intereses de los estudiantes-atletas en la Big Ten Conference, que en 2020 tuvo que ver con una tensa decisión en cuanto a permitir que los deportistas continuaran con sus prácticas en medio del brote de COVID-19. A pesar de todas sus ocupaciones, respondió a mi solicitud de entrevistarla e insistió en que, en su lugar, debería hablar con Amanda Renteria, su compañera de cuarto en Stanford; «es ella quien en verdad es ambiciosa», dijo. (Mi respuesta fue entrevistarlas a ambas).

«Considero que en parte es cultural», me dijo Ann Marie sobre su impulso instintivo de resistirse cada vez que escucha la palabra «ambición» cuando se aplica a su persona. En parte, lo atribuye al síndrome del impostor. «Todo el tiempo me pregunto "¿Soy lo suficientemente capaz? ¿Soy la persona correcta?"». Ese sentimiento se refuerza cuando, aunque haya pasado dos décadas ascendiendo de manera continua en la jerarquía, sus propios colegas no pueden entender por completo la posición de poder en la que se encuentra. «Ahora que tengo que usar equipo de protección personal, con protector facial, bata y guantes, la cantidad de personas que suponen que soy una enfermera ha aumentado». Es muy fácil sentirse como una impostora cuando la gente que te rodea en tu propio lugar de trabajo no te reconoce por quien eres.

Cuando Ashton Clemmons llegó a la Asamblea del estado de Carolina del Norte para comenzar su primer mandato, únicamente otras cuatro mujeres de sus 120 colegas tenían hijos en edad escolar. Describió el «frecuente menosprecio, a veces intencional y otras no», que iba desde el epíteto con el que la llamaban sus colegas hombres blancos mayores, «cariño», hasta convocarlos en su oficina «donde me preguntaban en mi cara "¿Dónde está el representante Clemmons?", y sorprenderse cuando yo respondía "Está hablando con ella"».

Ashton estaba decidida a ser lo más eficiente posible con la intención de servir a las personas de su distrito y de su estado. Para lograr ese objetivo, se aseguró de trabajar con el partido de oposición, proponer políticas trascendentes y, de manera significativa, ignorar el sexismo y los prejuicios. Sabía que si llamaba la atención sobre eso solo alejaría a las personas que necesitaba para que le ofrecieran un lugar en la mesa. Funcionó. Como nueva legisladora, Ashton fue nombrada copresidenta del Grupo de Trabajo Educativo para COVID, una de las primeras ocasiones en diez años en las que un demócrata era nombrado como copresidente de cualquier comité, explicó. En una reunión advirtió que «todos me llamaban señora presidente, no señora presidenta. Pensé "esto debería ser el título de un libro". Era una locura. Pero ahí estaba, negociando presupuestos entre una mayoría de hombres blancos republicanos mayores que yo y un solo miembro que era negro en la sala. Así que digo muy poco de todo lo que quiero decir, porque sé que si hablo demasiado o si presiono mucho no me volverán a dejar participar».

Sheila, de 36 años,[33] nació en el Medio Oeste y más tarde se mudó con sus padres a un pequeño pueblo al norte de Florida. Le pregunté qué tan pequeño. «Si vas a Walmart, todos saben qué compraste antes de que regreses a casa», me respondió. La madre de Sheila, quien tenía 17 años cuando Sheila nació y nunca terminó la preparatoria, «siempre tuvo la esperanza de que yo sería la exitosa de la familia». La iglesia y la escuela eran primordiales. Después de graduarse de una universidad estatal, Sheila decidió inscribirse en la Facultad de Derecho; aunque no conocía personalmente a ningún abogado, la profesión le llamaba la atención. Introvertida por naturaleza, Sheila llamó la atención de todos cuando dio un discurso en la iglesia. Pensó que su talento innato sería bueno en los tribunales; lo que estaba haciendo se parecía a los monólogos líricos de los abogados de su serie favorita, *La ley y el orden*. El primer empleo de Sheila al salir de la carrera fue en la oficina del fiscal de distrito local. Empezó desde abajo, en casos de delitos menores no graves, y ascendió hasta procesar delitos graves, en particular delitos de carácter sexual.

Sheila trabajaba muchas horas; siempre llegaba a las 9:00 a. m., y rara vez salía antes de las 8:00 p. m. A veces se quedaba hasta las primeras horas del día siguiente. Su ética laboral provenía de su devoción a sus casos, pero también, como mujer negra, sentía la necesidad adicional de demostrar su valor. Los abogados defensores a los que se enfrentaba en general eran hombres blancos mucho mayores que ella. En sus palabras, ellos se sentían más cómodos cuando hablaban con abogados que se parecían a ellos. En ocasiones, algunos pretendían cuestionar su autoridad y pasaban por encima de ella para tratar con su superior masculino en lugar de negociar directamente con ella cuando les ofrecía acuerdos de admisión de culpabilidad que ellos consideraban muy severos.

En 2018, un juez del tribunal local se jubiló de forma inesperada, dejando una plaza libre. La ley estatal establecía que el gobernador nombrara un remplazo interino recomendado por una junta nominadora. Sheila decidió presentar su candidatura, a sabiendas de que era una apuesta arriesgada: «Me cuestionaba si me darían el puesto por ser quien era, una mujer negra, aparte de que en esa época solo tenía 33 años». Estos hechos, pensó, jugarían en su contra y se preguntaba si el comité seleccionador se negaría ante esta presunción.

Tras varias rondas de entrevistas, Sheila recibió una llamada de la oficina del gobernador. La habían seleccionado. Empezó en 2019 y tuvo a su primer hijo el año siguiente. De su éxito —desde entonces se postuló a las elecciones para el mismo cargo y lo ganó—, Sheila le da el crédito a Dios y también a su propia persistencia silenciosa y su profundo conocimiento de la comunidad a la que sirve. También sabe que es una anomalía. La capacidad de forjar relaciones con hombres blancos poderosos e influyentes y mantener una actitud de suma competencia y nada amenazadora demostraron ser fundamentales en su capacidad laboral.

En 2013, cuando su segundo hijo tenía ocho meses de nacido, Amanda Renteria decidió renunciar como jefa de gabinete de la senadora Debbie Stabenow en Washington D. C. y se mudó de vuelta a su pueblo natal en el Valle Central de California para postularse al Congreso contra el republicano en funciones, David Valadao. La campaña fue agotadora. Amanda recaudó casi dos millones de dólares a lo largo y ancho del estado. Se perdió muchas cenas familiares, pero su esposo y sus hijos se reunían con ella para los eventos locales y noches comunitarias. «A los niños les encantaba», dijo.

Sin embargo, promocionarse como candidata viable era un camino cuesta arriba. El distrito era republicano y conservador. Amanda era una joven madre latina que se postulaba como demócrata. «La dinámica racial es bastante difícil en ese entorno. Al ser una persona de color de una zona agrícola, muchas veces me dijeron "Me caes bien, Amanda, pero no deberías postularte"». Su género y el hecho de que tuviera hijos pequeños también causó asombro. Cuando su esposo, Pat, llevaba y recogía a los niños de sus diferentes actividades, la respuesta de los otros padres, en su mayoría las mamás, era «Qué lástima que tengas que hacer esto». Amanda me dijo: «Lo felicitaban y se disculpaban porque pensaban "¿Dónde está tu esposa?"». Amanda sabía que para muchas personas en su distrito sería difícil aceptar su candidatura, pero dijo: «Lo frustrante para mí fue que no había nada que pudiera decir o hacer para cambiar esa forma de pensar».

Amanda perdió contra Valadao. Poco después, recibió una llamada de la campaña presidencial de Hillary Clinton. ¿Le gustaría unirse como directora nacional de campaña? Lo hizo. En febrero de 2015, Amanda y su familia se mudaron a Brooklyn. De nuevo estaba en campaña a ritmo vertiginoso; viajaba por todo el país y podía pasar varias semanas sin ver a su familia. «Tenía que estar disponible todo el tiempo», explicó. «Estaba tan agotada cuando regresaba a casa que ni siquiera podía articular una oración». Pero Amanda también estaba orgullosa de pertenecer al círculo cercano, elaborar estrategias y recabar el respaldo político que, ella esperaba, impulsaría a la primera mujer a la presidencia.

Amanda y yo hablamos del segundo debate presidencial, cuando Donald Trump acosó a Hillary Clinton por todo el escenario, en ocasiones a centímetros de ella. Clinton lo narró en su biografía poselectoral, *Lo que pasó*:

> Fue uno de esos momentos en los que quisieras poner pausa y preguntarle a todos los que observan: «Ustedes, ¿qué harían?».
>
> ¿Te quedas tranquila, sigues sonriendo y continúas como si él no estuviera invadiendo tu espacio constantemente? ¿O volteas, lo miras a los ojos y dices fuerte y claro: «Hazte a un lado, asqueroso, aléjate de mí»?

Clinton eligió el camino que muchas mujeres escogen, «morderme la lengua, clavarme las uñas con los puños cerrados, no dejar de sonreír, decidida a presentar un rostro sereno al mundo».

Le pregunté a Amanda qué estaba pensando en ese momento, como alguien que acababa de perder su propia campaña, que tanto esfuerzo le había costado, en gran parte debido a que los electores conservadores no podían ver más allá del género o de la validez de la ambición que la llevó a postularse. «¿Que si hubiera querido que por instinto le gritara?», Amanda dejó la pregunta flotando en el aire, sin responderla. «Lo que sentí es que no podía perder credibilidad. Había mucho miedo alrededor, ¿cómo defines a la primera líder mujer del mundo libre de una manera que sea aceptable? Estaba atrapada. Las personas miden a las mujeres con estándares distintos».

Si Joe Biden renunciara a postularse para un segundo mandato, es probable que Kamala Harris se presente para la presidencia. Si lo hace, lo más seguro es que enfrente el resurgimiento de los temas de raza y género, aunados al «es demasiado ambiciosa». En lugar de descartar la etiqueta, quizá debería adoptarla. Eso me lleva a Reese Witherspoon. Después de ganar un Óscar como mejor actriz en 2005 por su papel como June Carter Cash en *Johnny y June: pasión y locura*, su vida profesional y personal empeoró. Un año después se separó de su esposo, el actor Ryan Phillippe, con quien tenía dos hijos. El final de su matrimonio, que ella llamó «muy humillante y aislante», coincidió con una caída profesional que pareció señalar un punto muerto que enfrentaban tantas actrices ingenuas que entraban a la treintena de años y más.

En 2012, Witherspoon decidió que necesitaba hacer un cambio radical. En lugar de aceptar la cantidad cada vez menor de papeles que le ofrecían (a la edad madura y vieja de 36 años), empezó su propia compañía productora con la finalidad de desarrollar proyectos que contemplaran protagonistas mujeres fuertes. Esta exigencia aumentó, dijo, tras las reuniones con los peces gordos del estudio que habían trabajado con ella en el pasado. Explicó que las reuniones siempre eran iguales: preguntas sobre sus hijos y comentarios sobre cuánto tiempo había pasado desde que había ganado el Óscar, una insinuación no muy sutil de decir que su carrera estaba en declive. Cuando Witherspoon audicionaba para papeles de protagonistas femeninas fuertes, dijo: «Nada, solo miradas vacías, mucho parpadeo, movimientos incómodos».

Witherspoon fundó su propia compañía productora, Pacific Standard Films, alrededor de una idea central: hacer películas que mostraran a mujeres intensas, con defectos e independientes, con la apuesta de que había una gran audiencia para ellas. Y tenía razón: en los últimos ocho años, Witherspoon ha producido (y en algunos casos, protagonizado) un éxito tras otro, todos ellos basados en libros escritos por mujeres: *Alma salvaje*, adaptada de la biografía *bestseller* de Cheryl Strayed; *Perdida*, escrita por Gillian Flynn para la pantalla, basada en su libro *bestseller* de suspenso; *Big Little Lies*, el drama de Liane Moriarty que fue un éxito en taquilla; y *Pequeños fuegos por todas partes*, basada en la aclamada novela de Celeste Ng.

Reese Witherspoon es ahora más poderosa de lo que fue jamás, y por eso, reconoce los méritos de su ambición. En 2015, *Glamour* nombró a Witherspoon una de sus mujeres del año por sus logros. Aceptó el premio y asumió su ambición de frente, proclamando con orgullo que su guía fue ese anhelo desde que tenía 14 años. «Hablemos de la ambición», dijo, reconociendo que «las personas han prejuiciado opiniones sobre las mujeres que logran algo», incluso al punto de tener «sentimientos de repulsión». Después, exhortó a su audiencia a que presionara, que utilizara sus propias experiencias como ejemplo. Concluyó sus comentarios diciendo: «Creo que la ambición no es una mala palabra. Significa creer en uno mismo y en sus capacidades. Imaginen: ¿Qué pasaría si todos fuéramos lo suficientemente valientes como para ser un poco más ambiciosos? Pienso que el mundo cambiaría».[34]

Por supuesto, Witherspoon es una celebridad blanca, cisgénero y multimillonaria. (Y también ha dicho en repetidas ocasiones que la maternidad es su mayor logro). Su historia no es la de la mayoría de las madres trabajadoras, pero su ejemplo señala el camino hacia adelante que todas haríamos bien en aprovechar. Toda madre ambiciosa, estridente y orgullosa crea un despertar, muy parecido al ciclista que va en primer lugar en la carrera. Quienes van detrás de él enfrentan menos vientos en contra. Entre más mujeres salen del clóset de la ambición, una comunidad más amplia se materializará para proporcionar no solo soporte individual, sino poder colectivo. La normalización de la ambición en las mujeres de distintas razas, edades, orientación sexual y entre esferas profesionales es un hito vital en el largo camino a la igualdad de género, en particular para las madres trabajadoras.

Las madres ambiciosas representan decenas de millones. Votan y pagan impuestos. Su labor contribuye con miles de millones de dólares en la economía estadounidense. Unidas en una causa común, pueden ejercer la presión política necesaria para promulgar las políticas tan esperadas a nivel local, estatal y federal que hagan que los lugares de trabajo y la vida en los hogares sean más equitativos. Pero primero es necesario que asuman, ante sí mismas y ante el resto del mundo, su impulso y lo que se merecen. Hasta que la palabra «ambición» deje de ser un término prohibido que las mujeres deben portar como una letra escarlata, jamás seremos libres para aspirar a la luna ni ser nosotras mismas: con defectos, valientes y fantásticas.

CAPÍTULO 5

Estoy enamorada... de mi trabajo

Cuando las mujeres trabajadoras se convierten en madres, enfrentan elecciones problemáticas y juicios severos. La mayoría no puede permitirse permanecer en casa los primeros meses, por no hablar de los primeros años de la vida de su hijo. Pero la verdad es que muchas mujeres elegirían no hacerlo. Les apasiona su trabajo porque les brinda identidad, propósito y dinero en el banco. Esa pasión y necesidad no desaparecen por arte de magia cuando llega un bebé.

Consideremos a la doctora Laurie Green. Se tomó cinco semanas libres cuando tuvo a su hijo, Ross, y tres semanas cuando nació su hija, Monica, 18 meses después. Eso fue en 1988 y Laurie iba a tener su propio consultorio con otra ginecobstetra. En aquella época muy pocos ginecobstetras eran mujeres, y menos aún ejercían por su cuenta, pero Laurie y su socia, Joanne Hom, estaban decididas a hacerlo y establecer un buen precedente en una especialidad dominada por hombres mayores. «Tuvimos mucho éxito. Empezamos a dejarlos rezagados tanto en ingresos como en pacientes, pero la compensación no seguía el mismo ritmo».

El objetivo de Laurie era practicar medicina de forma distinta a como lo hacían sus contrapartes masculinas. «La medicina era muy patriarcal y yo estaba a favor de tomar decisiones compartidas. Quería empoderar a mis pacientes para que tomaran sus propias decisiones. *Doctor* significa "maestro", no "dictador". Pero esa no era la manera en la que se hacía en esa época». Ella y Joanne se basaron en la teoría de que había una cantidad significativa de pacientes mujeres que deseaban tener una experiencia distinta con sus médicos, en particular cuando se trataba de decisiones íntimas y que podían alterar su vida en temas de embarazo y parto.

Laurie se dedicó de lleno a levantar el negocio, y a su hijo pequeño y a la bebé los dejó al cuidado de una niñera y del padre de los niños, Tim. «Nunca cambié un pañal en la noche [con Monica], nunca la hice eructar», dijo. «Lo evitaba cada vez que podía». Laurie amamantaba y después alimentaba a la bebé con fórmula para que pudiera dormir más horas. «Lo hacía para ahorrar tiempo», me dijo. «No podía perderlo. A las siete de la mañana ya había salido de la casa».

La obstetricia y la ginecología fueron especialidades médicas que mi madre rechazó. Para ser justos, no era su pasión, pero también pensaba que atender partos a todas horas del día y la noche no era compatible con su matrimonio y planes familiares. Mi madre estaba ocupada, pero nunca salía de casa a las siete de la mañana, y mi padre no era Tim. Contábamos con ella para que el refrigerador estuviera lleno de lo que cada una de nosotras pedía (siempre había, como mínimo, seis tipos diferentes de cereal), para alimentarnos de comida casera todas las noches (sí, a veces cocinaba los fines de semana y lo congelaba, pero preparaba todas las comidas desde cero), y con la intención de estar con nosotras todos los fines de semana para llevarnos a eventos deportivos y a la casa de amigos. Me imaginé a mí y a mis hermanas si hubiéramos vivido bajo el régimen de Laurie; poco a poco nos hubiéramos convertido en animales salvajes. Me pregunté qué pensarían los hijos de Laurie. (Mi entrevista con su hijo, Ross, está en el capítulo 8).

No obstante, mi madre también había tomado muy pocos días en sus licencias de maternidad. Con sus primeras dos hijas —Emily, que nació cuando ella hacía el internado; y yo, cuando hacía la residencia—, tomó seis semanas porque pudo acumular permisos por enfermedad y vacaciones. Con cada hija que tuvo después, Jill y luego Dana, su empleo de medio tiempo en Bryn Mawr le dio solo cuatro semanas y su consultoría privada se evaporó, por lo que tuvo que empezar todo de nuevo dos veces. Cada vez, decía, «era infeliz cuando regresaba», pero sentía que no tenía opción. Rechazar el sistema médico durante su capacitación como médica hubiera retrasado meses o incluso años su carrera; era probable que pedir más tiempo en Bryn Mawr la hubiera hecho perder su empleo. Sin embargo, siempre iba a casa a comer durante el primer año de la vida de cada una de nosotras para poder seguir amamantándonos.

Cuando le pregunté a mi madre si había considerado sacarse la leche, me dijo que los modelos disponibles en esa época eran versiones más pequeñas de las máquinas que se usaban para ordeñar vacas; con eso lo dijo todo. Cuando le pregunté si mi papá tomó tiempo libre, me dijo que la licencia por paternidad no existía. No fue sino hasta la década de 1990 y la promulgación de la Ley de Licencia Familiar y Médica que los padres pudieron tomar tiempo libre tras el nacimiento de un hijo. Pero no era remunerado y muchos papás no lo tomaban.

«Lo que se esperaba era que siguieras trabajando. Tenías que volver», explicó. «Debías hacer tu trabajo si querías conservar tu empleo».

Tres décadas después, cuando yo fui madre, tuve más opciones; la ley y las expectativas de la sociedad habían cambiado y yo no era médico residente. Aun así, pensé en las palabras de mi madre. «Se esperaba que siguieras trabajando». Pero ahora la expectativa era una que me imponía yo misma. Pienso en los correos electrónicos del trabajo que me aseguraba de responder, aunque estaba en la cama del hospital recuperándome del parto de mi hija. Sentía que tenía que probar algo, la maternidad no me había cambiado, pero también tenía miedo de ser cómplice de mi propio fracaso profesional. En retrospectiva, puedo ver que este miedo era exagerado, pero en ese momento me preocupaba que ser mamá primeriza significara que el mundo me percibiría como menos capaz de hacer mi trabajo que, a su vez, me llevaría a tener menos oportunidades. Y yo deseaba contar con esas oportunidades con tanta intensidad como antes de ser madre.

Algo de lo que Laurie Green dijo hizo eco en mi cabeza: «Es importante tener una identidad distinta a la de ser la madre o cónyuge de alguien». ¿Quién sería si no fuera abogada, escritora y profesora de derecho en ciernes?: nadie que pudiera reconocer o que quisiera ser. «Cuando tu profesión tiene un propósito, nunca tienes que preguntar por qué te levantas en las mañanas», dijo Laurie. «Cuando lees esos libros sobre la felicidad, la conclusión es que las personas felices tienen un propósito, cualquiera que sea el género. Se trata de una vida hacia el exterior».

La mayoría de las mujeres toma más tiempo libre que el que tomaron Laurie y mi madre cuando tuvieron a sus bebés. La Ley de Licencia Familiar y Médica garantiza 12 semanas de licencia no remuneradas* y algunos empleadores y estados ofrecen subsidios parciales.[1] Es raro el empleador o entidad gubernamental que paga cuando se acaba ese tiempo.[2] Para algunas mujeres, 12 semanas les parece egoísta e insuficiente; su cuerpo no ha sanado o su bebé tiene complicaciones de nacimiento. Incluso en los partos «fáciles» de bebés sanos, para algunas madres primerizas es desorientador y traumático establecer una rutina solo para cambiarla abruptamente más tarde.

No obstante, otras mujeres están listas para reincorporarse al trabajo. Disfrutaron el tiempo para vincularse y recuperarse, pero desean continuar su vida pública. Con frecuencia, a estas madres se les hace sentir mal en cuanto a su decisión y sus sentimientos por esas resoluciones. Se dice que tener un bebé es una experiencia transformadora, no solo para el cuerpo, sino para la química cerebral. Los cambios pueden ser profundos, pueden transformar su pasión y deseo de trabajar en una pasión y deseo por criar. Si bien eso es cierto para algunas mujeres, no es la realidad para otras. A las madres que no sienten la experiencia mágica se les hace sentir que algo en ellas no es natural. La continua devoción de una mujer por su éxito profesional —un deseo prohibido que plantea una amenaza existencial para la familia— hace de su trabajo un amante. La ambición sin tregua de una madre trabajadora en la esfera profesional puede realizarse a expensas de su matrimonio; si la relación sobrevive, es posible que requiera un cambio profundo, en particular si la pareja es un hombre que también trabaja fuera de casa.

---

* Según la Unicef, en Latinoamérica solo 14 países garantizan el mínimo de 14 semanas de licencia remunerada recomendado por la OIT, y tan solo seis países, las 18 semanas (bit.ly/49BCb9y). (N. *de la e.*).

Este juego de suma cero no abre la posibilidad de que una buena madre pueda tener otras prioridades. No permite que la simple verdad de que amar a tu bebé no es fundamentalmente incompatible con buscar y necesitar el placer y la satisfacción en el trabajo fuera de casa. En su libro *Get to Work* (Vete a trabajar), la autora e historiadora cultural, Linda Hirshman, escribió sobre varias jóvenes que se graduaban de la universidad: «La sociedad "moderna" pone una barrera tras otra en su camino. Se necesitaría un enfoque implacable para que las mujeres lograran sus ambiciones de alcanzar una vida plena. Incluso deben recurrir al amor que no se atreven a nombrar: el amor al trabajo».[3] El libro de Hirshman se publicó en 2006, pero sus palabras siguen siendo válidas al día de hoy.

Asimismo, está el problema del enfoque. El debate sobre los méritos de la madre que se queda en casa frente a la que se reincorpora al trabajo a menudo se retrata como la elección personal de la mujer; como si las opciones estuvieran disponibles a voluntad y solo se tratara de una cuestión de gusto personal, no más controvertido que escoger un helado de fresa en lugar de uno de menta con chispas de chocolate. En realidad, la mayoría de las mujeres no tiene opción; tiene que trabajar para mantener a su familia. El enfoque de la «elección» refleja una imagen de las pocas afortunadas que se encuentran en lo alto de la pirámide financiera. Hirshman escribe que «la elección es una palabra escurridiza que se legitima, en particular para las mujeres que se consideran liberales, porque el movimiento feminista la adoptó».[4] Agrega que, al perseguir la meta de la inclusividad, el movimiento feminista se ha diluido. «Un movimiento que defiende todo acaba por no defender nada», escribió.[5]

Con frecuencia, a las madres primerizas que regresan al trabajo se les hace sentir que lastiman a sus hijos y se les compara de manera desfavorable con imágenes de supermamás sacrificadas que tienen a su primer hijo. El mensaje es que su prioridad debería ser la maternidad porque es vital para el bienestar físico y el desarrollo moral de sus hijos. Salgamos de este enfoque un momento. La teoría en sí misma es defectuosa en esencia; se basa en la premisa de que cierto tipo de maternidad primeriza abarcadora —*maternidad intensiva*, para usar un término acuñado por la profesora de Sociología, Sharon Hays, en *Las contradicciones culturales de la maternidad*— es fundamental para el sano desarrollo del niño, así como la lactancia es exclusiva de las mujeres.[6]

Es particular que no exista una teoría paralela de «paternidad intensiva» contra la que los hombres tengan que luchar cuando regresan al trabajo, a menudo a las pocas semanas del nacimiento del niño. Tampoco debería haberla. La idea de que un padre, un individuo, asuma el papel de cuidador único suprime la realidad de que los niños se benefician mucho del amor y el cuidado de ambos padres, así como del de los abuelos, las niñeras, maestros y otros miembros de la familia. «No creo que sea bueno para ningún ser humano tener una vida enfocada únicamente en una sola relación, ya sea marital, laboral o parental», me dijo la periodista y feminista Jill Filipovic. «Los seres humanos necesitan muchos recursos; necesitamos amor de distinta gente y tener conexiones con una multitud de personas, y es importante encontrar un propósito en varios lugares».

En 2012, puse a prueba la teoría de Jill Filipovic, cuando mi hijo tenía 3 años, y mi hija, uno. Me ofrecieron el empleo de mis sueños: dirigir el Proyecto de los Inocentes en la Facultad de Derecho de Loyola.

Pero la oferta tenía un inconveniente: era en Los Ángeles. Nosotros vivíamos en San Francisco y Matt no quería dejar su empleo ni mudarse. La postura de Matt era comprensible:

el sueldo que Loyola me ofrecía, si bien era el doble de lo que ganaba como docente titular clínica en la UC Hastings, seguía siendo la mitad de lo que él ganaba. No solo él era el sustento principal, sus padres vivían cerca y eran unos abuelos amorosos y comprometidos. En Los Ángeles no teníamos familia y Matt no tenía ninguna perspectiva de trabajo ahí. Pero yo no estaba dispuesta a renunciar a una oportunidad única de ayudar a liberar a las personas acusadas injustamente, que languidecían en la cárcel. Le dije a Loyola que sí y acepté trayectos de 620 km. Esa decisión resultó ser un momento definitivo en mi vida profesional y personal.

Durante los siguientes tres años pasé tres noches a la semana lejos de mi familia. El lunes en la mañana cruzaba en coche el puente de la Bahía hacia Oakland, tomaba el vuelo al suroeste hacia Burbank, me subía a un coche rentado en Hertz y me dirigía al centro, a la Facultad de Derecho. Los jueves en la tarde hacía el camino de regreso. De puerta a puerta, era un viaje de 4 h y media durante el cual también trabajaba preparando defensas en el avión y haciendo llamadas de trabajo desde el coche. Conforme las semanas se hicieron meses y luego años, me hice amiga de las azafatas y de la gente que atendía en el mostrador de la renta de coches.

Estaba viviendo la vida que mi padre vivió cuando mis hermanas y yo éramos pequeñas, porque hice la misma elección. Igual que él, aproveché una oportunidad profesional que me hacía una madre ausente. No le pedí ni su bendición ni sus consejos porque en ese momento no se me ocurrió que estuviera relacionado. La similitud solo me pareció evidente cuando empecé a escribir este libro.

Matt y yo contratamos a una niñera de tiempo completo, Celeste, para que cuidara a la bebé Ella, y llevara y recogiera a nuestro hijo del jardín de niños. Celeste, quien era amorosa y dedicada con nuestros hijos, también les preparaba la cena y lavaba la ropa. Matt participó y estuvo a la altura; ahora pasaba más tiempo con nuestros hijos. Sus padres también. Abandoné la idea de que tenía que estar presente para cada momento especial en la vida de mis hijos o incluso que debía llegar a casa para cenar.

Casi nadie pensaba que lo que hacía era una buena idea, y algunas personas me dijeron honestamente que afectaría a mi familia. ¿Cómo podían adaptarse dos niños pequeños con una mamá «de medio tiempo»? Piensa en todo lo que me perdería: cenas familiares, la hora del baño, la hora de ir a dormir. Cuando mis hijos recordaran todas estas ocasiones, literalmente, yo no estaría en su recuerdo. También estaba lo práctico: ¿de qué manera mi esposo, con su horario de socio en el despacho, se ajustaría a ser un padre de tiempo completo la mitad de cada semana sin enojarse, tener resentimiento y cuestionar mis prioridades casi diario?

De muchas maneras, sencillamente yo estaba en negación. «Haremos que funcione. Estamos haciendo que funcione», insistía obstinada cada vez que alguien me cuestionaba. Sin embargo, sentía culpa y vergüenza. Cuando los dulces rostros de Carter y Ella aparecían en la pantalla de mi teléfono al momento de darles las buenas noches, el corazón me dolía. A veces lloraba cuando estaba sola en la habitación que rentaba en casa de unos amigos de confianza. Pasaba tanto tiempo con sus hijos como con los míos. Mi matrimonio sufría, pero también creía con fervor en la importancia del trabajo que estaba haciendo.

No quiero librarme de la culpa. Una madre ambiciosa que tiene niños pequeños no necesita que un cliente encarcelado injustamente justifique sus decisiones. Es doloroso pensar en lo que hice y la razón por la cual lo hice, no porque crea que mis decisiones fueron erróneas, sino porque no fui honesta conmigo misma ni con mi esposo sobre lo que esas decisiones en realidad implicaban. Al crecer en casa de mis padres, aprendí que la vida que yo quería para mí era la de mi padre, no la de mi madre. No estaba dispuesta a hacer sacrificios. Deseaba su ambición, no sus limitaciones. Negar esos deseos que, *a priori*, parecían extremadamente obvios provenía de un miedo profundo de que lo que quería no solo no era maternal, me hacía una mala Madre. Así que no lo admití, ni siquiera a mí misma.

Poco antes de que él muriera en 2012, a los 83 años, el famoso autor de libros infantiles, Maurice Sendak, conversó en el programa de Terry Gross, *Fresh Air*, de la NPR. Sendak habló de su infancia y de lo importante que su hermano Jack fue en su vida; él lo exhortó a que rechazara la presión de sus padres para que viviera una «vida prosaica». En lugar de eso, Jack «compartió tiempo conmigo para dibujar, leer y vivir una vida fantástica»; él también era artista y escritor. Tenían una hermana, «pero, después de todo, era una niña», dijo Sendak. «Todo lo que se esperaba de ella era que creciera, fuera bonita y se casara con un hombre decente. Así que en su caso solo tenía que concentrarse en lo que mis padres esperaban de ella. Aparte, no tenía la locura creativa que existía entre mi hermano y yo para desafiarlos e ir más allá. Me hubiera gustado que la tuviera».

Sendak habló con dolor y tristeza evidentes de las personas a las que había perdido: su pareja de vida y sus amigos más cercanos. Pero también estaba tranquilo, aunque nostálgico. «Dios, hay tantas cosas bellas en el mundo que tendré que dejar cuando muera, pero estoy listo, estoy listo, estoy listo». Describió la riqueza de su carrera, en la que se dedicó a ver, escuchar, pensar y crear. Le comentó a Terry Gross que su trayectoria profesional fue «de profundo dolor y el maravilloso sentimiento de convertirme en mí mismo». Sendak terminó la entrevista con este consejo: «Vive tu vida, vive tu vida, vive tu vida».

Recuerdo cuando escuché la entrevista. Era 2011, seis meses antes de que empezara a trabajar en Loyola, y estaba corriendo en el parque Golden Gate, como hacía a diario. Las palabras de Sendak me detuvieron al instante. Estaba abrumada de emoción. Recientemente escuché la entrevista otra vez, y de nuevo lloré. En mi mente, avancé cuatro décadas y me imaginé, como Sendak, vieja, frágil, cerca del final. ¿Sería capaz de decir que había vivido mi vida? Sin la oportunidad de hacer el trabajo que quería —escribir, defender y enseñar—, la respuesta era no. Si ahogara esas partes vitales de mí, moriría estando solamente medio viva. Docenas de madres a las que entrevisté, todas ellas con distintos trabajos, me dijeron que se sentían igual. Cada vez que escuchaba a alguna mamá describir una parte de su vida en la que su trabajo fue la prioridad o la simple felicidad que obtenía al ser la mejor en su área, yo sentía una emoción de reconocimiento mutuo y también alivio. Yo no era un bicho raro ni estaba sola.

En otoño de 2012 me dieron el caso de mi vida: luchar por liberar a un hombre inocente, cuyo nombre inverosímil era Kash Register,** que había sido condenado a 34 años de cárcel por un homicidio que no cometió. Encarcelaron a Kash en abril de 1979, cuando los detectives del Departamento de Policía de Los Ángeles lo detuvieron en el pequeño departamento en el que vivía con su madre, Wilma. Devota cristiana, había permanecido ahí desde entonces, rezando para que su hijo regresara a casa. Cuando el Proyecto de los Inocentes de la

** *Cash register* significa caja registradora. (*N. de la t.*).

Facultad de Derecho Loyola se implicó en el caso, me dijo que creía que era la divina intervención; después de más de tres décadas que Wilma pasó rogando que alguien, quien fuera, escuchara, su hijo contaba con un pequeño, aunque poderoso, ejército detrás de él. Pero la oficina del fiscal de distrito de Los Ángeles se defendía con todas las herramientas y recursos a su disposición.

No existe más presión que la que se siente cuando luchas por liberar a un cliente inocente. Los siguientes 12 meses, el caso de Kash Register se apoderó de mi vida. Era lo último en lo que pensaba cuando me iba a dormir y lo primero cuando despertaba en la mañana. Sin embargo, era interesante que el rostro que veía con mayor frecuencia cuando estaba despierta en la cama era el de Wilma. Lo que le pasó a su hijo equivalía a un secuestro legalmente sancionado. Cada vez que pensaba en la angustia continua que ella vivía como madre de Kash, sentía no solo un dolor visceral, sino también una renovada determinación para llevar a su hijo a casa. Cuando me concentraba en Wilma, me sentía más despejada y determinada.

Los buenos abogados piensan como cirujanos, son imperturbables, rigurosos y precisos. Diezmar el caso de la fiscalía en contra de Kash no consistía en golpear a diestra y siniestra, se trataba de exponer y eliminar los tumores cancerosos con incisiones precisas y planeadas. La persona más razonable en la sala es la que gana en general, les decía a mis estudiantes. De este modo, decidí ser esa persona. Mientras corría mis 8 km diarios, tomaba un baño caliente después o hacía fila en Trader Joe's, pensaba y repensaba cómo presentar el caso: la historia que el jurado nunca había escuchado.

No obstante, creía que compartimentar tenía sus límites y mi capacidad de mantener a raya mi indignación, miedo y estrés también tenía un límite. Un cliente inocente es un incendio en el cerebro: crepita y consume. A veces, cuando estaba con mis hijos o mi esposo, era incapaz de poner atención a lo que decían o a lo que hacían. Me era difícil concentrarme en alguien o algo diferente, incluidos ellos tres, las personas más importantes de mi vida.

«Mamá, te ves borrosa», me comentó en algún momento mi hijo en la cena, sacándome de pronto de un pensamiento relacionado con Kash. Tenía una frase para mi falta de atención: «Cuando mamá se va». Pero la usaba para describir las ocasiones en las que sí estaba en casa, en general junto a él; al menos mi cuerpo lo estaba.

En julio de 2013, la jueza Katherine Mader, de la Corte Superior de Los Ángeles, le concedió a Kash una audiencia probatoria, que es el equivalente a un nuevo juicio frente a un juez, en lugar de un jurado. La batalla legal empezó ese octubre. Como abogada principal, abrí, cerré, presenté a nuestros testigos cruciales e interrogué a la mayoría de los testigos que presentó el Estado. Cuando interpelé a Kash sobre la serie de eventos terribles que lo llevaron a su encarcelamiento y lo que había perdido en las décadas posteriores, el dolor y la pérdida eran tan profundas que casi lloro.

Cada minuto del nuevo juicio me absorbió, en cuerpo y alma. Era como si toda mi vida profesional me hubiera llevado a ese momento. Tenía una misión y estaba como pez en el agua. Amo los juzgados como otras personas aman las drogas, el sexo o el dinero: la adrenalina, las subidas y bajadas como en la montaña rusa, el sentimiento de que cualquier cosa puede suceder y provoca terror al igual que emoción, la manera en la que estoy por completo presente y en el momento.

Cuando estaba sumergida en el caso, me encontraba ausente de casa. Un mes antes de que empezara el nuevo juicio, renté un pequeño departamento cerca de los juzgados y viví ahí durante las semanas que me llevó preparar y presentar a todos los testigos y la evidencia. A veces me daba tiempo para volar al norte a ver a Matt y a mis hijos, pero solo pocos días en cada ocasión. Los extrañaba, pero no me obsesionaba con que no estuvieran en mi vida o yo en la de ellos. Tenía un solo objetivo que ocupaba toda mi atención: sacar a Kash de la cárcel y llevarlo a los brazos de Wilma.

Mi hijo, que entonces tenía 4 años, me hacía muchas preguntas. «¿Por qué te vas tanto tiempo? ¿Por qué siempre estás hablando por teléfono del tipo con el nombre raro?». En esa época, mi hijo estaba obsesionado con los superhéroes. Corría por toda la casa con playeras estampadas de personajes como Superman, Batman o Iron Man, y una capa roja sobre sus pequeños hombros. En las noches que yo estaba en casa, leíamos en voz alta historias de sus aventuras. Cuando le hablaba de mi trabajo, usaba el lenguaje de esas historietas. Le contaba acerca de los superhéroes del caso (Kash, Wilma, los perseverantes estudiantes de derecho). Le describía a los villanos (los fiscales y la policía, quienes mentían y hacían trampa para robarse la vida de Kash). Al exponer el caso como la batalla final entre el bien y el mal, le explicaba a mi hijo que necesitaba irme para lograr que Kash regresara a su casa, con su mamá, quien lo estaba esperando.

Kash ahora está con Wilma. Viven en una hermosa casa al oeste de Los Ángeles. Después del veredicto, él demandó a la ciudad y al condado de Los Ángeles y llegaron a un acuerdo de 16.7 millones de dólares, el mayor monto en la historia de dicho condado. La exoneración de Kash Register fue un trabajo de equipo que involucró a mis alumnos, a mis colegas y al mismo Kash. Pero al final de la historia, él está en casa porque yo luché en cuerpo y alma; está en casa porque yo fui su abogada.

No soy una persona religiosa, como Wilma, pero si lo fuera, diría que la batalla por la libertad de Kash fue obra de Dios y que yo utilicé cada herramienta y cada gramo de energía que poseía para corregir el peor de los errores. Esperaba que mi esposo lo entendiera, que al final el resentimiento fuera remplazado, o al menos atenuado; que reconociera cuánto amaba lo que hacía y lo importante que era para mí. Absorta como estaba, no pude entender cuánto estaba pidiéndole, ni que mi matrimonio se acercaba con rapidez a su fin.

Siete años más tarde, en diciembre de 2020, me invitaron al programa ganador de un Emmy, el *Tamron Hall Show*, para defender este conjunto particular de decisiones y otras que siguieron. El tema era la maternidad moderna. Tamron Hall, de 50 años, inició su programa de entrevistas del mismo nombre poco después de tener a su hijo, Moses; ese día comenzó la emisión diciendo a su audiencia: «El debate en curso sobre las mujeres que trabajan en casa frente a las que laboran fuera de casa es polémico, en ocasiones difícil; a final de cuentas, algunas de estas mujeres parecen ser igual que ustedes».

Tamron me hizo preguntas difíciles. Después de citar el artículo de opinión que había escrito en el *The New York Times* un año antes, donde admitía haber faltado a cumpleaños y eventos escolares, me preguntó: «¿Por qué decidiste tener hijos si no ibas a estar ahí?». Mi primer impulso fue ponerme a la defensiva, pero lo pensé mejor. «Creo que, en su lugar, lo que se debe comprender es qué estaba haciendo», respondí. Hablé del caso de Kash, de lo que estaba en juego y de la urgencia de liberarlo. «Y creo que es algo que mis hijos entienden; saben que lo que hago cuando estoy lejos de ellos es muy importante». Y agregué «Eso no significa que no estén tristes o dolidos, o que no sientan a veces resentimiento, pero saben que mamá está allá afuera, haciendo un mundo mejor». Todo el público femenino aplaudió.

No puedo negar que mis hijos expresaban continuamente su frustración por mi descuido y falta de disponibilidad; no puedo negar que la separación de nuestra familia causó daños psicológicos. Mi matrimonio no sobrevivió, y aunque Matt y yo hacemos nuestro mejor esfuerzo para compartir la crianza y seguir siendo amigos, el divorcio es difícil para los hijos. Admití todo esto; creía que era importante contar la historia completa. Cuando Tamron Hall me preguntó, medio en broma, si mis hijos tendrían cicatrices de por vida, quise responder «¡Por supuesto que no!», pero en su lugar contesté con honestidad: «El jurado está deliberando». Como madres, tomamos decisiones; algunas veces por instinto, otras bien pensadas y otras más absolutamente erróneas. Unas tienen mayores consecuencias que otras. En el momento es muy difícil saber qué decisiones entran en determinada categoría. La verdad es que, cuando se trata de los hijos, el jurado siempre está deliberando.

Algunas mujeres son más perspicaces de lo que yo era. Antes de comprometerse con una pareja romántica, saben que lo que desean a nivel profesional se encuentra en el centro de su identidad y que ponerlo en juego por una relación será su ruina. Una joven me dijo que hacía poco había roto su compromiso «porque no pude nivelar mis ambiciones con la relación». Explicó que su prometido no la ayudaría si tenían hijos, a menos que ella accediera a «bajar sus ambiciones». Ella no estaba dispuesta a hacerlo.[7]

Otras han podido renegociar con su pareja y salir airosas. Diana Luong, la mujer que inmigró a Estados Unidos desde Vietnam cuando era adolescente, me dijo que en 2016, cuando su hijo e hija tenían 10 y 12 años respectivamente, su trabajo en el salón de uñas se había vuelto insostenible. Su ambición, tener su propio negocio, empezó a parecerle no solo plausible, sino hasta necesaria, tanto para el bienestar económico de su familia como para su salud emocional. Diana era profesional de belleza, pero su jefa le dijo que tenía que trabajar en la recepción dos días a la semana, así como abrir y cerrar el local. Por esta labor extra, que implicaba más horas y menos clientes, a Diana le pagaban 40 dólares más a la semana. Luego, su jefa empezó a quitarle dinero a Diana de las propinas, que eran su principal fuente de ingresos. Trabajaba de 9 a 10 h al día, con solo treinta minutos para la comida, y ganaba menos de lo que percibía el año anterior. Era el único sustento de la familia y su ingreso cada vez menor significaba que apenas podía pagar las facturas y comprar comida. «Todos los días, al volver a casa, estaba tan cansada que parecía muerta», me dijo. «Pensaba que tenía que hacer algo para salir de ahí. No podía estar atrapada de esa manera ni podía soportarlo más. La determinación que tenía para salir de esa situación era muy fuerte».

Al año siguiente, Diana volvió a la escuela medio tiempo para obtener su certificado en extensión de pestañas y microtrenzado. Era un programa de tres meses, bastante caro; iba un día a la semana y trabajaba los otros seis; pagaba las clases con el dinero que había ahorrado de sus propinas a lo largo de los años. Lo consideraba una inversión a largo plazo. «Pensaba que si tenía una mejor educación, tendría mejores oportunidades. Cuando terminé los cursos empecé a buscar otro empleo». Su finalidad era dar los pasos necesarios para empezar su propia estética.

Surgió una oportunidad a mediados de 2018. Una de las clientas de Diana era propietaria de un salón de belleza a solo una cuadra de ahí. Le dijo a Diana que la persona que rentaba la trastienda se había jubilado después de 18 años de trabajar con ella. El lugar estaba vacío y la mujer se preguntó en voz alta qué haría con él. Diana, con cuidado de que sus colegas que estaban cerca no la oyeran, le murmuró al oído: «¿Puedo ir a verlo?».

Ese mismo día, en los pocos minutos que tenía para el almuerzo, Diana fue al lugar. «Todas fueron muy amables y sabían quién era yo, me estaban esperando. Tanta buena energía me pareció maravillosa; es bueno para mis clientes y el espacio era hermoso».

Cuando Diana volvió a casa esa noche, estaba muy entusiasmada; la renta que la propietaria le pedía, 200 dólares a la semana, le pareció razonable. «Sabía que esta era mi oportunidad; mis clientes eran leales y vendrían conmigo». Sin embargo, su esposo solo veía el riesgo. «No dejaba de preguntarme qué pasaría si fracasaba. Le contesté: "Tengo confianza, siento que puedo hacerlo"». Él le respondió que tratara de negociar mejores condiciones con su jefa en el salón de uñas. «Le dije que no, que la conocía y que de todas formas ya estaba harta». Discutieron. «En un momento pensé "Cállate, lo voy a hacer, pero no te voy a decir. Porque eres un gallina y no me apoyas».

Diana sintió que, después de tantos años de concesiones y de aplazar sus sueños, era hora de hacer un cambio radical. «Quizá por única vez en mi vida voy a arriesgarme». Su marido seguía tratando de persuadirla, pero Diana se mantuvo firme; pensó que si esperaba hasta que hubiera renunciado y abierto su propio negocio, ya sería muy tarde para que él se lo impidiera. Sin embargo, al final Diana ganó el debate. «Unos días después», me explicó, «él seguía dándole vueltas y me dijo: "¿Sabes qué? Si eso te hace feliz, hazlo". Yo le respondí: "Gracias, por fin"».

Breegan Jane también se encontró en una encrucijada poco antes de cumplir 30 años y se dio cuenta de que se había conformado con muy poco durante mucho tiempo. La carrera de Breegan empezó cuando tenía 2 años de edad, y cuenta con la tarjeta del Sindicato de Actores para probarlo. Su madre tenía una tienda de ropa para niños en Hermosa Beach,

California. Le encantaba tomar fotos de su adorable hija, vestida con la ropa de su inventario; las enmarcaba y las usaba para decorar las paredes de la tienda. Breegan tenía un talento natural frente a la cámara: sus ojos brillantes y sonrisa resplandeciente mostraban alegría y travesura; era inevitable que su madre vendiera todo lo que Breegan posaba en las fotografías. Después siguieron modelajes profesionales para algunas marcas. OshKosh, Limited, Talbots, incluso Clorox, llevaban a Breegan y a su madre por todo el país para las sesiones de foto. «La tendencia publicitaria de esa época era mostrar a una niña blanca, una negra y una asiática», me explicó. El padre biológico de Breegan es negro (fue adoptada de bebé). «Yo tenía el aspecto que ellos deseaban», dijo.

Breegan modeló hasta los 15 años. «Me encantó cada minuto», dijo. Lo que más le gustaba era ver a los diseñadores trabajar para dar vida a todo el escenario (desde las montañas nevadas detrás de ella hasta el color del broche en su cabello); todo estaba hecho para hacer la magia de una experiencia de vida que se relacionaba con comprar un producto. Los padres de Breegan invirtieron las ganancias de su hija en una cuenta de ahorros, con la intención de usar ese dinero para sus estudios universitarios. Pero cuando llegó el momento, Breegan, quien siempre fue una estudiante indiferente, no quiso seguir estudiando. En su lugar, a los 18 años usó el dinero para abrir su propia tienda de ropa. Sin embargo, los primeros dos años tuvo que vivir un hecho traumático que la hizo caer en picada.

Breegan cerró la tienda y se mudó de Hermosa Beach a Los Ángeles. «Me la pasaba en fiestas y era autodestructiva». Poco a poco recuperó su estabilidad emocional. Los siguientes años trabajó como asistente ejecutiva de hombres mayores poderosos: el director general de un astillero de yates y, más tarde, jefa de un estudio de producción cinematográfica.

En esos trabajos, Breegan asumió cada vez más responsabilidades. Renovó la marca del propietario de los yates, se convirtió en su directora de *marketing* y trabajó en sus campañas publicitarias. Supervisó la renovación de las propiedades del ejecutivo de estudio hasta los últimos detalles; ella elegía las losas y las telas.

A los 27 años, Breegan empezó a salir con un amigo de toda la vida; ella llamaba a la relación *Cuando Harry conoció a Sally*. Se casaron y, cuando se embarazó, renunció a su empleo con el ejecutivo del estudio y se dedicó a ayudar a su esposo a tener éxito tanto financiero como profesional. Juntos, abrieron un restaurante. «Pensé que al haber apoyado a directores generales me serviría en mi vida como mamá. Ayudaría a este hombre a que fuera más exitoso. Trabajaría, pero yo no tenía que ser quien diera la cara al mundo. Me dije que no tenía problemas con los roles de género tradicionales».

Breegan asumió un papel práctico en el restaurante: se encargó de la decoración y hacía trabajo manual, incluido limpiar los pisos mientras su bebé dormía en la carriola. En ese momento, estaba embarazada otra vez. Durante esta etapa, la familia vivía en una casa que los padres de Breegan les regalaron. Pero su esposo no reconoció el duro trabajo de Breegan ni las contribuciones de sus padres; todo lo contrario. Les decía a sus amigos que él había comprado la casa con su dinero. Ella explicó que daba la impresión de que «yo era la esposa mimada» y que él era el cerebro detrás del negocio. Recuerda que lo escuchaba en las reuniones con amigos, mientras él creaba esta falsa impresión, y pensaba que «su ego de hombre no podía soportar» la ayuda de su familia ni el trabajo que ella hacía en el negocio. El restaurante empezó a ir en declive, igual que su matrimonio. Menos de tres años después de que se casaran, Breegan pidió el divorcio.

Como madre soltera de dos niños pequeños, Breegan decidió que era el momento de abrirse su propio camino. Fundó una empresa de diseño y empezó a renovar casas. «Compraba la más fea y la vendía como la más bonita. Por supuesto, aprendes cosas y yo trabajaba mucho, pero tengo una habilidad visual natural para ver en lo que se puede convertir». Breegan comenzó a diversificarse; amplió su negocio como diseñadora, gurú de estilo de vida y empresaria. Sus clientes buscaban un cambio en sus hogares, en sus negocios o en ellos mismos, y querían que fuera ella quien les diera esa visión.

Con el fracaso de su matrimonio, Breegan se dio cuenta de que no quería seguir usando su talento para apoyar a hombres poderosos. Deseaba dirigir su propia empresa y, para promoverla, empezó un blog donde publicaba contenido personal sobre su divorcio y la familia que rehízo, además de hermosas fotografías de las casas que había renovado. Mezclaba lo personal con lo profesional; con frecuencia, estas remodelaciones mostraban fotografías de Breegan en las que tomaba una copa de vino, abrazaba a sus hijos o echaba la cabeza hacia atrás en una carcajada. La popularidad de su sitio web aumentó. En 2019, una compañía de producción la llamó y le pidió que audicionara como presentadora del programa *Extreme Makeover: Reconstrucción total.* Después de varias audiciones agotadoras, le ofrecieron el trabajo. Cuando le dieron la noticia en julio de 2019, Breegan estaba feliz. «Me emocionaba poder inspirar a otros como mujer negra en un espacio masculino muy caucásico».

De julio a octubre, Breegan pasó varias semanas lejos de sus hijos, filmando diez episodios en diez semanas por todo California y Utah. Dentro y fuera de cámara, ella y sus copresentadores supervisaban la demolición y reconstrucción de casas para familias necesitadas, incluidos tres hermanos que habían llegado de Uganda después de que sus padres y su hermana pequeña fueron asesinados frente a ellos.

«Mis padres fueron una gran ayuda y recurso», explicó; sus hijos se habían ido a vivir con ellos mientras ella estuvo afuera. Antes de irse, Breegan explicó a sus hijos, de 3 y 5 años, la importancia de su trabajo. «Ya eran conscientes de que construía casas y era maravilloso poder decirles que mamá estaba ayudando a gente que no tenía dónde vivir». No era la primera vez que se iba. «Cuando tenían 2 y 4 años los dejé para irme a Kenia diez días a hacer trabajo filantrópico. Les dije: "Mamá irá a ayudar a otras personas". [Mi hijo] corrió a su cuarto a buscar sus juguetes (yo había pedido mucho material escolar para llevarlo conmigo), y cuando estaba haciendo mis maletas llegó con tres juguetes y me dijo "Estos no los necesito, mami, ¿se los puedes dar a alguien más? Me dije: "Oh, lo entiende perfecto"».

Hely Harris, la jefa de piso del restaurante Cookshop, me dijo: «Las madres trabajadoras merecen respeto». Su carrera en la industria restaurantera, que ama, requiere que trabaje 10 h al día, cinco días a la semana. Al mismo tiempo, dijo que «ser mamá es muy importante para mí». Hely aprovecha al máximo el tiempo que pasa con su hijo Jack; cada mañana le prepara el desayuno y lo lleva a la escuela en su vecindario, Queens, antes de tomar el tren E para ir a Manhattan. «Siento un poco de culpa por trabajar tanto, pero veo el hombrecito en el que se está convirtiendo y sé que estoy haciendo un buen trabajo».

Hely, cuya madre emigró de Indonesia, vía Holanda, creció entendiendo la importancia del trabajo como salvavidas financiero. Su madre tenía un certificado técnico y trabajaba como agente de seguros hipotecarios; su padre, conductor de camiones, no terminó la preparatoria. La familia pudo ascender a una vida de clase media con esos dos ingresos. Pero cuando

Hely tenía 7 y su hermana 4 años, sus padres se divorciaron. A partir de ese momento, vio cómo su madre se esforzó porque era el único sustento de la familia; su padre, dijo, «daba una pensión alimenticia, pero no siempre, y yo nunca quise estar en esa situación». Su madre se volvió a casar y, cuando Hely cumplió 15 años, la familia se mudó a Orlando, Florida, donde su padrastro tenía un empleo en una planta de tratamiento de residuos. Con dos ingresos, la familia recuperó la estabilidad económica.

Hely se graduó en un colegio comunitario cuyos estudios duraron dos años y decidió no continuar la licenciatura. «Personalmente, encontraba más lecciones de vida en el mundo que en la escuela». Amaba la vida del restaurante, los clientes frecuentes, los nuevos, y el ritmo acelerado. A lo largo de los años trabajó como mesera y barista en distintos restaurantes, desde una gran cadena en Atlanta hasta Crooked Bayou, en Orlando, un restaurante de comida a la parrilla cuya copropietaria era una mujer.

En 2005, Hely se mudó a Nueva York para seguir a su novio. Fue difícil entrar al negocio restaurantero en Nueva York, pero al final pudo hacerlo y obtuvo un empleo como mesera en Salt, un pequeño bistró a la moda en SoHo. Tras dos meses de trabajar ahí, el gerente general renunció y el propietario le pidió a Hely que tomara el puesto. Lo hizo y se convirtió en mil usos: mesera, encargada y recepcionista cuando era necesario; también gestionaba el inventario, la nómina y las finanzas. La relación de Hely no duró, pero varios años después conoció a Tim, el hombre que sería su esposo, en el restaurante de la misma cadena Salt. En 2012, Bowery Group contrató a Hely. Pasó tres años y medio como gerente general de un restaurante antes de asumir el mismo puesto en Cookshop, el restaurante estrella de la compañía. Hely gana un sueldo de casi seis cifras; ahora está en camino de convertirse en directora de operaciones y espera que algún día pueda ser socia. Gana más que su esposo, quien trabaja como director de bebidas en Cookshop. Se reparten el cuidado de los hijos y las tareas del hogar a partes iguales.

No hace falta decir que Diana, Breegan, Hely y muchas otras mujeres cuyas historias relato en este libro no representan a todas las mujeres. Existen muchas, millones, que prefieren quedarse en casa.[8] A una de ellas, Lillian, quien también fue una de las invitadas al programa de Tamron Hall sobre maternidad moderna, la entrevistaron después de mí. Junto con el público observé las imágenes de Lillian con su bebé en brazos, ayudando a su hija mayor a estudiar, lavando la ropa y aspirando la alfombra de la escalera en su casa elegante, sin dejar de sonreír y sin un solo mechón de cabello fuera de su lugar. Con orgullo se llamaba a sí misma #TradMom (como en «mamá tradicional») y hacía videos que eran muy populares sobre su vida como ama de casa y educadora de sus tres hijos pequeños en el hogar. «En general hacemos 3 h de enseñanza formal en casa», le dijo a Tamron. «En las tardes agregamos clases de chino, español, piano y violín». Se me hizo un nudo en el estómago al pensar en mis dos hijos; ninguno jamás levantó un instrumento musical y era poco probable que alguna vez fueran trilingües.

Cuando Lillian conoció a su esposo, Felipe, ambos estaban en la universidad estudiando el doctorado; Lillian en música coral y educación musical. Su plan era obtener un doctorado en Artes Musicales y convertirse en profesora universitaria. Cuando el trabajo de Felipe los llevó a Baltimore, Lillian puso esos planes en pausa y enseñó en escuelas públicas. Después de embarazarse de su hija, renunció para quedarse en casa. Dijo que al principio cuestionó su decisión; tuvo una minicrisis existencial y se preguntaba: «¿Qué estoy haciendo con mi vida?». Sin embargo, explicó que al final lo que logró apreciar fue que esa pregunta no «era la mentalidad correcta». Si reducía un poco los gastos, ella y Felipe podían vivir de los ingresos de él. «Sentimos que hacíamos un sacrificio», dijo. Pero era para un propósito mayor: «Este es su deber sagrado, madres, que críen a sus hijos».[9]

Le dijo a Tamron que sus hijos «ven que mamá se queda en casa, que me someto a mi esposo y que lo consulto para tomar las decisiones importantes de la familia y, sí, que soy reservada; de modo que él recoge el jardín, pero también el que sale, trabaja y trae el pan a la mesa». Una de las reglas del matrimonio es que Lillian debe pedirle permiso a Felipe para hacer cualquier gasto mayor de cien dólares. Tamron le preguntó: «¿Es el director general del matrimonio y cría a los hijos?». «Absolutamente», respondió sonriendo. «Lo llamamos el director de nuestra escuela en casa y yo soy la maestra. Él es quien tiene la última palabra sobre lo que los niños aprenden y me supervisa para asegurarse de que estoy haciendo un buen trabajo».

Mientras escuchaba a Lillian, me sorprendí juzgándola y luego, juzgándome a mí. Todo lo que decía me parecía una acusación. Yo nunca me iba a «someter» a Matt —el uso de esa palabra en el contexto del matrimonio me daba náuseas—, pero ¿podría al menos considerar ser un poco más complaciente? Si lo fuera, quizá mis hijos no tendrían que ir y venir entre las dos casas, sin esperanza de cambiar de idioma sin esfuerzo o tocar un concierto para violín de Beethoven. Mis intentos por «educar en casa» a Carter y a Ella durante la COVID-19 consistieron en asegurarme dos veces al día, como máximo, que pusieran atención a sus maestros y compañeros en Zoom. La mitad del tiempo estaban solos con sus dispositivos, enviando mensajes a sus amigos y jugando videojuegos. ¿Hice algo al respecto? No. Sencillamente estaba feliz de que estuvieran ocupados para que yo pudiera hacer mi trabajo

—que no era fácil porque yo también pasaba mis días en línea—: enseñar, escribir, reuniones consecutivas; todo al tiempo que estaba sentada en el banco de la cocina del departamento de 110 m^2 que compartíamos.

Después del programa, vi algunos de los videos que Lillian hizo de su vida, esperando reunir evidencias para desacreditarla, evidencias que de alguna manera revelarían que sus decisiones eran claramente erróneas (o al menos tan problemáticas, que las mías parecerían menos vergonzosas). En un video, Lillian y Felipe estaban sentados uno al lado del otro en el sofá de su sala, hablando con franqueza. Felipe afirmó que una de las razones por las que las mujeres deciden estudiar una carrera es «como una red de seguridad para el momento en que sucede el divorcio». Lillian agregó: «Y por eso la gente siempre te aconseja tener cuentas bancarias separadas. Nosotros no las tenemos, decidimos juntar todo nuestro dinero en el mismo lugar». Felipe explicó: «Rechazamos esos consejos que da todo el mundo de que ofrece una suerte de independencia, una separación en el matrimonio "por si acaso"».

Sentía que me hablaban directamente a mí. Cuando Matt y yo nos casamos, conservamos nuestro dinero separado. Lo hicimos por acuerdo mutuo, pero en esa época yo tenía mucho más dinero que él. Tenemos la misma edad, pero cuando nos conocimos yo ya llevaba cinco años trabajando como abogada practicante y él era un estudiante de derecho endeudado que había pasado sus veintes trabajando como carpintero. Meses antes de la boda metí mi dinero de la jubilación que gané durante mis siete años como abogada de oficio federal en una cuenta de jubilación individual a mi nombre. ¿Por qué tendría que tenerla Matt? Durante el matrimonio, heredé de mi abuela cuando murió y deposité el dinero en una cuenta fiduciaria a la que Matt no tenía acceso.

Felipe decía en voz alta lo que yo callaba. Sí, estas decisiones crearon «un estado de separación en el matrimonio» y sí, yo tomé esas decisiones «por si acaso». ¿Era una planeación cuidadosa o una profecía autorrealizada? ¿El fracaso de mi matrimonio fue inevitable porque yo era demasiado egoísta y me asustaba poner mis fichas en el sector de la comunidad? ¿Mi negativa a conceder en el terreno financiero fue una decisión prudente o el reflejo de una carencia fundamental de fe?

Pero luego recordé el consejo de mi madre: «Nunca estés a la merced financiera de nadie. Encuentra un trabajo que ames. Ayuda a otras personas. Distínguete». No, ella no me enseñó en casa, y no, no estaba ahí cuando yo volvía de la escuela. Pero yo estaba muy orgullosa de ella, de su carrera ajetreada, su título médico y del *Doctora* antes de su nombre. Cuando nuestro anciano vecino, Roy Popper, se desmayó una mañana y su esposa, presa del pánico, nos llamó, mi madre corrió a su casa y le administró reanimación cardiopulmonar hasta que llegó la ambulancia. Sobrevivió. Cuando estudié en el extranjero, en Cambridge, durante el primer año de la universidad conocí a una joven en el laboratorio de computación que llevaba una sudadera de Bryn Mawr. Le dije que Bryn Mawr era la *alma mater* de mi madre y que ahora trabajaba ahí como psiquiatra en jefe del centro médico. La joven me miró fijamente con los ojos muy abiertos «¿Tu madre es la doctora Bazelon?», preguntó. Yo asentí y ella me contó la historia de una amiga íntima de la escuela que había tenido intenciones suicidas. «Tu madre le salvó la vida».

La independencia financiera en la que mi madre hacía tanto énfasis me parecía importante. ¿Y si Felipe abandonaba a Lillian? ¿Y si moría de pronto, de manera trágica, como murió mi abuelo? Si bien las posibilidades eran pocas, los estragos que causó el COVID-19 llamaron la atención de todos sobre la terrible y repentina mortalidad. En la vida, nunca se sabe. ¿No es mejor estar preparado para el peor de los escenarios? Para mí, el clavado de fe de Lillian en su matrimonio equivalía a comprar una casa de playa en la costa de Jersey sin seguro contra huracanes. Quizá estuviera bien. Tal vez estaría bien. Pero luego llegó el huracán Sandy.

Lillian había hecho los mismos cálculos que yo. Al tomar en cuenta estos riesgos en su ecuación personal, eligió seguir el camino que la haría más feliz. Ella no se adaptaba al molde de mi «madre ambiciosa»; de hecho, su vida era un desafío abierto a mi propuesta. Eso no la hacía estar equivocada; era un recordatorio de que, al escribir este libro, nunca debía dar por hecho que hablaba por todas las madres.[10]

Entrevisté a otras mujeres *millennial* y de la generación X cuyas decisiones no fueron tan extremas como las de Lillian, sino que optaron por alejarse de su carrera y trabajar medio tiempo o no trabajar por toda una serie de razones. Estas incluyen el agotamiento, el costo abrumador del cuidado infantil, el deseo de ser más independiente y flexible en los horarios mientras los niños son muy pequeños y la necesidad de tener tiempo para pensar antes de dar el siguiente paso en su carrera. Muchas de ellas consideraron que el tiempo de permanecer en casa sería pasajero, y en sus historias descubrí un tipo diferente de ambición: no lineal, intuitiva. Confiaban que habría nuevas y diferentes oportunidades profesionales cuando ese tiempo en casa hubiera terminado. La ambición es como el agua: tiene diferentes temperaturas, niveles de presión y trayectorias conforme fluye entre objetos sólidos que son los cónyuges, la familia, los amigos y los hijos.

Elea, una mamá ama de casa de treinta y tantos años, habló conmigo desde la terraza soleada de su casa, donde vive con su esposo Josh y su hija de 2 años, Leona, en las faldas de la Cordillera Azul en Clayton, Georgia, una ciudad de poco más de 2000 habitantes. Elea y su familia se mudaron a Clayton en el invierno de 2020, después de que la pandemia hizo que su vida en el pequeño departamento de Brooklyn fuera insoportable. La empresa de Josh, que tenía una oficina en Atlanta, le permitió que trabajara a distancia desde su casa. Elea había trabajado tiempo completo como maestra de secundaria; terminó el semestre de primavera dando clases en línea y luego renunció. Desde ese momento se ha desempeñado como tutora independiente y maestra de yoga en línea, y también recibió el subsidio de desempleo según la Ley CARES.

El cambio de un departamento de 65 m^2 en una ciudad densamente poblada a una casa espaciosa de tres recámaras en un pequeño pueblo rural a pocos minutos del sendero de los Apalaches acercó a Elea a su familia y a la de su esposo. También era adecuado a nivel financiero y despertaba su sentido de la aventura; la madre de Elea había sido piloto de helicóptero en la Fuerza Armada de Estados Unidos y su trabajo llevó a la familia por todo el mundo. Los primeros diez años de su vida, Elea vivió en bases militares en Alabama, Alemania y Corea del Sur. «Estoy acostumbrada al movimiento y el cambio», dijo. «Eso me emociona».

Pero Elea también anhelaba estabilidad, tanto emocional como financiera, y la oportunidad de pasar más tiempo con su hija. Elea se describe como «muy apegada» a su madre —«la admiraba mucho»—, pero los constantes desplazamientos a las zonas de guerra tuvieron consecuencias. Poco después del 11 de septiembre, cuando Elea tenía 13 años, a su madre la enviaron a Afganistán y Kuwait, donde pasó los siguientes dos años y solo regresaba a casa en visitas ocasionales, tras meses o incluso un año de estar afuera. En esa época, la vida social de Elea parecía perfecta: tenía excelentes calificaciones, tomó cursos especiales y era miembro del equipo de porristas de la preparatoria. Pero bebía, fumaba marihuana y tenía «otros comportamientos imprudentes». En parte, se rebelaba contra su padre, a quien ella describió como excesivo y autoritario, rasgos que ella atribuía al hecho de que «tenía celos de mi mamá». Elea me dijo: «Es muy difícil estar sin padres que te den amor, orientación y apoyo en casa».

Elea conoció a su esposo, Josh, cuando ambos estaban en el primer año en la Universidad de Georgia. Después de la graduación, Elea fue aceptada en el competitivo programa Teach for America y la enviaron a una escuela pública alternativa en el vecindario de Bedford-Stuyvesant, en Brooklyn. Se mudó en 2010; tras varios años de relación a distancia, Josh también se mudó ahí.

Elea amaba su trabajo. Después de dos años de enseñar en primero de primaria e ir a la escuela nocturna para obtener una maestría en Educación, creó un programa de artes escénicas para niños de preescolar al cuarto grado; diseñó el plan de estudios y daba las clases de danza, yoga y teatro. Ella y Josh se casaron en 2016, cuando tenían 28 años. Tres años después, en agosto de 2019, Elea dio a luz a Leona. Tras 12 semanas de licencia por maternidad, Elea empezó un nuevo trabajo en una secundaria para niñas. Se sentía muy triste. «La secundaria es intensa», explicó. A menudo, sus alumnos eran crueles entre sí y con Elea; se burlaban de ella, entre otras cosas, porque no había perdido peso después del embarazo. Los comentarios sobre su cuerpo eran muy hirientes; Elea siempre había estado en excelente condición física, pero aún se estaba recuperando de la cesárea y se sentía agotada como para hacer ejercicio. «¿Qué tiempo o recursos tenía para ir a la clase de pilates que costaban 40 dólares la hora?», preguntó lanzando las manos al aire.

La presión financiera y su departamento diminuto la sofocaban. Josh trabajaba tiempo completo en una agencia de mercadotecnia deportiva, por lo que llegaron a un acuerdo con los vecinos de arriba para el cuidado de su hijo. El trabajo de Elea apenas cubría el costo, 550 dólares a la semana. Su departamento parecía encogerse cada día. Cuando llegó el COVID, de alguna manera Elea se sintió aliviada. Tanto Elea como Josh empezaron a trabajar a distancia; se mudaron al sur, primero para vivir con su madre, quien se había vuelto a casar y vivía en Kentucky, y luego para vivir con los padres de Josh, en Atlanta. Durante unos meses, Elea hizo trabajos independientes como tutora para un grupo de cinco niños de segundo de primaria en Atlanta, y ganaba más dinero que cuando era maestra de tiempo completo.

Luego de la mudanza, y una vez adaptada con su familia y la de su esposo, Elea se dio cuenta de lo sola y desconectada que se había sentido. «En el trabajo no se apoya a las madres», me dijo, «y nadie habla de eso». Su vida en Nueva York le «parecía un poco imposible». Un árbol que forma parte de un bosque tiene raíces que se conectan con otros árboles, dijo. Pero un árbol joven y solitario no tiene manera de obtener ese tipo de nutrición comunitaria. «Los humanos son así. Cuando están solos, no podemos obtener lo que necesitamos».

La decisión de comprar una casa en la Georgia rural fue resultado del deseo de vivir una vida más tranquila cerca de la naturaleza, con gastos mucho menores y relativamente cerca de la familia (Atlanta está a 2 h en coche). Elea describe su decisión de dejar de trabajar en el otoño de 2020 como una manera de enfocarse de nuevo, reflexionar y aprender nuevas habilidades. La hipoteca era más baja que la renta mensual. La guardería de medio tiempo de Leona costaba menos al mes de lo que Elea y Josh pagaban a la semana por la niñera compartida. Con ese alivio financiero, Elea ha dedicado el año pasado a aprender a hacer composta, paisajismo y, por prueba y error, a crear un huerto donde cultiva pepino, albahaca, tomillo, jitomates, pimientos, brócoli, lechuga, fresas y melón. Elea trabaja al exterior, bajo el sol, con las manos en la tierra, a menudo junto a su hija, a quien le encantan las lombrices. Pero no lo hace por dinero y va a su propio ritmo. «Como maestra de una escuela pública alternativa de alto rendimiento, te condicionan a ser la persona tipo A, lo quieras o no. Trabajaba tanto que los brazos se me dormían. No tengo que dar el 110%, no tengo que demostrar mi valor de resultados constantes».

Elea describe esos meses que se quedó en casa como «un gran reto» que también le brindó una fe renovada en sí misma. Piensa volver al campo laboral en seis meses o un año, confiada en que las oportunidades están ahí o que ella las creará. «Uno de los clientes de mi esposo es LinkedIn, de modo que veo las empresas que están haciendo cambios y las que no; voy a concentrarme en los empleos que ofrezcan licencia familiar y flexibilidad en la ubicación del trabajo. Pienso en estas cosas cuando planeo regresar. La confianza que ves ahora es que no voy a hacer concesiones».

Después de entrevistar a Elea y compararla con Lillian, se me ocurrió que existen tantos tipos de madres amas de casa como los de madres trabajadoras. También existe una cantidad significativa que se superpone cuando las mujeres pasan de una fase de su vida a otra. Tendemos a simplificar estas dos categorías de mujeres incluso cuando las enfrentamos, como lo hicimos Lillian y yo en el programa de Tamron Hall. Nos inclinamos a decirles a las mujeres que retroceder aunque sea un poco las arruinará a nivel profesional, cuando, de hecho, para mujeres como Elea puede ser conveniente a nivel financiero, emocional y profesional porque les da espacio para descubrir su siguiente movimiento profesional. Nos preguntamos constantemente cuál es el modelo correcto de la maternidad y la crianza, como si solo hubiera una respuesta certera y cada mujer que fuera incapaz de llegar a esa fórmula mágica fuera digna de censura.

Durante muchos años, Elea estuvo enamorada de su trabajo como maestra; asumió sin fallar más responsabilidad, con frecuencia gracias a su propia iniciativa y creatividad. Luego ya no fue así. Sin embargo, su decisión de hacerse a un lado no significaba renunciar, sino colocarse en una mejor posición para enamorarse de un trabajo diferente, que requería tiempo para imaginar y prepararse. Cuando le pregunté a Elea si se describiría como ambiciosa, no lo dudó. «Por supuesto», respondió. «Mi ambición está ahí, solo que se expresa de manera distinta en los diferentes momentos de mi vida».

CAPÍTULO 6

Liberarse

Este es un capítulo sobre ser libre: de volver a imaginar relaciones o salirse de ellas por completo; libre de volver a pensar lo que significa ser una «buena madre», para que la definición pueda incluir trabajar con dedicación y ambición fuera de casa; libre de reconocer la simple verdad de que las madres más felices son mejores madres y que el sacrificio y abnegación constantes no llevan a ninguna parte.

Los matrimonios pueden padecer presiones e incluso fracturarse cuando las mujeres siguen sus ambiciones profesionales luego de ser madres. Esta decisión desafía normas de género centenarias que implican prejuicios inconscientes, aunque arraigados. Algunas parejas no sobreviven, pero otras sí, cuando se reconoce que los prototipos conyugales desgastados se pueden remplazar por algo diferente. El proceso de reconstrucción empieza cuando los hombres aceptan que sus esposas ambiciosas son buenas madres gracias a, y no a pesar de, la devoción por su trabajo. Ese reconocimiento libera a las mujeres de sentirse egoístas e inadecuadas todo el tiempo.

También permite que las parejas vuelvan a enmarcar la dinámica de su relación para adaptarse a las necesidades y deseos profesionales de las mujeres.

Este nuevo enfoque es una manera de jugar el mismo juego con una estrategia diferente que da mejores resultados. Consideremos el Boggle, un juego en el que se revuelven cubos con letras y se dejan caer de manera aleatoria en una cuadrícula de cuatro por cuatro, de modo que los jugadores deben formar tantas palabras como sea posible antes de que se acabe el reloj de arena. Las letras deben relacionarse horizontal, vertical y diagonalmente. El propósito es formar el mayor número de palabras posible, lo que necesariamente significa encontrar palabras que los otros jugadores no hallaron. Cuando éramos niñas, mis hermanas y yo jugábamos este juego a menudo con nuestros padres; mi mejor amigo y yo lo seguimos jugando hasta hoy, y él siempre gana.

Hay un momento, como a la mitad del Boggle, en el que las únicas palabras que puedes ver son las que ya formaste. Tu mente traza las mismas rutas y termina en los mismos resultados. Es exasperante. Pero si haces girar el tablero del Boggle 90°, ves las mismas letras desde una perspectiva distinta y algo maravilloso sucede: encuentras nuevas palabras. Lo mismo pasa con las relaciones reconfiguradas, entre la pareja y con las instituciones que dictan qué es financieramente posible y socialmente aceptable.

La falta de apoyo institucional para los padres y madres trabajadores es un problema eterno y un obstáculo persistente para el cambio significativo interpersonal y sistemático. Estados Unidos es el único, entre los países industrializados, que no ha promulgado políticas con una buena relación costo-eficacia y de sentido común a nivel federal, estatal y local con la intención de proporcionar apoyo económico fundamental para los padres y madres trabajadores, en específico educación preescolar gratuita y subsidio para el cuidado infantil. Puesto que las mujeres tienden a ganar menos que los hombres y se espera que sean las cuidadoras principales, la falta de recursos impide que muchas madres trabajen fuera de casa. La participación de las mujeres en el campo laboral alcanzó su punto máximo en 1999; permaneció estancado los siguientes diez años y empezó a declinar, de acuerdo con un reporte de la Oficina de Estadística Laboral de EUA.* En particular, «las mujeres dentro del grupo de edad entre 25 y 54 han experimentado una baja en su tasa de participación desde 2000».[1] Este conjunto de mujeres, que muy probablemente son madres de niños pequeños, conformaban casi el 73% de quienes trabajaban en 2000. En 2015 constituían el 63.8 por ciento.[2]

¿Qué explica este decrecimiento? Existen múltiples factores, incluida la recesión de 2008 y las tasas más bajas de nacimientos entre 1965 y 1975 que ocasionaron que el número de estas mujeres disminuyera.[3] Pero un aspecto importante, según los expertos, es el costo abrumador del cuidado infantil.[4] «En 28 estados y el Distrito de Columbia, los costos del cuidado infantil exceden el costo promedio de la colegiatura universitaria de cuatro años en el estado», escribió la periodista Kerri Anne Renzulli en 2019, citando datos recopilados por la organización sin fines de lucro, Child Care Aware of America. Desde 2010, el costo de las guarderías se ha incrementado a un promedio de casi 10 000 dólares al año; una niñera

* En Latinoamérica, la tasa de participación en la fuerza laboral de mujeres mayores a 15 años aumentó de 37.2% a 47.9% de 1990 a 2000; de 2000 a 2010 aumentó de 48.9% a 52.3%; de 2010 a 2019 aumentó de 50.9% a 52.5%; mientras que en 2020 cayó al 48.5% (bit.ly/3uCYuMw). (N. *de la e.*).

puede costar casi 30 000 al año;** en tanto, los salarios han permanecido estancados.[5]

Los costos son tan restrictivos que impiden que las mujeres pobres se incorporen al campo laboral. Para las mujeres que tienen un poco más de dinero, los costos de cuidado infantil consumen una parte significativa de sus ingresos antes de impuestos; lo que queda es apenas suficiente para vivir, de modo que no es posible ahorrar y subir de nivel económico. Incluso para las familias que pueden pagarlo, la calidad del cuidado puede ser muy difícil de encontrar.[6] Puesto que las mujeres han tenido la tarea histórica de cuidar a los hijos —porque se asume que están adaptadas biológicamente para hacerlo, son responsables de encargarse solas o delegarlo a alguien más—, resolver esta ecuación agobiante recae principalmente en ellas.[7]

La ayuda que ofrecen el Gobierno federal y la mayoría de los Gobiernos estatales es mínima; vergonzosamente poca en comparación con otros países industrializados.[8] En 2017, y de nuevo en 2019, la senadora Patty Murray presentó la Ley de Cuidado Infantil para Familias Trabajadoras, cuyo propósito era abordar este problema sin rodeos.[9] La iniciativa de ley estaba destinada a ayudar en el cuidado infantil a familias de clase baja y media, al limitar su costo total al 7% de su ingreso. La iniciativa de ley también aumentaba el sueldo de los proveedores de cuidado infantil, quienes con frecuencia trabajan por salarios pésimamente remunerados. Los autores de la legislación estimaron que, como resultado, entre 1 000 000 y 2 000 000 de madres con hijos menores de 13 años podrían

---

** En México, el costo de inscripción anual para guarderías privadas oscila entre $1 001 y más de $8 500. Las cuotas mensuales oscilan entre $1 001 y más de $8 000, con frecuencia semanal o mensual (bit.ly/3I 47KfH). (N. *de la e.*).

entrar al campo laboral y que muchas de ellas tendrían la oportunidad de sacar a su familia de la pobreza. Se estimó que las inversiones en cuidado infantil y educación temprana agregaron 700 000 empleos.[10] El Senado de EUA de mayoría republicana nunca presentó la iniciativa para su voto.

Luego vino el COVID-19. Uno de los efectos devastadores del virus fue sacar a las madres de su lugar de trabajo. Las mujeres están sobrerrepresentadas en trabajos orientados al cuidado de otras personas o considerados propios de mujeres como la venta al menudeo y los servicios de hotelería, y muchos de esos empleos desaparecieron. Para otras mujeres, incluidas quienes laboran en primera línea, presentarse al trabajo se hizo imposible debido a las abrumadoras obligaciones de cuidado infantil que ya no podían dejar en manos de otra persona; las guarderías y escuelas estaban cerradas, los abuelos y otros familiares no podían exponerse. Durante el COVID, el segundo turno hizo metástasis: abarcó demasiado espacio y ejerció tanta presión que no había lugar para nada más. Según un informe de la Brookings Institution, de 2020, «entre febrero y agosto las madres de niños de 12 años o menos perdieron 2 200 000 empleos, comparado con los 870 000 que perdieron los padres».[11]*** Un cuarto de estas mujeres mencionaron la falta de cuidado infantil como la razón.[12] Las mujeres de color sufrieron de manera desproporcionada, en particular quienes no tenían un título universitario.[13]****

*** La participación laboral de las mujeres latinoamericanas pasó del 52% en 2019 al 46% en 2020, mientras que la de los hombres pasó del 73.6% en 2019 al 69% en 2020 (bit.ly/3UBcH7m). (N. *de la e.*).

**** En 2019, en países como Brasil, Colombia, Ecuador, Perú y Uruguay, la participación de las mujeres afrodescendientes, de 15 a 64 años, va del 51 al 69.4% (bit.ly/3SVyUL5). (N. *de la e.*).

En parte debido a los efectos colaterales ocasionados por el género de la pandemia y las secuelas dañinas de la economía, por fin ahora existe una posibilidad real de cambios institucionales; aunque la legislación federal, modelada en iniciativas de ley como la que introdujo la senadora Murray, siguen siendo irritantemente escurridizas. Por lo tanto, mientras la sociedad estadounidense siga, por desgracia, con ideas retrógradas cuando se trata de apoyar a las madres trabajadoras, muchas mujeres permanecerán encadenadas a relaciones dañinas y a otras «decisiones» que provocan sus problemas. Sin la ayuda del gobierno, muchas parejas —en particular las que no cuentan con apoyo familiar— tienen que lidiar solas con la problemática sobre el reparto de tareas en matrimonio-hijos-trabajo. En general, esa división no ha favorecido a las madres trabajadoras, de ahí la necesidad de replantear dichas relaciones. Las madres trabajadoras profesionistas que encuentran parejas que no están dispuestas a hacer ese cambio de perspectiva y asignación de tiempo y recursos tienen que tomar una decisión difícil: ceder por completo lo que son y lo que desean para conservar su matrimonio, o marcharse.

El año en que Kash salió de la cárcel mi matrimonio se derrumbó como una casa que se colapsa. Hubo múltiples razones por las que nuestra breve unión falló, pero en el centro de todo estaba nuestra idea, radicalmente opuesta, del papel que yo debía asumir en la familia. Aceptar el empleo en Los Ángeles y dejar a nuestra familia el tiempo que llevó el juicio de Kash solo es el ejemplo más extremo en una serie de decisiones en la que puse a mi carrera por delante. A Matt no le faltaba sentido común al querer que yo cambiara después de tener a nuestros hijos; no que dejara de trabajar, pero que sí pretendiera no buscar proyectos cada vez más grandes y difíciles para que pudiera estar más presente. «No estás presente» era una frase que escuchaba de forma continua. En ocasiones era así: me ausentaba largos periodos y físicamente no estaba ahí, pero en otras era metafórico, mi mente estaba consumida por el caso o el artículo que escribía, me retraía en un mundo interior que no me dejaba enfocarme en las personas que tenía frente a mí. No siempre, pero lo suficiente como para suscitar mucho resentimiento.

Por el caso de Kash pagué un precio muy alto. Les costó a mis hijos. Pero yo creía que podrían absorber esos costos e incluso llegar a entender la razón por la cual lo hice. Y también sabía, por instinto, que mi esposo jamás lo haría. No lamento mis decisiones; para mí, la abogacía es una suerte de fanatismo. No sé cómo ser una buena abogada sin el enfoque obsesivo que a veces requiere, y no sé cómo vivir una vida significativa sin mi pequeña, aunque importante, contribución para corregir las terribles injusticias que veo a mi alrededor. Desde aquella vez he hecho lo mismo por otros clientes que me necesitaron en momentos cruciales de su vida, incluso más que mis hijos. A veces, esos clientes obtuvieron más de mí, mucho más.

Tomé estas decisiones sabiendo que siempre volvería a casa con mis hijos. Del mismo tamaño que era mi enojo y resentimiento cuando mi padre se ausentaba cada mes, así era mi alegría cuando regresaba a casa. Su alejamiento era igual de importante que los momentos que pasábamos juntos. Nunca dudé de que me amaba, me adoraba. Al tomar las mismas decisiones con mis propios hijos, esperaba que ellos sintieran lo mismo; que entendieran, como yo entendí a mis padres, que para mí era importante tener una fuerte identidad profesional. Aunado a esa comprensión estaba el hecho de aceptar que a veces —no todo el tiempo, pero sí en ocasiones— mi trabajo iba primero. Crecí aprendiendo esa lección de mis dos padres. Lejos de provocar un daño permanente en mi psique, me hizo determinada, resiliente y ambiciosa por derecho propio.

Matt tenía una visión diferente del tipo de madre que debía ser. Pero tratar de forzarme a ser ese tipo de madre, la que subordina sus ambiciones, hubiera sido una tarea de Procusto. Habría truncado una parte vital en mí. Mi espíritu habría quedado abatido. Mi comprensión visceral de esta verdad entraba en conflicto con mi ferviente deseo de salvar mi matrimonio y brindarles a mis hijos una familia sólida. A pesar de todos nuestros problemas, yo seguía enamorada de Matt; aunque en ocasiones, durante esos meses finales y después de otro pleito o de una semana sin hablarnos, dudaba.

Si renunciaba y encontraba un trabajo en San Francisco, aunque fuera algo que no me importara particularmente, quizá Matt y yo seguiríamos juntos. Incluso podía trabajar medio tiempo, tal vez ser parte de la Asociación de Padres y Maestros en la escuela de Carter, para poder prepararles la cena de nuevo. Me visualizaba entonces en diez años, sentada junto a Matt en la boda de nuestra hija. Uno de los invitados, bien intencionado, levantaría su copa y brindaría por nuestro feliz matrimonio... ¡qué ejemplo para la novia! Y ahí estaría yo, delgada y encogida en mi vestido de noche de madre de la novia, con la sonrisa congelada en el rostro por el resentimiento y un tercer vodka tonic en la mano. Mi hija sabría la verdad: que no había sido un feliz matrimonio en ningún sentido. Ella lo sabría y mi hijo también. Sabrían, como los niños siempre saben, por intuición, lo que sus padres piensan y sienten.[14]

El fracaso de mi matrimonio no solo es doloroso, es el final de un plan de vida. Nunca he soñado con la cabañita en el campo, pero sí imaginé una familia unida de cuatro integrantes. Creí en la frase «en las buenas y en las malas», años de buen sexo e intimidad, envejecer juntos, quizá en algún lugar de la Sierra Nevada o en una casa con vista al océano Pacífico cuando nuestros hijos se hubieran ido, exitosos, de la casa. La avalancha del fracaso amenazaba con superarme; tomé la decisión deliberada de voltear hacia otro lado para poder seguir funcionando.

Durante ese largo periodo, nuestras últimas semanas juntos, siguieron 18 meses de «anidamiento», que consistía en que Matt y yo nos turnábamos para quedarnos en la casa, donde permanecían nuestros hijos; después Matt se mudó y finalizamos el divorcio; mi trabajo me salvó. Cada lunes, cuando despertaba para trasladarme al sur del estado, me ponía mi hermoso y profesional traje sastre —que, por supuesto, me compró mi madre—, me maquillaba con cuidado y salía de casa con el anillo de matrimonio aún en el anular. Fuera de mi familia, no se lo conté casi a nadie. En el trabajo seguía siendo la misma: concentrada, competente, muy capaz. Contar con mi empleo me dio un propósito, una estructura y una bienvenida distracción de mi dolor personal. También me brindó una independencia crucial.

Durante este difícil periodo de mi vida, me alivió el hecho de haber tomado el consejo de mi madre. Había pasado mi vida trabajando para *no* depender en el aspecto financiero de nadie. Mi madre estaba separada; yo tenía ahorros y podía usar un porcentaje de lo que había heredado para comprarle a Matt su parte del departamento. Por desgarradora que fuera la decisión del divorcio, no se complicó por consideraciones económicas. La pensión alimenticia nunca fue un problema, pero yo no necesitaba la ayuda financiera de Matt, podía sola.

No estoy defendiendo el divorcio, ni mucho menos escribo un manual de cómo llevarlo a cabo. Tampoco estoy diciendo que todas las madres ambiciosas deben sacrificar su matrimonio. Pero sí es importante reconocer que en la raíz de la infelicidad de algunas parejas heterosexuales se encuentra una discrepancia en las expectativas de cómo las mujeres deben «equilibrar» la maternidad; es decir, sigue habiendo mucha presión en nuestra cultura de que para poder ser una «buena madre» hay que ceder a nivel profesional. Ambos cónyuges deben abordar con honestidad la naturaleza de género de esta discrepancia y su falsa promesa; de preferencia antes de que lleguen los hijos. Estas conversaciones son particularmente importantes dada la falta de infraestructura gubernamental que apoye a los padres trabajadores. A veces, sobre todo para las parejas que no viven cerca de sus familias, las únicas personas con las que pueden contar son ellos mismos.

Reinventar el matrimonio de manera radical para que sea en realidad igualitario cuando se trata del trabajo y la familia requiere que ambos cónyuges acepten estas verdades: 1) las madres trabajadoras pueden jugar un papel fundamental para el bienestar económico de la familia; 2) la felicidad de las madres trabajadoras se deriva de sentirse apoyadas en esa decisión; 3) cuando las madres trabajadoras cuentan con respaldo y reflejan felicidad, son mejores madres; 4) los hijos se benefician al ver que su madre es exitosa fuera de casa; y 5) toda la familia se ve favorecida cuando las tareas del hogar no recaen de manera desproporcionada sobre los hombros de la mujer, porque los niños aprenden lecciones importantes sobre responsabilidad compartida y su madre no está agobiada y resentida.

El propósito de este libro no es juzgar a las madres que deciden dejar de trabajar porque desean profundamente ser las cuidadoras principales de sus hijos. El motivo de esta obra es invitar y apoyar a las madres que desean seguir trabajando. Existe una manera para ser madre y trabajar que no está llena de culpa, vergüenza y autorrecriminación. Existe una forma de ser una madre trabajadora orgullosa, satisfecha y con amor propio. Para lograrlo, debemos renunciar a lo imposible: el espejismo del equilibrio entre el trabajo y la vida privada, y aceptar la simple verdad de que, cuando somos felices y estamos satisfechas, nuestros hijos se benefician, aunque eso implique, necesariamente, un desequilibrio. Parte del trayecto puede significar el fracaso de un matrimonio o su reestructuración radical. Lo importante es reconocer que, cuando una madre que trabaja es fuerte y autosuficiente, la familia se beneficia. Cuando tenemos éxito, nuestros hijos se inspiran.

En las relaciones heterosexuales, una visión que no se base en el género para definir la crianza le otorga a la madre libertad para imaginar su papel sin miedo a que su pareja masculina la juzgue o la recrimine. Mashal, cuyo hijo va a cumplir 2 años, dijo: «Soy extraña, no soy la típica mamá segura e infalible». Recordemos a Hely, cuyo hijo tiene 9 años, cuando me dijo «siento un poco de culpa por trabajar tanto, pero veo el hombrecito en el que se está convirtiendo y sé que estoy haciendo un buen trabajo». Ambas mujeres parecían relativamente satisfechas en todos los aspectos de su vida: con los ascensos continuos en la jerarquía de su empleo, con la cantidad de tiempo que pasan con sus hijos y con el reparto de las tareas en el hogar. Los maridos de Mashal y de Hely no solo son tolerantes sobre la manera en la que ellas eligen ser madres, están orgullosos y lo aprecian.

Para algunas mujeres, es una curva de aprendizaje porque, a largo plazo, el divorcio las lleva a elegir nuevas parejas con una idea más clara de lo que necesitan para sentirse apoyadas como madres y profesionistas dedicadas. Leah Nelson, de 39 años, se casó con su primer esposo, un cineasta, cuando ambos tenían veintitantos años. En 2009, cuando ella tenía 39, se mudaron de Brooklyn a Los Ángeles por la carrera de él. Leah, graduada de la Facultad de Periodismo en Columbia, tuvo múltiples dificultades para encontrar trabajo en una industria que se contraía de manera radical. Después de seis meses durante los cuales se sintió cada vez más desdichada y aislada, ella y su esposo se separaron. Leah regresó a Nueva York y envió «9 000 000 000 de solicitudes de empleo». Cuando el Southern Poverty Law Center le ofreció mudarse a Montgomery, Alabama, para trabajar como becaria de investigación en el rastreo de grupos de odio, aceptó.

Durante un tiempo Leah consideró ese cambio como temporal; esperaba reconciliarse con su esposo y convencerlo de que regresaran a vivir a la Costa Este. Pero él no quería. «Le iba muy bien, tenía éxito y su carrera estaba en Los Ángeles». A Leah le llevó tiempo admitir que su matrimonio estaba terminado. Pero una vez que lo asimiló, dijo «Empecé a abrir mi mente. Siempre me interesó el Sur Profundo», donde sus padres asistieron a la universidad. Amaba su trabajo en el Sothern Poverty Law Center, que, en sus palabras, «era interesante y atractivo en todos los aspectos que me imaginaba».

Aproximadamente un año después de que Leah se mudó a Montgomery, un amigo y su esposa la convencieron de ir con ellos a un concierto de Wilco. Un hombre que estaba sentado junto a ella le preguntó si le gustaba la banda. «No podía creerlo, ¡estaba en verdad en un concierto de Wilco! Pero tampoco lo estaba mucho». Esta persona se llamaba James, y cuando le pidió a Leah su teléfono ella, desconfiada, le dio su correo electrónico. «Mucha gente me buscaba porque me consideraba una curiosidad: judía, neoyorquina, empleada en el Southern Poverty Law Center. Yo estaba en muchas listas de las cosas por hacer antes de morir». James, un sureño de familia católica que se había graduado en Derecho en la Universidad de Alabama, parecía un prospecto romántico muy poco probable.

«Desde el principio pensé en sus expectativas», explicó Leah. Decidió ser franca y le dijo que ella era atea y que no sabía si quería tener hijos. Su incertidumbre se originaba en su falta de interés en la rutina sobre la crianza cotidiana de los hijos que, en su experiencia, era tarea inevitable de las madres. Leah mencionó que cuando era niña «odiaba las excursiones, al igual que ver deportes de equipo y mucho menos participar en ellos. No podía imaginarme haciendo nada de eso, ser una mamá que lleva a su hijo al futbol o la típica madre de la Asociación de Padres y Maestros. James tendría que encargarse de esas actividades. En general, esperaba que entendiera que eran los papás quienes tenían el privilegio de no hacer el trabajo de logística». Leah continuó: «Yo no quería eso; quería trabajar y también sabía que si me casaba con un abogado, jamás iba a ganar igual que él, y no podía tratarse de "él gana más dinero, así que su carrera es prioridad"». Para su sorpresa, James estaba de acuerdo con ella. «Me convenció cuando no le provocó terror ninguna de mis objeciones por las que no era un buen partido para él».

Poco menos de año y medio después de que se conocieron, Leah y James se casaron. Tuvieron dos hijos y Leah, quien trabajaba como asistente jurídica, tomó una licencia por maternidad remunerada de tres meses en cada ocasión. Cuando volvió al trabajo sus hijos iban a la guardería de 8:30 a. m. a 5:30 p. m. A lo largo de los años, Leah y James en general han repartido de manera equitativa la tarea de llevarlos y recogerlos. En 2017, poco después de que su hijo menor cumpliera un año, a Leah le ofrecieron un puesto como directora de investigaciones del Alabama Appleseed Center for Law and Justice, una pequeña asociación sin fines de lucro que trabaja para reducir la pobreza y las tasas de encarcelamiento en el estado. «En su mayoría, preparo informes que integran investigación histórica y cualitativa en el área general de justicia económica, ya que está relacionada con la justicia penal», explicó. Leah anticipaba que su trabajo sería exigente y lo es; trabaja 50 h o más a la semana. Le encanta su empleo y la confianza que su jefa, una madre trabajadora, tiene en su capacidad.

En general, James ha cumplido su promesa de ser un compañero equitativo que respalda la carrera de Leah. Sin embargo, ella comentó: «A veces me enojo por todo el trabajo de planeación que hago», en particular conforme sus hijos crecieron. Hace poco, Leah y James tuvieron una discusión acalorada cuando ella se quejó de eso. Él dijo, sin darle importancia, «Supongo que mi cromosoma Y está confundido y no entiende». Leah se enojó. «Aunque estaba bromeando, eso reflejaba el pensamiento anacrónico de que se trata del trabajo de una mujer; le respondí que eso no era genético y que él había elegido no poner atención».

Lo que ha permitido que el matrimonio funcione, según Leah, son las conversaciones constantes que, aunque difíciles, son francas, y en las que ella siente que James es atento y está dispuesto a intentarlo y apreciarla mejor. También la apoya de manera incondicional en sus aspiraciones profesionales. Para Leah, la importancia de estas cualidades en un compañero de vida fue una lección que ganó a pulso. «Con mi primer esposo me dediqué tanto a sus ambiciones que jamás pensé en todo a lo que yo renunciaba en el camino», dijo. «Esta vez fui determinante. Le dije a James que quería ser capaz de realizar un trabajo satisfactorio; quería lograr un nivel de experiencia que implicaría viajar y dar mi opinión, y que él estuviera contento por mí. No estaba segura de recibir todas estas invitaciones, pero quería intentarlo. Necesitaba que él estuviera a la altura, y lo está».

Valerie, de 37 años,[15] me dijo que toda una vida de trabajo duro y amor por su empleo le brindaron la libertad de salir de una relación profundamente dañina, intacta a nivel financiero y con la fuerza de sanar a nivel emocional. Nacida y criada en la Costa Este por una madre ama de casa y un padre que era maestro de Química en una preparatoria, Valerie había trabajado sin interrupción desde que era adolescente. El dinero que ganaba como gerente de una franquicia de comida rápida la ayudó a pagar la colegiatura en una escuela parroquial. Siguió trabajando mientras asistió al colegio comunitario y después a una universidad estatal. Tras su graduación, Valerie aceptó un puesto de nivel básico en una empresa mediana de programas informáticos.

Crecer en la compañía, dijo Valerie, implicaba que «trabajara mucho con hombres WASP***** de la vieja escuela, y obtener un lugar en la mesa significaba que debía esforzarme mucho». Explicó que su padre siempre le había aconsejado que trabajara el 80% y reservara el 20%, «pero no soy capaz de dar menos del 100% y es probable que gracias a eso he llegado tan lejos». Ocho años después, Valerie era miembro del equipo ejecutivo.

Durante su trayectoria ascendente y constante en la empresa, Valerie conoció a Dale, su futuro esposo. Ella acababa de cumplir 30. Dale, agente de policía, había entrado en el Cuerpo de Marines de Estados Unidos al salir de preparatoria. Se fueron a vivir juntos dos meses después de que empezaron a salir. Valerie dijo que, en retrospectiva, «había señales de aviso que ignoré. Me decía "se te está acabando el tiempo, necesitas tener hijos, vas a contrarreloj"». Su primer hijo nació con necesidades especiales; luego tuvo un segundo hijo dos

***** *White, Anglo-Saxon and Protestant* (blanco, anglosajón y protestante). Históricamente representan a un grupo de hombres de gran influencia social y económica en Estados Unidos. (N. *de la* t.).

años después. Entre tanto, Valerie continuó escalando puestos en su empresa y supervisaba una división que aumentó de cinco a cincuenta personas. Llegaba a su oficina todos los días a las 9:00 a. m., y se aseguraba de volver a casa a las 5:30 p. m., para darles de cenar a sus hijos, ir a terapia del lenguaje con su hijo mayor y meterlos a la cama antes de volver a comunicarse en línea con su personal.

El matrimonio de Valerie, por su parte, iba en dirección contraria. Su esposo tenía problemas para manejar el estrés de su trabajo y salía a beber en las noches. También era verbalmente abusivo, denigraba a Valerie constantemente y jugaba con sus inseguridades. Le pregunté si su exesposo se sentía amenazado por su éxito profesional. «Sí», respondió, «pero esa ha sido la historia de todas las relaciones que he tenido». Describió el divorcio como algo «horrible», pero dijo que el dinero que ganaba en su empleo le permitió hacer un «plan de escape». Me explicó que «él era alguien que no tenía nada que perder y yo era alguien que sí podía perderlo todo, así que me aseguré de que mis hijos estuvieran bien». Pagó su deuda de estudiante, la deuda conjunta y las mensualidades del coche. «Cuando liquidé hasta el último pago, me senté y, en solo veinte minutos, escribí nuestro acuerdo de separación».

En el momento en que se falló el divorcio, los niños tenían 4 y 2 años. Valerie obtuvo la custodia física total. Durante un tiempo se fue a vivir con sus padres para poder ahorrar; más tarde se mudó con sus hijos a un pequeño departamento en lo que ella llamaba «un vecindario de segunda». Me explicó que ella era la única madre divorciada en el antiguo jardín de niños de su hijo. «Fue difícil y perdí a muchos amigos. Es como morir: están ahí cuando das la noticia y luego te abandonan». Pero Valerie, quien se describe como una persona resiliente, siguió trabajando y ahorrando. Tres años después, en 2019, volvieron a mudarse a una casa más grande en un vecindario más bonito, en un mejor distrito escolar.

Ese mismo año, la empresa de Valerie fue adquirida por una corporación más grande. Le pidieron que empezara un nuevo departamento para supervisar a mil empleados y trabajar con los clientes, entre los que había empresas de Fortune 500. Ella aceptó con gusto, emocionada por la nueva oportunidad con un sueldo más alto y mayor responsabilidad. «Mis hijos saben que estoy ocupada, pero también entienden que mi trabajo es parte de mi identidad y lo que me tiene satisfecha. Amo mi empleo, lo amo al 100%».

Me identifiqué con sus palabras y, de acuerdo con mi investigación, también significaban mucho para otras mamás trabajadoras. Un artículo de 2009 publicado por las profesoras Jayita y Murali Poduval, que resumía varios estudios sobre este tema, reconocía la intensa presión que viven las madres trabajadoras al tener que lidiar con otras prioridades mientras soportan las críticas de otras personas, y concluía que «las recompensas son muchas, incluidos beneficios personales, financieros y una mejor vida familiar».[16]

Cuando una relación fracasa, a las madres que se alejan de su carrera para quedarse en casa a menudo les va muy mal. En palabras de un abogado en divorcios que se publicaron en *The Guardian*, «El dinero que estas mujeres hubieran podido ganar y, en consecuencia, su potencial de ahorrar para sus propias necesidades a largo plazo, incluida la jubilación, se han visto afectadas de manera significativa».[17] También está el problema de intentar reinsertarse a un mercado laboral competitivo después de años de estar fuera. Las habilidades se atrofian y la gente más joven que no tiene pausas en su trayectoria profesional ni «bagaje» (léase necesidad de cuidado infantil)[18] buscan los mismos puestos. Asimismo, está el «prejuicio del cuidador», una inferencia negativa que hacen muchos empleadores sobre la decisión de quedarse en casa: «Decidir no trabajar para cuidar de los hijos es una violación directa de estas expectativas dominantes para que los empleados prioricen el trabajo sobre todo lo demás».[19]

Una mujer me dijo «Me arrepiento de haberme quedado en casa todos esos años. Ahora me estoy divorciando y reincorporarme a la vida profesional no solo es brutal, es imposible. No puedo mantener a mis hijos, y lo peor es que no puedo mantenerme ni yo misma. Esto significa que mi futuro financiero depende de otras personas y que, a la mitad de mi vida, empiezo desde cero».[20] Esta experiencia es muy común después de una ruptura matrimonial. Si bien las mujeres con menos educación y escasos recursos económicos son más vulnerables, las mujeres de clase media sin la capacidad de ganarse la vida también pueden enfrentar adversidades económicas. Más de setenta años después, la experiencia de mi abuela en 1948 —tener que volver a casa de sus padres tras perder a su esposo— sigue siendo un mecanismo de respuesta común para madres que de pronto se encuentran solas, como Valerie.[21]

Dimitri Mortelmans, profesor de sociología de la Universidad de Amberes, evaluó décadas de estudio sobre el tema en Estados Unidos y Europa occidental y oriental, incluidos Noruega, Suecia y Países Bajos. «Se ha demostrado de manera consistente que estas madres solteras corren un riesgo de pobreza mucho mayor que la población general», escribió, y concluyó que «las mujeres se encuentran en peor situación económica después de una ruptura a diferencia de los hombres. En toda la bibliografía, esta conclusión simple, aunque de amplio alcance, se replica una y otra vez, sin importar la época, el enfoque geográfico o la metodología utilizada».[22]

Hace dos décadas Stacy Francis, una planificadora financiera certificada especializada en análisis de divorcios, fundó Francis Financial, una empresa de gestión patrimonial que se especializa en ayudar a mujeres a recuperar su estabilidad financiera después de un divorcio o el fallecimiento de su cónyuge. «Muchas personas asumimos varios riesgos financieros en la vida, pero para las mujeres, casarse puede ser el mayor riesgo financiero de todos», escribió en un artículo publicado por CNBC en 2019.[23] Un patrón común que advierte entre sus clientas es que se dedican al cuidado de los hijos y deciden dejar la parte económica —ganar, invertir y gastar el dinero— a su esposo. Esta cesión del aspecto financiero deja vulnerables a las mujeres. «Como resultado», escribió, «un número cada vez mayor de mujeres permanece en matrimonios que no son sanos o incluso pueden llegar a ser disfuncionales». La abuela de Stacy era una de ellas, obligada por necesidad económica a permanecer en un «matrimonio dañino, tóxico y abusivo», escribió.[24]

Para la mayoría de las madres, trabajar no es una elección ni una ocupación de medio tiempo: es fundamental para su vida y su sustento. El dinero que ganan ayuda a robustecer la economía nacional y a mantener a su familia. «En toda la nación, sin importar la región y en una gran diversidad de tipos de familia, grupos raciales y étnicos, y la edad de los niños, las madres son el motor de la economía estadounidense», de acuerdo con el Centro para el Progreso Estadounidense.[25] En 1975, un año después de que yo nací, solo el 39% de las mujeres con niños en edad preescolar trabajaba fuera de casa. En 2018, ese porcentaje había aumentado a más del 65% y llegaba hasta el 71.5% para las madres con hijos mayores, un total de 23 500 000 de mujeres.[26] Cerca del 85% de las madres negras y más del 60% de las madres latinas trabajan tiempo completo; cuando se tabulan todas las razas y orígenes étnicos, el «64% de las madres son las proveedoras principales o coproveedoras de su hogar».[27]

Para muchas personas, depender de un solo ingreso significa dejar de ser clase media. En algunas parejas heterosexuales, las mujeres son las que ganan mayores ingresos. Karyn Ward, de 64 años, dijo que su trabajo como asistente ejecutiva del director general adjunto de una empresa familiar de bienes raíces, la Ashforth Company, ha sido una fuente de felicidad y soporte financiero los últimos 27 años. Tras graduarse de la Universidad de Georgetown en 1979, Karyn se mudó a la ciudad de Nueva York para ser gerente de oficina de una compañía de bonos municipales. En 1984, la empresa tuvo un nuevo auditor, Joe, quien era diez años mayor que ella y fungía como su jefe. Karyn y Joe empezaron a salir juntos dos años después y se casaron en 1991, cuando ella tenía 34. Varios años después se mudaron a Stamford, un suburbio en Connecticut. «Joe quería tener un jardín, le gustaba la tranquilidad de tomar una copa de vino en el pórtico trasero». Él iba y venía a Manhattan, y durante un año Karyn también lo hizo, hasta que encontró un empleo en Ashforth, en Stamford, que describe como «tener una segunda familia».

A Joe y a Karyn les llevó años concebir a su hijo, Anthony. Al final recurrieron a la fecundación *in vitro*. El bebé nació en 1997, cuando Karyn tenía 40 años. Ella dijo que Joe, quien siempre la había apoyado en su carrera por el ingreso que representaba, «esperaba que me convirtiera en una mamá de 1950. Le dije que no sucedería. Muchas mujeres, una vez que se casan y tienen hijos, dejan de trabajar, pero yo sabía que no podía hacer eso». Su matrimonio pasó por una serie de ajustes. Karyn desarrolló un aprecio por las contribuciones domésticas de Joe («Él limpiaba, le encantaba cocinar y darle mantenimiento al jardín») y aceptaba que, cuando se trataba de su hijo, ella tenía toda la responsabilidad («Era yo quien lo llevaba al pediatra y asistía a las reuniones de padres y maestros»).

Karyn trabajó todo ese tiempo. Cuando Anthony estaba en la guardería, ella pudo reducir su horario laboral a 30 h por semana, pero en el momento en que tuvo que reincorporarse de tiempo completo, su hijo estaba en el jardín de niños. Cuando Anthony entró a la primaria, las responsabilidades de Karyn habían aumentado al punto en el que, algunas noches a la semana, regresaba a casa, cenaba en familia y retornaba a la oficina; y a menudo también iba los fines de semana.

En 2008, cuando Anthony tenía 11 años, la situación económica de la familia cambió. Joe, quien tenía 62, había renunciado a su trabajo y presentaba dificultades para encontrar otro. Hubo años en que no trabajó y Karyn era el único sustento de la familia, con un sueldo que aumentaba de manera constante y prestaciones, incluido seguro médico. «Sin duda, el trabajo era un refugio financiero». Además de un lugar en el que se sentía amada y apreciada; algunos de sus mejores amigos eran sus colegas.

Al final, Joe encontró otros empleos, pero eran breves y no disfrutaba el trabajo. Todo ese tiempo, el empleo de Karyn en Ashforth mantuvo a la familia a flote. Le pregunté a Karyn sobre la reacción de Joe durante ese cambio en la dinámica de poder económico. Me respondió que cuando renunció a la idea de que ella sería un ama de casa y luego se enfrentó a sus propias dificultades profesionales, Joe hizo un cambio de 180°. «No se sintió amenazado en ningún sentido. Era interesante, dada su edad y su generación». En algún momento, Joe le dijo a Karyn: «Nunca entendí por qué los hombres tienen miedo de las mujeres fuertes».

En 2014, el último año de preparatoria de Anthony, la familia recibió una noticia devastadora: Joe tenía cáncer de colon. Unos meses después, a Anthony le diagnosticaron la enfermedad de Addison y de Hashimoto, y estuvo dos semanas hospitalizado. Luego, Joe tuvo una cirugía y se sometió a quimioterapia para enfrentar el cáncer. «El primer año fue confuso», me explicó. «Pasó sin que me diera cuenta». En 2015 la salud de Joe empeoró; Karyn se sometió a una histerectomía y le extirparon la vesícula. «Mi jefe estaba en el consejo del hospital Stamford, y cuando yo necesitaba ayuda para un examen o una consulta, me ayudó mucho». La relación mostró su importancia cuando la compañía de seguros se negó a cubrir ciertos análisis y tratamientos; Karyn pasaba horas en el teléfono discutiendo con los representantes de atención a clientes, esperando mientras escuchaba música de elevador. Por irritante que fuera, Karyn se sentía agradecida. Sin su empleo y el seguro médico que le brindaba, su familia hubiera quedado en la ruina financiera.

Joe murió el 1.° de junio de 2018. «Estaba en casa porque ahí era donde quería estar», dijo Karyn. «Anthony y yo estábamos con él». Posteriormente, Anthony, ya estudiante en la Universidad de Boston, volvió a la escuela y Karyn a su trabajo. Antes del COVID llegaba a la oficina a las 9:00 a. m. y trabajaba hasta las 8:00 p. m., y al menos otras 4 h los fines de semana. En diciembre de 2019, Anthony, quien se había graduado en junio, perdió su trabajo. Luego llegó la pandemia y no pudo encontrar otro empleo hasta febrero de 2021. Tuvo que irse a vivir con Karyn de manera temporal; ella comentó que era un buen arreglo para ambos. De nuevo, su ingreso y bono anual permitieron que su familia superara tiempos difíciles. «Gracias a Dios trabajo para quien trabajo. Mi empleo nos ha permitido sobrevivir», dijo.

Mientras progresamos tenemos un largo camino por delante. Las estadísticas muestran un mensaje indiscutible de que las madres trabajadoras como Karyn no solo contribuyen al bienestar económico de su familia, sino que pueden ser 100% responsables de ella. Sin embargo, «la visión idealizada de la feminidad en la década de 1950 sigue permeando nuestras políticas», escribió la autora Jill Filipovic en su libro *The H-Spot: The Feminist Pursuit of Happiness* (El punto H: la búsqueda feminista de la felicidad). Filipovic afirmaba que la incapacidad de ofrecer «ideales feministas robustos» para contrarrestar el prototipo de la familia como refugio de la maldad del mundo ayuda a perpetuar los estereotipos obsoletos, al tiempo que aumenta la vergüenza del número cada vez mayor de madres que no se adaptan al molde.

Mujeres como Leah y Karyn, que necesitan parejas que reconozcan que la importancia de su trabajo no solo las beneficia a ellas, sino también a su familia, mejoran las expectativas para otras madres trabajadoras. Al normalizar el concepto de las madres que trabajan tiempo completo dentro de su casa, estas mujeres ayudan a garantizar que sus esposos apoyen a las madres trabajadoras con quienes laboran.[28] Al citar un estudio de 2012 sobre 718 hombres casados,[29] Filipovic observó lo contrario: «Es más probable que los hombres cuyas mujeres son amas de casa condenen a sus colegas mujeres que los hombres cuyas esposas trabajan; les niegan ascensos y las consideran de manera negativa».[30]

Las mujeres que se separan de una pareja que no apoya sus elecciones profesionales también se alejan de los juicios constantes sobre su crianza dentro de su propio hogar, y puede parecerles más fácil rechazar las opiniones de las que son objeto. Las madres trabajadoras que se divorcian han afirmado que son más felices.[31] Se sienten aliviadas de la presión de subordinar su trabajo y de la reprobación devastadora si no lo hacen. Son libres de rechazar el lema de que una buena madre siempre se sacrifica y está «presente» física y emocionalmente.[32] Una decana adjunta de la Universidad de Chicago, madre divorciada con custodia completa de un hijo con discapacidad de aprendizaje, encuentra fortaleza en su trabajo: «Le digo a mi hijo que la educación abre las puertas a mejores oportunidades para las personas que tienen las ventajas que nosotros tenemos; que mi trabajo ayuda a hacer que la vida sea más justa. Paso el día en el trabajo, tratando de encontrar soluciones imposibles, y las noches en casa con mi niño, aprendiendo fracciones y resolviendo ecuaciones con dos variables. Pierdo la paciencia; no soy una persona tranquila. [Pero] todos los días son una oportunidad de mejorar en los aspectos que me importan».[33]

Para las mujeres como yo, cuyo matrimonio no sobrevivió pero que tenemos la fortuna de tener a una expareja amorosa e involucrada, la reforma de la familia ofrece beneficios inesperados; en particular si el excónyuge puede mantener una relación cordial. Matt y yo hemos logrado, con retrocesos ocasionales, reconstruir nuestra relación. Acordamos una custodia legal y física compartida al 50%. Una vez que dejé de juzgarme y de permitir que los juicios de los demás me afectaran, me di cuenta de que el acuerdo funcionaba bastante bien.

Como los niños eran muy pequeños cuando nos separamos —solo 5 y 3 años—, no tienen recuerdos de nosotros cuatro cuando vivíamos bajo el mismo techo y lo agradezco. Nuestra vida hogareña era tensa e infeliz; no dudo que, si Matt y yo hubiéramos permanecido juntos, eso hubiera envenenado su infancia y les hubiera amargado la idea del matrimonio en general. A pesar de lo que las parejas infelices se dicen a sí mismas, los niños lo notan. Saben todo. Tuvimos que eliminar el caparazón que se rompía de nuestra familia nuclear antes de que las esquirlas se enterraran en las dos personitas que tenía en su interior.

En raras ocasiones, por no decir que nunca, Matt y yo nos dejamos llevar por la decepción y la ira, pero no permitimos que se interpusieran en la manera en la que criamos a nuestros hijos. Incluso salimos de vacaciones como una familia «rota», y a diferencia de las vacaciones que tomamos cuando aún estábamos juntos, estas son felices. Los mejores recuerdos que tengo de mi tiempo con Matt y nuestros hijos son después del divorcio: ir a nadar con ellos a una alberca descubierta en la costa norte de California, terminar un rompecabezas de mil piezas, llevarlos al acuario de Monterey Bay. Como escribí en la columna Amor Moderno de *The New York Times*, cuando relaté una de esas vacaciones: «Las familias felices no son todas iguales. Algunas están fracturadas y malhechas. Para apreciarlas hay que adaptar la perspectiva, tus expectativas. Tienen costuras y cicatrices, pero aun así son hermosas, a su manera extraña e imperfecta».[34]

Valoro nuestro tiempo en familia, el tiempo que estoy sola con mis hijos y el tiempo que tengo para mí. La ausencia de mis hijos crea momentos en los que puedo ser productiva. Puedo dar prioridad a mis alumnos, a mis clientes y a mi escritura. Puedo ponerme en primer lugar. Esto nunca había sido tan importante como después de la pandemia de COVID. «Tenemos suerte», señaló Matt en diferentes ocasiones, refiriéndose a que la alternancia cada tantos días nos brindaba a ambos periodos ininterrumpidos para recuperarnos de la claustrofobia y el estrés de tratar de trabajar tiempo completo y tener que estar atentos a nuestros hijos inquietos, cada vez más dependientes de la pantalla. Durante esos 18 meses interminables de cuarentena, el divorcio nos brindó un regalo valioso: la cordura.

Uno no se divorcia para poder pasar tiempo solo. Los cónyuges a menudo intercambian sus tareas de cuidado infantil y la mayoría cuenta con algún tipo de ayuda. Las madres a las que entrevisté, casadas y divorciadas, reflejaban a las madres en Estados Unidos más generalmente en su manera de lidiar con el cuidado de los hijos: utilizaban retazos de opciones que, con el tiempo, cosían unas a otras para formar una cobija de locos. Quienes podían pagarlo a menudo contrataban niñeras. Otras encontraban opciones de guarderías que iban desde las muy buenas hasta las suficientemente buenas. Muchas tenían suerte de que sus familias vivieran cerca, en general sus padres o suegros, que estaban dispuestos a ayudar. Algunas mujeres, como Diana, la estilista que es dueña de su propio negocio, tienen esposos que se quedan en casa. Nicole DeVon, quien regresó a la universidad para terminar la licenciatura cuando su hija era una niña pequeña, se apoyaba en parte en una comunidad de madres solteras que estaban dispuestas a intercambiar las tareas de cuidado de los niños. Algunas recurrían a una combinación de todas estas opciones a lo largo de los años.

El COVID destruyó muchos de estos frágiles ecosistemas. Algunas de las madres de niños pequeños con quienes tenía contacto describieron su día laboral durante el COVID como irritante e interminable, gran parte de él trabajaban sin sueldo como maestras en casa, niñeras, limpiadoras y cocineras, además de su empleo real. (Las mujeres de más edad a las que entrevisté tendían a estar mejor por la simple razón de que sus hijos eran mayores. Incluso si esos hijos regresaron a casa, muchos lo hicieron, ya eran adultos y podían encargarse de sí mismos).

Uno espera que la pandemia haya sido una catástrofe única en la vida. Pero como observaron los autores del artículo de la Brookings Institution sobre el efecto del COVID en las madres trabajadoras, la falta de apoyo para ellas «era una condición preexistente» que el virus llevó al siguiente nivel: «Nuestra economía perjudicaba a millones de mujeres trabajadoras antes de que llegara el COVID-19».[35] Antes y después del coronavirus, el costo del cuidado infantil puede poner en duda la ventaja financiera de los empleos de salario bajo, incluso aquellos que son gratificantes a nivel emocional y son parte del camino a un trabajo mejor remunerado.

Mi beca docente de dos años en Hastings era tan baja que apenas cubría el costo de enviar a mis hijos pequeños a la guardería. Sin embargo, persistí en parte porque creía que al final podría obtener una plaza permanente como titular y ganar mi «apuesta de los cinco millones de dólares». Sobra decir que mi plan era ambicioso, quizá una locura, y en ningún sentido era garantía de éxito. Puedo valorar sin inconvenientes por qué otras madres jóvenes en mi situación, casadas con parejas que tenían altos ingresos y que se sentían culpables por dejar a sus hijos todo un día laboral, tomaran decisiones diferentes.[36] Espero que el Congreso promulgue al fin la legislación que permita que Estados Unidos se una al resto del mundo industrializado y proporcione una infraestructura fundamental para el cuidado infantil a las madres trabajadoras: guarderías universales gratuitas y cuidado infantil subsidiado y de alta calidad.[37] En otoño de 2021, la Cámara aprobó una iniciativa de ley que incluía esta legislación fundamental. Pero parece poco probable que el Senado promulgue una versión similar.

Es exasperante porque el estímulo de $1.9 billones de la iniciativa de ley aprobado por el Congreso en marzo de 2021 era un paso en la dirección correcta; brindaba cheques mensuales de alrededor de 300 dólares a las familias con hijos pequeños que acreditaban los requisitos para el apoyo. Al hablar de esta prestación, *The New York Times* entrevistó a una madre soltera con dos hijos que se vio obligada a dejar de trabajar durante el COVID porque sus responsabilidades para cuidarlos eran abrumadoras. Si hubiera contado con ese subsidio, dijo, «sin duda conservaría mi trabajo» porque eso habría ayudado a pagar el cuidado de mis hijos.[38] Pero esta prestación esencial expiró. Sin este tipo de subsidio gubernamental permanente, algunas madres seguirán abandonando sus empleos.

Hace dos años, Valerie, la ejecutiva de programas informáticos, volvió a enamorarse, esta vez de un hombre que había sido su amigo y colega durante mucho tiempo. «Nos hicimos muy cercanos después de mi divorcio y él se había separado de su esposa casi al mismo tiempo. Es lo contrario de mí en muchas maneras, pero es mi mejor amigo». Igual que Valerie, tiene dos hijos. Ambos tienen vidas ocupadas y exigencias que compiten entre sí, pero su novio la hace sentir que ella es su prioridad. «Cada vez que salimos juntos me divierto mucho». Lo más significativo, a diferencia de cualquier otra relación que haya tenido, es que «me ve como a una igual», afirmó.

Tras años de sentirse aislada, Valerie conoció a mujeres a las que llama «mi círculo de pares; todas son mamás interesadas en su carrera». El grupo se reúne con frecuencia; empiezan con algún tipo de ejercicio físico (senderismo, ciclismo, natación) y terminan saliendo a tomar una copa. La conversación aborda diversos temas: política, cultura popular, problemas laborales, parejas románticas o posibles relaciones de pareja.

Valerie me dijo que solo tenían una regla: «No hablar de los hijos».

El grupo de amigas que describe Valerie es importante: brinda camaradería y, para las mujeres jóvenes, modelos a seguir. Estas «mamás interesadas en su carrera» no solo normalizan la ambición, la celebran, entre todas. Ese tipo de hermandad inclusiva y de apoyo parece ser clave para alimentar el impulso que sienten muchas madres trabajadoras de camuflarlo o restarle importancia.

He vivido en San Francisco durante más de una década y he hecho algunas buenas amistades que son madres trabajadoras. Pero no cuento con el «círculo de pares» que tiene Valerie. Sin embargo, no he dejado de buscarlo. Tengo la esperanza de que lo encontraré.

CAPÍTULO 7

Aceptar el desequilibrio

Todo lo que baja tiene que subir

Este libro intenta reestructurar un debate que se ha vuelto rancio y sofocante. Se trata de un feminismo que deja de lado la falsa premisa de que las mujeres pueden vivir su vida en perfecto equilibrio si solo se esfuerzan lo suficiente. En la vida real, el péndulo oscila hasta sus extremos. Las madres que consideran que sus hijos son la prioridad están en una orilla; las que nunca permiten que sus hijos sean prioridad están en la otra. La mayoría de nosotras vive una vida mucho más complicada: desequilibrada pero no inestable. No consiste en un siempre o un nunca; ni es una trayectoria directa en ascenso. Se trata de un *a veces* y *en este momento*, no todo el tiempo. Es un zigzag en un camino sinuoso.

La idea de que la clave para ser una buena madre consiste en seguir con ambición una profesión es, para muchas de nosotras, controvertida. He escuchado a hijos de madres ambiciosas que se sintieron abandonados. También he escuchado a hijos que se sintieron abrumados por los logros de su madre. No afirmo que todas las madres ambiciosas y trabajadoras hacen una labor fantástica. Escribo este libro a sabiendas de que el jurado son mis propios hijos. No obstante, sí afirmo, con datos que lo respaldan, que los resultados infelices son la excepción.

Ahora que estoy al final de mi cuarta década soy lo más feliz que jamás había sido. Gracias a que trabajé duro y me negué a renunciar a mi ambición, obtuve lo que es más importante para mí: dos hijos hermosos y una carrera como profesora titular de Derecho. Mi camino no fue fácil ni seguro, y perdí mucho en el trayecto. Creo que es importante hablar de esa parte de la historia y normalizar el recorrido no lineal de tantas mujeres. No obtuve equilibrio, nunca lo tendré. Pero sé que tampoco nadie lo conseguirá.

A finales de 2014 me di cuenta de que debía renunciar a mi empleo en la Facultad de Derecho de Loyola. El tiempo de trayecto y el estrés del divorcio me estaban enfermando, literalmente. Una sinusitis leve que nunca se había aliviado por completo se encargó del resto de mi cuerpo. Durante meses tuve un poco de fiebre, con frecuencia a media comida sentía náuseas y no podía terminar de comer. Lo peor de todo era la tos persistente que me hacía doblarme del dolor. Tosía hasta quedarme sin aire; tosía hasta tener arcadas. Ninguna cantidad de Dayquil o Nyquil lo aliviaba. Consulté varias veces al médico y me dieron muchas recetas, pero ningún medicamento funcionaba.

Los días se hicieron semanas. Perdí peso, ya no tenía ni la energía ni la capacidad de hacer lo que amaba: ir a correr, leerles a mis hijos. Incluso dejé de tomar vino, que había sido un placer nocturno. Cuando terminaba el último tramo de mi trayecto cada semana, al cruzar Bay Bridge para conducir en el tráfico de regreso a casa desde el aeropuerto de Oakland, estaba a punto del colapso físico y emocional. En la noche, mientras hervía las salchichas y calentaba en el microondas pollo frito para la cena de los niños, contaba los minutos hasta la hora de ir a dormir. Los tres nos íbamos a la cama a las 7:30 en punto. Yo estaba demasiado cansada como para realizar el ritual de meterlos en la cama; en su lugar, todos nos acostábamos en la mía. Recostada entre ellos, envuelta entre la calidez de su cuerpo, me quedaba dormida inhalando el aroma del champú mal enjuagado.

Además de mi agotamiento, estaba la farsa: seguía fingiendo ante todos, salvo mi familia y algunos amigos cercanos, que todo estaba bien, o que lo estaría, una vez que me deshiciera de ese incómodo virus o lo que fuera. Eso era sobre todo cierto en el trabajo; temía que si mi jefa se enteraba de la presión emocional a la cual estaba sometida, pensaría que ya no era competente para hacer mi trabajo y dudaría en recomendarme para otro.

La persona que se dio cuenta de esta farsa con mayor claridad fue la madre de Kash, Wilma. Cada vez que la veía, cruzaba los brazos y me miraba con desaprobación. «Estás muy delgada», me decía. Y cuando me doblaba por la tos, agregaba «Estás trabajando demasiado. Tienes que cuidarte más». Luego me escrutaba con la mirada, como lo hubiera hecho mi propia madre si no hubiera vivido a casi 5 000 km de distancia: «¿En serio todo está bien?». Yo le aseguraba que sí.

Pero no todo estaba bien. «Esto no me vencerá», le dije a mi madre cuando llamó para saber cómo estaba. Casi lo hace. En cierta ocasión, durante uno de los días en los que Matt llegaba a la casa para ocuparse de los niños, rompí en llanto en lo que había sido nuestra oficina compartida, bocabajo en el sillón, vestida de traje y con zapatos de tacón. «No puedo subirme al avión», dije entre sollozos a mi esposo del que estaba separada. «No puedo hacerlo». Empecé a toser, lo cual me hizo llorar con más fuerza, que a su vez me provocó más tos.

«Entonces no lo hagas», dijo. «Diles que no».

Pero a mí no me habían educado para decir no, en particular a mí misma. Me criaron para seguir adelante, para nunca, jamás, renunciar. De cualquier modo, no tenía adónde ir; era el turno de Matt para vivir en la casa. Así que negué con la cabeza y seguí tosiendo y llorando; mi llanto hizo que mis hijos se acercaran a la puerta cerrada. Matt se levantó y la abrió. «Mamá está enferma», les dijo. Esa era la señal para tranquilizarlos y decirles que todo estaba bien, pero no pude pronunciar las palabras. Si hubieran visto mi rostro —rojo escarlata, surcado por las lágrimas y manchado por el rímel corrido—, se hubieran asustado; así que lo seguí ocultando en el cojín del sillón.

Al final me subí al avión, como lo había hecho cada semana los últimos tres años. Pero sabía que era el final de ese camino.

En otoño de 2015 renuncié a mi puesto como directora del Proyecto de los Inocentes en la Facultad de Derecho de Loyola sin tener otro lugar al cual llegar. Mis treintas habían terminado. Mi matrimonio había terminado. Mi trabajo había terminado. Mi plan de vida estaba en ruinas. Pero tenía a mis hijos y mi ambición, y aún no había renunciado a mi «apuesta de los cinco millones de dólares». En mis momentos más oscuros, fue mi amor por ellos, mi amor por mi carrera y la determinación de lograr ser el único sustento de mi familia, haciendo el trabajo que amaba, lo que me dio la resiliencia y determinación para continuar. No obstante, necesitaba tomar una ruta alterna.

Decidí escribir un libro con la esperanza de que me distinguiera de otros candidatos en mi futura búsqueda de un empleo en la academia. Y también esperaba que fuera terapéutico. Después de entrar en temas que me asustan, confunden, fascinan e irritan, acabo sintiéndome más tranquila; debilitada pero también reflexiva. La investigación me obliga a cuestionar mis suposiciones. Cuando entrevisto a gente con puntos de vista matizados sobre un tema que yo siempre consideré en blanco y negro, disminuye mi capacidad de enojo y arrogancia. Escribir le otorga al tablero de Boggle un giro de 90° que permite un escape del callejón sin salida ideológico y emocional. Decidí que este libro sería mi nuevo objetivo profesional, una acreditación importante y un medio para trabajar con la maraña de emociones en conflicto sobre el crimen, la justicia, el amor, el trabajo y la familia, los temas que han dominado mi conciencia desde que tengo uso de razón.

Escribí sobre justicia restaurativa que replantea el crimen y el castigo como daño y cura a través de la lente de la familia y la comunidad. La consecuencia del caso de Kash me dejó hambrienta de una redefinición de estos términos. La mayoría de las personas da por hecho, con base en la cobertura mediática —los abrazos eufóricos y las lágrimas de alegría—, que los exonerados se van cabalgando hacia el atardecer, con rumbo a «un final feliz». Kash fue más afortunado que la mayoría, tenía a Wilma; pero incluso para él, cada día era una serie dolorosa y meticulosa de ajustes.

La exoneración de Kash fue más un terremoto que un final feliz. Entre los escombros se encontraba la vida de la familia de las víctimas del crimen, incluida la hija del afectado. Durante más de tres décadas le dijeron «Tenemos al hombre que mató a tu padre», solo para ver cómo se exponía de manera agonizante esa mentira día tras día en la corte. ¿Cuál era su camino hacia la sanación?

La justicia restaurativa, una práctica centenaria que se originó con los indios americanos y otros pueblos indígenas, se enfoca en sanar y reparar, no en culpar y castigar.[1] Reúne a las personas que han sufrido por el delito y a la persona que lo cometió para llegar a la raíz de lo sucedido. Juntos, tamizan entre las ruinas para reconstruir su vida y, al hacerlo, formar una suerte de familia. Como alguien que nació y se crio en el sistema antagónico, me parecía ajeno el concepto de un universo que no está claramente dividido en bien y mal, correcto e incorrecto. Sin duda, era cierto en mi vida profesional y se había convertido cada vez más en algo verdadero en mi vida personal. Años de pensamiento binario me habían deformado.

En enero de 2016 vendí mi propuesta de libro a una pequeña editorial independiente. El pago por adelantado era una miseria, por lo que busqué otras maneras de mantenerme a mí y a mis hijos. Escribí artículos independientes y comencé a litigar casos por honorarios que me asignaban por referencia. Pero cada mes, el saldo en mi cuenta bancaria disminuía. Me inscribí en Covered California, la opción de seguro de salud pública que ofrece mi estado, para que mis hijos y yo pudiéramos tener acceso a la atención médica. Me preparé para enviar una solicitud de empleo a despachos de abogados, sabiendo que no disfrutaría trabajar o recibir órdenes de socios mayoritarios después de tantos años de trabajo independiente. Pero no había empleos académicos en el horizonte y yo no tenía ninguna otra manera concreta de ganar dinero.

En marzo recibí una llamada de Kash. La resolución de su demanda contra la ciudad y el condado de Los Ángeles había llegado: 16.7 millones de dólares.[2] «Quiero darte parte del dinero», dijo. Con el teléfono bien pegado a la oreja, negué con vehemencia con un movimiento de cabeza, aunque él no pudiera verme.

«No me debes nada», respondí. Él insistió y yo me negué: «No puedo aceptar tu dinero».

«Sí, puedes hacerlo», dijo. «Lo necesitas».

Kash me dio 50 000 dólares. Eso, junto con mis otros trabajos independientes y los ahorros e inversiones era suficiente para vivir los siguientes veinte meses. Eso era bastante para que pudiera concentrar mi energía profesional en investigación y la escritura de mi libro; y también para que el desequilibrio entre mi trabajo y mi vida tomara un rumbo en contrasentido que tanto necesitaba. Por primera vez en años no me subí a un avión para ir a trabajar; caminaba por el pasillo hasta la oficina que tenía en mi casa. Cuando me tocaba estar con los niños, salía a dejarlos y recogerlos de la escuela. Les leía por las noches, toda la serie de Laura Ingalls Wilder y de Harry Potter. También íbamos al zoológico; al Exploratorium; al campo de juegos Koret en el parque Golden Gate, donde nos deslizábamos por la enorme resbaladilla de concreto sobre cartones.

Durante esos veinte meses mi vida cambió de forma radical. Llevaba años corriendo de un lado a otro, en ocasiones literalmente, corría a toda velocidad por el aeropuerto, jalando la maleta tras de mí, y respondía de inmediato a todas las exigencias del trabajo. De pronto, todo se detuvo. Despertaba temprano en la oscuridad del alba con la perspectiva de horas irregulares y silenciosas que se extendían frente a mí. Los días que no tenía a los niños, el silencio era tan espeso que sentía como si me hubieran enterrado bajo una montaña de nieve; pensaba en papá Ingalls cuando quedó bajo tierra, atrapado en una tormenta de nieve a solo unos metros de su casa en Plum Creek.

La escritura es un proceso que sucede a solas y en silencio. Las distracciones eran mínimas, puesto que cada vez recibía menos correos electrónicos, llamadas o mensajes de texto que debía responder. No tenía clases que dar ni alumnos que supervisar; ningún cliente con necesidades inmediatas y agobiantes. No había vuelos a los que debía llegar a tiempo ni coches alquilados que devolver. La mayoría de los días pasaba horas sola frente a la computadora, a menudo sufriendo, en espera de las palabras. Algunos días sencillamente no llegaban.

El miedo de no terminar a tiempo, de desperdiciar el dinero de Kash, de no entregar lo que le había prometido a mi editora me mantenía de alguna manera en la tarea. A veces me sentía muy ansiosa, me preguntaba qué pasaría cuando esto terminara. Había entrado en un vacío profesional con la esperanza de que una combinación de valor, determinación y suerte detuviera mi caída libre. Pero ¿y si nunca aterrizaba?, ¿y si mi apuesta de los cinco millones de dólares fracasaba?

La ansiedad nunca desapareció, pero dos cosas la moderaron: mi confianza en mi capacidad de salir adelante y la conciencia de que necesitaba silencio y tranquilidad para empezar a sanar, tanto yo como mi familia. El divorcio es traumático. Sí, mis hijos eran muy pequeños, pero eso no significaba que no les afectara. Esos días en los que lloraba bocabajo sobre el sillón habían pasado; ellos necesitaban que me hiciera cargo, que los pusiera como prioridad. Para lograrlo, yo debía tener la mente clara.

Escribir el libro me ayudó a eso. La investigación significaba pasar horas con hombres y mujeres que abrían su alma para llegar a comprender, de manera total y complicada, un evento que sacudió su vida. Observarlos me inspiraba para aplicar las mismas prácticas y para enfrentar el trauma de mi vida que, en comparación, era mucho menor. Adoptar una mentalidad restaurativa me brindó mucho entendimiento. Durante años me había contado la historia en la que yo era la víctima en el matrimonio, que toda la culpa era de Matt; y me aferraba a una narrativa que estaba plagada de medias verdades que, de manera conveniente, me absolvían de mi responsabilidad. Asimismo, era igual de responsable del fracaso del matrimonio y sin duda de mis hijos, no solo por nuestra familia fracturada, sino por su capacidad de lidiar con ello y esforzarnos en avanzar.

Durante esos veinte meses, abandoné poco a poco el enojo, la amargura y la decepción. Me liberé de la victimización y el deseo de venganza. Lentamente, con el tiempo, Matt y yo nos convertimos en algo que nunca fuimos durante nuestro tiempo juntos: amigos. Trabajé mucho, como siempre, pero de forma distinta; adaptaba mi tiempo a los horarios de mis hijos. Cuando dejé de estar enferma, disfruté mi salud en lugar de darla por hecho. Empecé a cuidarme mejor, sabiendo que, si descansaba bien y estaba en buena condición de salud, tendría la fortaleza física y emocional que necesitaba para ser madre soltera.

Me sentía como alguien que está aprendiendo a preparar un merengue francés después de toda una vida consumiendo las donas del supermercado. ¿Estaba preparando la cantidad correcta, según la receta, o estaba improvisando? ¿La clara de huevo quedaría a punto de nieve? Un hecho cotidiano con uno de mis hijos estuvo plagado de esa evaluación. Recuerdo claramente el día en que Matt y yo fuimos a la junta de padres y maestros de primero de primaria de Carter. Sentía que era el Día del Juicio. La señorita Diane, la maestra de Carter, era una mujer a quien yo respetaba, y temía, mucho. No les hacía la vida fácil a los padres; era amable, pero estricta, y con estándares muy altos. Cuando me senté junto a Matt en una de las sillas para niños, se me hizo un nudo en el estómago. La siguiente media hora, Matt y yo escuchamos cómo la maestra Diana describía a nuestro hijo: diligente, amable, curioso, inteligente. Carter iba muy bien y, en algunas materias, incluso superaba las expectativas. Yo esperaba el «pero»: «pero: necesita trabajar en... pero podría mejorar en...». No hubo ningún «pero». Al salir, Matt y yo permanecimos en silencio, perdidos en nuestros pensamientos.

Antes de que se subiera a su camioneta, Matt volteó a verme y extendió los brazos. «Buen trabajo, mamá», dijo.

Su halago significaba mucho para mí porque me costó ganarlo y lo merecía. Rompí en llanto.

En el otoño de 2016, una amiga me mandó una oferta de trabajo. Alguien se había jubilado en la Universidad de San Francisco y la Facultad de Derecho estaba contratando. Era un puesto de docente con posibilidad de titularidad para dirigir dos seminarios, uno enfocado en defensa penal y el otro en justicia racial. Buscaban a un candidato con un historial académico sólido, experiencia en enseñanza y compromiso en capacitar a los estudiantes para ser abogados de interés público. Yo cubría los tres rubros. Aparte, la Facultad de Derecho, que estaba al otro lado de la calle del hermoso plantel principal, se encontraba aproximadamente a un kilómetro de mi casa. «Este empleo es para mí», pensé. «Ahora tengo que obtenerlo».

Hay muchas mujeres exitosas, sobre todo famosas, a quienes les gusta decir: «La oportunidad me cayó del cielo». Están «agradecidas», son «afortunadas» y, siempre, están «llenas de humildad». Hillary Clinton incluso se sintió obligada a decir que era una «experiencia que enseña humildad» votar por sí misma cuando se postuló a la presidencia.[3] Como escribió la periodista Cara Chocano en ese momento, «es la respuesta de un político, aunque también se puede escuchar en las mujeres». También está la constante tendencia #luckygirl, que la periodista Kaitlin Menza acertadamente describió como «distanciadora de manera extraña… molesta por su negativa a asumir el crédito».[4] De acuerdo con un estudio de 2015, cuando alguien usa la palabra «afortunado» para describirse en Twitter, hay un 67% de probabilidad de que la persona sea una mujer.[5] Existe una razón sumamente arraigada basada en el género para que las mujeres adopten este lenguaje: un miedo fundado en el hecho de que asumir su ambición y su éxito hará que los demás las juzguen como arrogantes y odiosas. De acuerdo con el Centro de Liderazgo Creativo, «Algunas investigaciones muestran que hay varios estándares dobles medibles que impiden el éxito de las mujeres, mientras que, al mismo tiempo, promueven el de los hombres». Es el doble vínculo de ser visto como competente o agradable, pero no ambos.[6]

Lo entiendo. Pero la única manera de cambiar el paradigma es rechazarlo con fuerza. Por favor, mujeres bien intencionadas y abnegadas: dejen de hacerlo. Estas frases, que en realidad son tics verbales, son una manera de sublimar la ambición que te llevó al lugar en el que la oportunidad no solo estaba disponible, sino que podría obtenerse. Sin duda, en todas las historias de carrera existe un elemento de casualidad, pero para las mujeres ambiciosas el ingrediente vital es la motivación.

Comparemos las famosas palabras de Julio César «Vine, vi, vencí» a lo que algunas veces escuchamos en boca de las mujeres exitosas: «Estaba ahí, no estaba viendo, tuve suerte». Con mucha frecuencia, las mujeres se disocian de sus logros para no parecer arrogantes. Por su parte, los hombres asumen con orgullo su ambición y su éxito. Déjame asumir el mío aquí: he estado examinando el horizonte en busca de un puesto docente con miras a tener una plaza como profesora de Derecho y he pasado años ganando experiencia para lograrlo. Cuando la plaza se abrió, fui por ella como velocista a toda carrera, decidida a ser la primera persona en llegar a la meta. Al final, me sentí más como la última persona al término del maratón; el proceso de contratación fue largo, competitivo y estresante. Yo no fui la primera opción, ni siquiera la segunda. Llevó meses, varias entrevistas y permanecer en el juego. Por último, yo obtuve el puesto. ¿Por qué? Por varias razones, incluido el hecho de que estaba bastante calificada. La oportunidad no cayó del cielo mientras yo esperaba recostada en un campo de margaritas, mirando a la distancia. Lo perseguí como un misil detector de calor.

Las mujeres debemos asumir nuestro deseo, ambición y éxito; reconocer la importancia del trabajo y la capacidad de hacerlo bien. Del mismo modo, la satisfacción que brinda puede ayudar a empoderar a las mujeres para que prescindan de la tontería de que su ambición es una indulgencia que sus hijos no pueden permitirse. El éxito en el trabajo y en la maternidad no son mutuamente excluyentes, ni siquiera complementarios. Es dual; ambos refuerzan fortalezas. Por desgracia, como ha señalado Jill Filipovic, el movimiento feminista se ha quedado corto en esta verdad crucial. Ese silencio y la insistencia de que trabajar es una «opción», en lugar de un imperativo económico y psicológico, ayuda a explicar por qué se ha avanzado tan poco para promulgar leyes que apoyen a las mujeres trabajadoras y a sus hijos, explica. «El hecho de que las feministas con frecuencia sean incapaces, o reticentes, a afirmar que trabajar fuera de casa no solo es una necesidad, sino que es positivo para las mujeres, bueno para las madres, es quizá una de las razones por las que no contamos con los cambios políticos necesarios para aprobar las políticas en el lugar de trabajo que tanto necesitamos», me dijo.

Que el movimiento feminista reconozca que tener una carrera hace que las mujeres sean mejores madres, no peores, está pendiente desde hace mucho tiempo. Este reconocimiento es necesario para que las mujeres puedan celebrar las decisiones que las llevaron hasta donde están, en lugar de vivir en una espiral de vergüenza. Tomar a veces la decisión de poner el trabajo antes que a los hijos no es incorrecto, cuando se suma al conocimiento de que el péndulo oscilará de vuelta y de manera inevitable en la otra dirección. Las palabras «a veces» significan mucho en esta frase, como debe ser. No se trata de siempre o nunca; se trata de a veces. Es reconocer que el trabajo y la vida funcionan en tándem, no en equilibrio. Como el símbolo del infinito, un extremo sube al tiempo que el otro baja para formar dos bucles conectados en permanencia. El equilibrio entre el trabajo y vida privada es un mito. El *des*equilibrio entre ellos es una realidad: caótico y complicado en ocasiones, pero también hermoso y verdadero.

Empecé mi trabajo en la Facultad de Derecho de la Universidad de San Francisco el 1.° de junio de 2017. Un mes después, entregué el manuscrito de mi libro. Los veinte meses de trabajar desde casa y seguir los horarios de mis hijos llegaron a su fin. Obtener la plaza significaba seguridad económica tanto para mis hijos como para mí. Quería decir que podía pasar el resto de mi carrera haciendo un trabajo que amaba, libre de tomar los casos que consideraba importantes y de decir lo que pensaba sobre casi cualquier tema. La titularidad era para lo que había trabajado desde que acepté esa beca tan mal pagada en Hastings, hace tantos años.

Esta era mi «apuesta de los cinco millones de dólares». Sabía que para obtener la plaza tendría que decir sí a todo: asignaciones del comité que yo no quería y eran cansadas, dar clases adicionales y conferencias —en St. Louis, Chapel Hill, Newark, Duluth— en las que pudiera promocionar mi libro y a la Facultad de Derecho. Debía destacarme: publicar textos académicos, obtener excelentes calificaciones en mis evaluaciones como docente (de los estudiantes y del comité de profesores que evaluaban mi solicitud de titularidad) y mantener una actitud alegre, competente y segura. Pero sabía que todo este esfuerzo sería por un tiempo limitado. La Facultad de Derecho había reconocido mi experiencia docente y académica en Loyola, lo que significaba que podía presentar mi solicitud de titularidad en dos años, en lugar de cinco.

Volvía a tener un ingreso estable y también Matt, quien trabajaba en un pequeño despacho de defensa penal. Contratamos a una niñera que recogía a los niños en la escuela. Los días que me tocaba estar con mis hijos, casi siempre regresaba a casa a las 6:30 p. m.; cuando no los tenía, me quedaba en la oficina hasta la noche y también iba los fines de semana. Los dos años siguientes trabajé de forma frenética. Mis hijos se quejaban a veces. Matt, quien hacía malabares para adaptarse a mis necesidades cuando mis horarios estaban saturados —recogía a los niños cuando no era su turno o se los quedaba una noche más—, no siempre estaba feliz, como es comprensible. Sin embargo, la distancia que nos brindaba el divorcio, el tiempo de descanso que tendría al final y, sobre todo, su compromiso de ser un buen padre hizo que la desigualdad entre nuestras responsabilidades parentales durante ese tiempo fueran algo que él podía aceptar.

El voto por la titularidad llegó en la primavera de 2019. Ese semestre había sido particularmente extenuante: daba un curso extra —en lenguaje académico, una sobrecarga— y estaba como loca tratando de presentar todo el material al comité que evaluaba mi solicitud. Cuando entré a la sesión a puerta cerrada después del voto, mis colegas me aplaudieron. Había sido unánime. Durante esos dos años no pasé tiempo con mis hijos, pero lo que gané en habilidades, confianza y capacidad para mantenernos hizo que valiera la pena el sacrificio.

Entrevisté a otras madres trabajadoras que habían tomado decisiones similares, algunas de muchos más sacrificios que los que yo o mis hijos jamás tuvimos que hacer. A principios de 2020, la fuerza aérea le ofreció a Daphne LaSalle Jackson una oportunidad que la asustó y la emocionó: un desplazamiento de seis meses a la base Bagram de la Fuerza Aérea en Afganistán, una zona de guerra, donde sería abogada en jefe, supervisaría al equipo legal y manejaría desde impactos ambientales hasta acusaciones penales y la aprobación de contratos de hombres y mujeres consejeros enlistados en una amplia gama de asuntos civiles, incluido cómo lidiar con divorcios en el extranjero. El puesto, asesora jurídica del Estado Mayor, se traducía en lo que, en sus palabras, era «fiscal de distrito de la base».

Para Daphne, era un honor que se lo ofrecieran y el reconocimiento de sus logros a lo largo de los años. Si tenía éxito en este puesto, su condición mejoraría y sería más digna. Las nuevas responsabilidades la emocionaban, pero sus hijos tenían 6, 4 y 1 año. «El despliegue a Medio Oriente como apoyo en una operación de combate era algo que jamás había hecho. Es otro nivel de servicio y quería tener esa experiencia. Pero significaba sacrificar a nuestra familia». Después de varias conversaciones con su esposo, Jared, ella aceptó.

Al principio, a Daphne le dijeron que el despliegue empezaría en noviembre de 2020 y que duraría seis meses. Pero el COVID cambió los planes. Debido a la necesidad de estar en cuarentena, Daphne tuvo que pasar semanas de aislamiento en Fort Dix, en Nueva Jersey, desde principios de agosto. La ausencia de seis meses se convirtió en ocho. Para complicar más las cosas, ella ya había aceptado una nueva asignación en el país, en la base Eglin de la Fuerza Aérea en Florida. En lugar de mudar a su familia cuando se acercó el momento de partir, se quedaba con una amiga en Florida durante la semana y manejaba de regreso a casa, en Alabama, los fines de semana. Algunos días antes de su fecha de partida, Daphne tomó vacaciones para pasar «tiempo» con su familia. «Hicimos una pequeña fiesta de cumpleaños improvisada para mi bebita porque me iba a perder su segundo cumpleaños».

En las semanas previas a su despliegue, dijo: «Yo era Daphne, la planificadora; Daphne, la improvisadora, estaba en pausa. Estaba concentrada en hacer de la casa un hogar para un padre soltero». Hizo que Jared se sintiera cómodo con las tareas de las que ella se encargaba normalmente: citas con médicos, planificación de las comidas, visitas a casa de los amigos. Sintió una especie de alivio cuando la madre de Jared, con quien tenía una relación cercana, le ofreció mudarse sabiendo que sería una fuente vital de apoyo. «Me concentraba en proteger a mi familia de la incertidumbre, del miedo y de la soledad».

Durante su última semana en casa, Daphne dijo: «Empezó a afectarme y yo era un caos. Mi estado de ánimo subía y bajaba, y estaba muy triste. Luego comencé a preguntarme "¿Por qué?". Quizá por todo lo que me esforcé y a lo que le dediqué tanto tiempo, esas fiestas de cumpleaños temáticas de abrazos y las bolsas de golosinas personalizadas; tal vez no era necesario nada de eso. Todo lo que hacemos y deshacemos, como madres, quizá es para nosotros, no para ellos. ¿Mi hija recordará su fiesta de sirenitas? No, no lo hará». Luego agregó «Quizá solo se trataba de mi miedo. Si me puedes eliminar tan fácilmente de la fotografía durante ocho meses, entonces, ¿qué estoy haciendo? ¿De qué se trataba mi maternidad?». Estacionada en Qatar, donde la enviaron en su lugar cuando el presidente Trump ordenó un retiro de tropas de Afganistán, Daphne hablaba con sus hijos todos los días. Se levantaba a las 4:00 a. m., en su horario, para darles las buenas noches; les leía por Zoom para que ellos pudieran ver cómo pasaba las páginas.

Los días de Daphne estaban llenos de reuniones para hablar de temas que iban desde extensiones de contratos hasta investigaciones de acoso sexual. Emitía opiniones sobre ética y declaraciones de políticas públicas relacionadas con la pandemia. Pero cuando el día llegaba a su fin tenía un regalo inesperado: tiempo para ella. «Tendemos a perdernos y a definirnos en relación con nuestros hijos», me dijo un día cuando estaba a la mitad de su desplazamiento. «No tener eso y contar con más tiempo me ha permitido volver a enfocarme en Dafne y en lo que a ella le gustaba hacer. Me había hecho muy buena en yoga, empecé a pintar, aquí puedo hacer cosas que no puedo hacer en mi país sin sentirme avergonzada. Cuando la gente competía por mi tiempo y atención en casa yo trataba de hacer todas las tareas para todos. Ahora no quiero hacer eso. Dedico mi tiempo o a resolver un problema o a hacer algo que disfruto».

En seis años, Daphne habrá completado dos décadas de servicio en la fuerza aérea. Planea jubilarse en ese momento, sabiendo que su familia tiene la seguridad de pensión y sus prestaciones. Sus hijos tendrán 14, 12 y 9. «Toda su vida me han visto levantarme a diario y ponerme el uniforme. Saben cuál es el poder de una mujer. Conocen el poder de su mamá. Ven mi sacrificio y mi dedicación a mi país. Después verán el otro lado; que me quito el uniforme y concentro mi atención en mi familia». Daphne tiene la intención de empezar una nueva carrera a los 46 años. Después del estrés y el miedo de que sus tres hijos nacieran prematuros y necesitaran quedarse más tiempo en el hospital, quiere ir a la escuela para capacitarse como enfermera y cuidar a bebés en la unidad de cuidados intensivos neonatales.

La devoción de Daphne por planear fiestas de cumpleaños me hizo pensar en mis propios defectos en este aspecto. Rituales valiosos como estos pueden exhibir una decisión controvertida para algunas madres cuando se pierden esos eventos debido a la presión del trabajo. En febrero de 2018, mis alumnos del seminario y yo tomamos un caso en el condado de Humboldt, a 6 h de San Francisco. Casi de inmediato implicó hacer sacrificios que eran una locura; más de una vez tuve que llamar a Matt para rogarle que se quedara con los niños una noche más porque no me daba tiempo de volver a casa hasta mucho después de que se hubieran acostado. A principios de mayo fue claro que iríamos a juicio, uno breve, pero de grandes consecuencias. En una conferencia telefónica el 14 de mayo, el juez sugirió una fecha en esa semana: el jueves 17 de mayo. Los abogados de la contraparte, que eran nuevos en el caso, pidieron más tiempo. Yo me negué. Tres meses después, mis alumnos y yo supimos por qué lo habían pedido. El caso era mucho más complejo como para tratarlo en cuestión de días y, por lo tanto, no había manera de que nuestros adversarios se prepararan bien. Yo no quería desaprovechar esa ventaja crucial.

Después llamé a Matt para cambiar los horarios de custodia. Le expliqué que tenía que irme el 16 de mayo para manejar hasta allá y estar lista para el juicio al día siguiente.

Al otro lado de la línea solo escuché silencio.

—¿Qué? —dijo al final—. ¿Qué día es el 16 de mayo? —preguntó.

Hice una pausa para pensar.

—Es miércoles —respondí.

—El 16 de mayo nuestra hija cumple 7 años.

El alma se me cayó al suelo; no solo por el conflicto, sino por no haberme dado cuenta de que existía uno.

—Habla con el juez y dile que aceptas retrasar la fecha —propuso.

—No —respondí.

Se hizo un silencio ruidoso por las palabras no dichas. Sabía que mi actuar parecía horrible: egoísta, sin compasión, incluso cruel. Escogía de nuevo mi trabajo. Esa elección y la desaprobación de Matt son la razón, más que ninguna otra, de que ya no estemos juntos.

Al mismo tiempo, nunca dudé, ni siquiera cuando Ella rompió en llanto y yo tuve que morderme el interior de la mejilla para no llorar. Mi hija tendría otros cumpleaños. Mi cliente solo tenía una oportunidad para ganar este caso. Como su abogada, mi trabajo era asegurarme de que esta fuera su mejor oportunidad. De este modo, después de prepararle a Ella un *hotcake* con chispas de chocolate en la mañana, la fui a dejar a la escuela, recogí a mi cliente y partimos hacia el norte. Cuando mi hija sopló las velas de su pastel de cumpleaños, yo estaba a 500 km de distancia, en un hotel con mis alumnos de derecho, sumergida en una pila de documentos y armando nuestro plan para el encuentro final.

Cuando *The New York Times* publicó mi artículo en el que relato esta historia, docenas de mujeres me escribieron para decirme que esa también era su historia. Una consejera financiera veterana, cuyos hijos en la actualidad tienen 34 y 29 años, escribió que a veces ella le había dado prioridad a su carrera para ascender en el escalafón corporativo y convertirse «en directora general de una empresa con muchos recursos, a pesar de todo lo que tenía en contra». Le preocupaba engañar a sus dos hijos. Pero, escribió, «Ahora que pienso en ello, no cambiaría nada de eso». Victoria Mulhern me dijo: «He ocupado puestos de liderazgo a lo largo de mi trayectoria. Me sentí mucho mejor después de leer tu artículo». Como directora ejecutiva de asuntos docentes y desarrollo profesional en la Facultad de Medicina Perelman, de la Universidad de Pensilvania, Victoria afirmó: «Siempre he amado mi trabajo, aunque no necesariamente las 80 h a la semana. Me opongo al término equilibrio entre trabajo y vida personal, que de alguna manera degrada el trabajo y celebra la vida. Siempre me sentí culpable de que, a veces, estaba más comprometida con mi trabajo que con mis hijos; pero nunca, ni por un momento, hubiera dudado de mi gran devoción y amor por ellos. Ahora son unos jóvenes maravillosos, consumados y comprometidos con su trabajo y su vida».

Stacy Francis, la planificadora financiera cuya experiencia cito en el capítulo 6, me dijo que en los primeros años de la vida de su hijo y su hija estuvo mucho tiempo ausente porque levantó su empresa, Francis Financial, de la nada. Ver sufrir a su abuela en un matrimonio que no podía abandonar encendió una llama en Stacy. Decidió orientar a las mujeres en cuanto al manejo de sus finanzas, así como a invertir y planear su jubilación. El 70% de los clientes de Stacy eran mujeres que se encontraban de pronto solas después de un divorcio o la muerte de su pareja. Con demasiada frecuencia, todas habían delegado las decisiones financieras importantes a su esposo. «Cuando ambos están empoderados», explicó, «el matrimonio es más sano y la pareja más equitativa».

Como muchas niñas, Stacy decía que no era buena para las matemáticas; los idiomas eran su don, no los números. Pero en la universidad empezó a tomar clases de economía. «Ver cómo las finanzas pueden atrapar a alguien en una relación tóxica fue suficiente para superar mi miedo de no ser demasiado buena. Me di cuenta de que la independencia financiera era la diferencia entre la vida y la muerte, y si no entendía el dinero y me obligaba a aprender, terminaría igual». En cuanto a las matemáticas, sonrió y agregó: «Resultó que soy bastante buena».

Cuando la abuela de Stacy murió en 2005 por violencia doméstica, ella fundó una organización de beneficencia llamada Savvy Ladies. «Hemos trabajado con 20 000 mujeres necesitadas de manera gratuita, algunas en relaciones abusivas, otras que eran como nosotras: mamás casadas, mamás solteras, mujeres maravillosas que tenían dificultades por la falta de seguridad financiera». Stacy usa sus ingresos de Francis Financial para financiar y gestionar la beneficencia. «Podía trabajar como voluntaria, apoyar en la preparación de las comidas u organizar recepciones para recibir a otras fundaciones, pero lo que mueve la balanza no es dar mi tiempo, sino dinero para poder financiar el buen trabajo. Savvy Ladies me dio mi pasión: quiero hacer dinero para poder donar más dinero. Quiero hacer mucho dinero y no hay nada de malo en ello».

Dirigir dos empresas, una de las cuales por definición no era rentable, significaba manejar dos nóminas, dos presupuestos, dos equipos de personal y dos boletines informativos. Los primeros años fueron «los más difíciles de mi vida, sin duda», dijo Stacy. Su esposo, Michael, quien también trabajaba en finanzas, le proporcionaba un apoyo financiero y emocional decisivo mientras ella enfrentaba estos retos como madre primeriza. «Mi licencia de maternidad era de tres días. Con mi hija tomé tres semanas. Fue una época triste y brutal para mí». Al principio, después de meter sus ganancias en Savvy Ladies, el salario con el que se quedaba era muy poco. «Había años en los que mi niñera ganaba más que yo». Pero Stacy estaba decidida a tener éxito y nunca dudó de que lo alcanzaría. «Soy una de las personas más ambiciosas del planeta», me explicó, «y siempre supe que tendría éxito. Estaba determinada en hacer crecer la empresa rápido para que después tuviera tiempo disponible y pudiera estar con mis hijos».

Stacy se crio en Howell, un pequeño pueblo en Michigan. La familia vivía en una granja donde cultivaban la mayor parte de su comida y cortaban su propia madera. Sus padres la educaron para creer en la importancia del trabajo duro y también en sus propias habilidades: «Nunca pensé que para mí había un límite». Aproximadamente siete años después de que fundó Francis Financial, Stacy empezó a ganar tanto dinero como el que ganaba en su empleo anterior como banquera de inversiones. Hoy, su negocio tiene 13 empleados y vale 10 millones de dólares. Gana más que su esposo y su éxito le brinda a él más flexibilidad en su carrera.

Los años que le dio prioridad a su trabajo es lo que le ha permitido a Stacy poner ahora en primer lugar a su familia. Sigue llegando a su escritorio a las 5:30 a. m., pero toma tiempo libre a mediodía para ir a las juntas de padres y maestros, a excursiones escolares o llevar a su hija a esquiar cuando la familia va a su casa de Vermont. «He encontrado un equilibrio que no siempre está en equilibrio. Cuando está en equilibrio mi trabajo es emocionante, revitalizante, no me canso de él y lo amo, lo amo, lo amo. Cuando paso mucho tiempo sin descanso y no paso momentos con mi familia, pierdo la energía y la pasión por mi trabajo. Eso es lo que he aprendido con los años».

Yo no gano ni de cerca el dinero que gana Stacy ni tengo la capacidad de dirigir dos empresas al mismo tiempo. Pero al igual que ella, la inversión temprana en mi carrera, el ritmo extenuante y la priorización de mi trabajo rindieron frutos. La plaza de titular me brindó más que seguridad laboral. Básicamente, me dio la libertad de tener mi propio horario. Con la titularidad viene la posibilidad de decir no. Igual que Stacy, ahora puedo adaptar mi trabajo a mis hijos. Trabajo tanto como antes, pero diferente.

La ventaja no solo es financiera, aunque la estabilidad económica es un componente clave. Un puesto de docente titular me permite hacer lo que amo: escribir, enseñar, litigar, viajar y comprometerme con casos que me interesan profundamente. Me da un propósito y flexibilidad. Estoy orgullosa de lo que he logrado. Sí, a veces me alejó de mis hijos. Ese tiempo ausente era necesario e importante. No me da miedo ni me avergüenza decirlo. Por supuesto, tengo malos días y momentos de mal humor, pero en general soy una persona feliz y satisfecha, y eso me hace mejor madre.

No todas las mamás trabajadoras están en una profesión que ofrece el tipo de flexibilidad del que yo gozo. Pero en el siglo XXI hiperconectado, tras la pandemia, trabajar a distancia y con un horario flexible no es solo una utopía o una opción disponible para unos cuantos privilegiados; se está haciendo cada vez más común y algunas madres trabajadoras lo solicitan. Una de esas madres es Kenzie, a quien entrevisté al principio de este libro con su esposa, Abbie, y su recién nacido, Dashiell.

Cuando el empleador de Kenzie anunció el 1.º de junio de 2021 que todos debían volver al trabajo presencial, ella decidió que no era negociable. Sencillamente no estaba dispuesta a pasar de 8 a 10 h al día lejos de su bebé. Tampoco pensaba que tenía necesidad de hacerlo. Meses de trabajar a distancia no habían cambiado su capacidad de ser efectiva en su trabajo. Mientras discutía con su jefe, Kenzie recurrió a su confianza con base en esa experiencia. «Pensaba que mis capacidades [como organizadora comunitaria y formuladora de políticas] era algo que se hacía en persona, afuera en la comunidad; ahora sé que puedo hacer un buen trabajo en este contexto. Puedo contar una mejor historia sobre lo que soy capaz de hacer en condiciones más flexibles que incluso podrían empoderarme en roles futuros». Para su sorpresa, su jefe no necesitaba que lo convencieran. «Confiamos en ti», le dijo a Kenzie. No era confianza ciega, Kenzie tenía un historial demostrado en el que se podía confiar.

En la actualidad, luego de la pandemia, sería interesante ver si un número significativo de jóvenes madres trabajadoras toman un enfoque similar al de Kenzie y recurren a su historial de excelencia para cambiar las normas sobre lo que se necesita para sobresalir en el trabajo y solicitar más flexibilidad. Una ventaja inesperada de la tristeza que trajo el coronavirus es la manera en la que ha acabado con las ideas tradicionales del trabajo; a saber, que solo puede hacerse lejos de casa. Por supuesto, muchas madres trabajadoras no tienen la opción de trabajar en casa; sus empleos en el servicio o la industria requieren un contacto personal. Otras tratan de negociar mejores salarios y horarios más razonables solo para que les digan que no. Para algunas mujeres, la respuesta es emprender solas. La cantidad de mujeres que son dueñas de pequeños negocios* ha aumentado gradualmente con los años y en la actualidad representa casi el 20% de todos los pequeños negocios que produjeron más de 1000 millones de dólares tan solo en 2018.[7]

Diana renunció a su trabajo en el salón de uñas el 26 de mayo de 2016 para empezar su propia empresa como estilista. En las semanas previas a marcharse, les contó a sus clientas de sus planes. Aunque Diana nunca lo ofreció, muchas clientas le pidieron sus datos de contacto. «Quería que la gente viniera por su voluntad, no como si yo las obligara, y no era mi intención que se sintieran incómodas o como si quisiera llevármelas a mi local». Pero cuando se lo pedían, Diana les daba su número de celular esperando que algunas se fueran con ella.

Se dedicó a decorar su nuevo espacio de trabajo, rentado dentro de un salón de belleza más grande que era propiedad de una de sus clientas. Creó una atmósfera tropical y relajante, con un cuadro de una cascada y el lema «Refréscate, relájate, renuévate» en esténcil sobre la pared blanca. «Por las noches no podía dormir porque pensaba cómo organizar el espacio; quería que fuera perfecto». También compró productos; por primera vez era responsable de comprar y conservar en buenas condiciones su propio equipo de estilista.

En ese momento, el teléfono empezó a sonar. «Mis hijos se emocionaban cada vez que una clienta llamaba para hacer

---

* En 2019, las empresas con participación femenina en su propiedad representaban el 45.3% en Latinoamérica y 44.4% en el Caribe (bit.ly/4byhsEO). (N. *de la e.*).

una cita en mi nuevo negocio. Eso me hacía sentir muy bien. Desde el principio tuve éxito y me di cuenta de que se debía a que mis clientas me amaban». Diana llegó a conocer a las clientas del salón de belleza y ahí también hizo negocio. Junio fue tranquilo, pero para julio ya estaba más ocupada. Luego vinieron las vacaciones y su agenda estaba repleta. El negocio tenía temporada alta, ya que las clientas iban a depilarse y por otros servicios cuando salían de viaje o acudían a fiestas. En general, de enero a abril es más lento. Cuando todo se calmó en 2019, el esposo de Diana empezó a preocuparse. Pero incluso en los meses bajos, dijo Diana, ganaba más de lo que nunca ganó en el salón de uñas, incluso después de pagar la renta y los insumos. Sus clientas regulares le proporcionaban una fuente de ingreso base.

Diana se dio cuenta de los estragos que los años anteriores habían causado en su salud. «Mi cuerpo era como el de una anciana», dijo. «No me cuidé». Unos meses después de empezar su negocio, se anotó a clases de yoga en un estudio que estaba muy cerca de su trabajo. Luego se inscribió a clases de ritmo y danza. En sus palabras fue «la primera vez en mi vida que hago algo por mí». Ser propietaria de su negocio lo hizo posible porque podía manejar sus propios horarios. Algunos días, Diana llegaba muy temprano y trabajaba hasta las 9:00 p. m.; otros días se tomaba las tardes libres o llegaba a mediodía. «Yo soy la que tiene el control. Lo que quiera hacer, como quiera hacerlo, depende de mí».

Al principio, Diana mantuvo en secreto sus rutinas de ejercicio y no le contó a su esposo. Le preocupaba que dijera que estaba desperdiciando su dinero o que debería pasar ese tiempo en casa con él y los niños. «Pero yo sabía que lo necesitaba para mi salud mental y ha marcado una gran diferencia en mi vida». Puesto que ella es quien siempre manejó sus finanzas, dijo que él no cuestionaba sus decisiones, siempre y cuando pudiera ganar lo suficiente para mantenerlos. «Estoy comprando mi salud y mi felicidad», explicó. Su nuevo horario autoimpuesto también significaba que dormía más y tenía más tiempo para pasarlo con su familia.

Luego llegó la pandemia. En marzo de 2020, Diana se vio obligada a cerrar su negocio. Recibía 175 dólares a la semana por desempleo, hasta que la ley CARES entró en vigor y aumentó a 600 dólares. Haciendo uso de sus ahorros, la familia pudo vivir hasta septiembre, apoyados por el hecho de que la dueña del salón de belleza no le pidió que le pagara renta. Cuando pudo abrir en septiembre, la clientela de Diana se había reducido a la mitad porque muchas de sus clientas tenían miedo de enfermarse. Pudo negociar mejores prestaciones del seguro estatal de desempleo cuando entró en vigor el segundo confinamiento en California y el estado le pagaría 450 dólares a la semana, pero debido a que el Congreso retrasó la promulgación de otra iniciativa de ley para ayuda, durante semanas no contó con prestaciones federales adicionales. A finales de enero de 2021 obtuvo ese dinero adicional y ella y su familia vivían con 775 dólares a la semana y un pago familiar único de 2400 dólares. El dinero ayudó, dijo Diana, así como el ingreso adicional que recibía su esposo por vender los pericos que había criado en el jardín trasero, pero tuvo que recurrir en gran medida a sus ahorros.

Sin embargo, Diana es una de las afortunadas. California ofrece prestaciones estatales de desempleo al 41% de sus trabajadores desempleados, el sexto porcentaje más alto en el país. La mayoría de los estados es mucho más avara. Florida, por ejemplo, cubre solo al 11% de sus trabajadores; y Carolina del Norte es el último, con el 9%.[8] La falta de cobertura no toma en cuenta el género, pero el efecto desproporcionado que tuvo la pandemia en las mujeres dejó a las madres trabajadoras particularmente vulnerables.[9]

Durante estos meses de incertidumbre económica, Diana tuvo problemas de estrés y depresión. Trató de mantenerse ocupada cocinando, limpiando y realizando proyectos de arte con sus hijos cuando ellos terminaban otro día frente a la pantalla en la escuela a distancia. Pero conforme pasaron las semanas, grises y confusas, su frustración y ansiedad aumentaron. «En casa, soy una esposa, una mamá. No hay tiempo para mí», dijo. Dejó de hacer ejercicio; el estudio de danza estaba temporalmente cerrado y el de yoga cerró de manera permanente. Incluso si hubiera podido pagar clases en línea, dijo que «no era de las personas que se ejercitan en casa. Me gusta salir y estar con la gente. Soy extrovertida».

La experiencia de Diana con el COVID es muy común, sobre todo para las mujeres no blancas que mantienen a su familia.[10] Las mujeres de color absorbieron el 100% de la pérdida de empleo en diciembre de 2020, en tanto que los números de empleos para hombres en realidad aumentaron en las estadísticas, igual que para las mujeres blancas.[11] Las mujeres negras, latinas y asiáticas estadounidenses fueron las más afectadas por el virus a nivel económico debido a que, de manera desproporcionada, tenían trabajos en las industrias más afectadas: venta al menudeo y hotelería. Este trabajo no se puede hacer por Zoom.

Incluso sin la orden judicial de cerrar los negocios, millones de personas dejaron de viajar, ir a hoteles y hacer compras en persona más que para lo estrictamente necesario. En octubre de 2019, la tasa de desempleo de los asiáticos estadounidenses fue del 2.8%; un año después, llegó casi al 11%.[12] En diciembre de 2020, la tasa de desempleo para las latinas superaba el 9%; para las mujeres negras fue del 8.4%, en tanto que para las mujeres blancas fue del 5.7%.[13] En febrero de 2020, un mes antes del peor periodo de la pandemia en Estados Unidos, las mujeres constituían apenas un poco más del

50% de la fuerza laboral. Diez meses después, la paridad se había mermado y las mujeres perdieron casi un millón más de empleos que los hombres. La mayoría de estas mujeres era madre.[14]

La llegada de la vacuna ha permitido que el país se vuelva a abrir, a trompicones y con restricciones significativas en muchos estados. Millones de empleos han regresado y la tasa de desempleo ha bajado desde su pico más alto en la pandemia, de casi el 15%, a poco más del 5%.[15] Pero muchos negocios siguen teniendo dificultades porque funcionan bajo un contexto de incertidumbre cuando los casos de COVID-19 alcanzan su máximo porque ponen la reapertura en completa duda. No está claro cuáles son los impactos del coronavirus a largo plazo para los dueños de pequeñas empresas como la de Diana, que se esfuerzan por conservar su lugar en la clase media. La firma del presidente Biden de una iniciativa de ley de 1.9 billones de dólares ha sido aplaudida por los expertos en economía como un cambio radical; la legislación no solo aborda el impacto del COVID,** sino que va más allá, con beneficios diseñados a reducir la pobreza infantil y apoyar a los padres de la clase trabajadora.[16] En 2021, también se propuso una legislación federal diseñada para reparar la desgastada red de seguridad nacional con créditos fiscales que permitirían a los padres compensar el costo de guarderías, inscribir a sus hijos en preescolares gratuitas y tener mejor cobertura médica.[17] Pero las posibilidades de que dicha iniciativa de ley integral se apruebe son mínimas. Incluso si se promulgaran

** Los esfuerzos de los países latinoamericanos para enfrentar los efectos sociales y económicos de la pandemia se enfocaron a fortalecer los sistemas de salud pública, apoyar a las familias y proteger la estructura productiva, usando como instrumentos principales los subsidios y transferencias corrientes (bit.ly/3uLEiZ7). (*N. de la e.*).

algunas partes, queda la pregunta de cómo se distribuirá el dinero y cuál será el alcance de esos cambios en la política.

Poco antes de que California permitiera la reapertura de los salones de belleza y de uñas, a principios de marzo de 2021, le pregunté a Diana cómo planeaba avanzar. Sus ojos se iluminaron. «Seré mucho más feliz cuando no sea ama de casa», dijo. «Necesito trabajar en mi salud mental, no solo en la financiera». Pero también reconoció que reconstruir su negocio no sería fácil, «me llevará tiempo regresar a la normalidad incluso con la vacuna». «¿Cuánto tiempo?», le pregunté. Lo pensó un momento y se encogió de hombros. «En este momento es difícil saberlo, pero no me rindo. Sigo esforzándome».

Las madres ambiciosas sin una licenciatura que trabajan en el sector terciario de la economía se han visto afectadas de manera desproporcionada. Como dijo Diana: «Las personas que trabajan en restaurantes, hoteles y la industria de la belleza recibieron un duro golpe». Tanto Hely como su esposo fueron despedidos de Cookshop en marzo de 2020, después de que la ciudad de Nueva York se convirtió en el epicentro de la pandemia y los restaurantes en toda la ciudad cerraron por completo. Al principio les dijeron que el despido temporal duraría cuatro semanas; de hecho, fueron diez. «Le dije a mi esposo que nos íbamos a volver locos en este departamento». Se mudaron a casa de la hermana de Hely, una madre ama de casa que vive en una propiedad de varias hectáreas en Georgia con su esposo y cuatro hijos. Durante ese tiempo, sobrevivieron con el seguro de desempleo, que les permitió seguir pagando la renta de su departamento en Queens. Hely pasó más tiempo con su hijo como nunca antes lo había hecho, y lo disfrutó, aunque se sentía ansiosa. Pero al final, moría de ganas de volver al trabajo. «Fue la primera vez en mi vida, desde que tenía 16 años, que no trabajaba», me dijo. Cuando hablé con

Hely a finales de enero de 2021, Cookshop estaba abierto otra vez, aunque solo con servicio para llevar y comer en la terraza. Le bajaron el sueldo y no estaba segura de cuándo volvería todo a la normalidad. Dijo que 2019 fue el mejor año de Cookshop, y 2020, el peor. «Al considerar los cálculos, recuperar lo que habíamos perdido nos llevaría al menos dos o tres años. Y ese era en el mejor de los casos». Pero Hely era optimista. Los dueños de Cookshop están dispuestos a arriesgarse temporalmente. La reputación del restaurante, su historial de rentabilidad y la lealtad a ultranza de los clientes auguraban un buen retorno. Incluso en esta etapa difícil, Hely sigue creyendo que está en camino de que la asciendan. La idea de dejar la industria, mucho menos el campo laboral, nunca le pasó por la cabeza.

Para mí, como para muchos profesionales asalariados, el impacto financiero del coronavirus fue insignificante, pero ha transformado mi trabajo y mi vida familiar. Durante meses, mis hijos y yo trabajamos y aprendimos en el mismo espacio: un departamento de un piso. A unas semanas de la pandemia, convertí mi oficina en una recámara para mi hijo, quien antes compartía la habitación con mi hija. Durante más de un año, di clases a distancia y asistí a reuniones virtuales mientras estaba sentada en la cocina y mis hijos entraban y salían durante sus recesos para comer y descansar. A menos de que tuviera un plazo establecido, escribía solo los días en los que estaban con Matt.

El coronavirus arrasó con el muro, ya poroso, entre mi vida laboral y familiar. Al principio, las interrupciones eran exasperantes. Cuando daba clase, mi hijo en ocasiones pasaba y hacía algún comentario. Una vez, cuando estaba en una videollamada con un juez y un grupo de abogados, mi hija abrió la puerta del refrigerador detrás de mí y dejó expuesto el contenido frente a todos. Luego me regañó por haber olvidado comprar miel de maple. Me sentí, lo era, muy poco profesional. Extrañaba el silencio y la privacidad de mi propio espacio, de poder cerrar la puerta y estar sola.

Sin embargo, tener a mis hijos todo el tiempo echando un vistazo sobre mi hombro y apareciendo detrás de mí ha tenido algunas ventajas inesperadas. Mi trabajo ha cobrado vida y les ha brindado una comprensión más completa de por qué lo hago. Carter y Ella siempre han conocido las generalidades de las historias de mis clientes; ahora veían sus rostros y escuchaban su voz. Se seguían sintiendo frustrados por mi distracción, pero también veían con sus propios ojos a los seres humanos cuyas vidas estaban en juego.

Un caso particular llamó su atención. En 2019, los alumnos de mi seminario y yo tomamos el caso de Yutico Briley Jr., quien había sido declarado culpable de un robo a mano armada en Nueva Orleans que duró menos de dos minutos y consistió en 102 dólares. Aunque Yutico solo tenía 19 años en ese entonces, recibió una sentencia de sesenta años de cárcel sin posibilidad de libertad condicional. El caso en contra de Yutico consistió en la identificación transracial de la víctima, de raza blanca, casi un día completo después del crimen. Yutico, que es negro, era el único sospechoso que la policía le presentó. Existía evidencia en cámaras de videovigilancia, grabaciones en teléfonos celulares y declaraciones de testigos de que Yutico se encontraba a 13 km cuando se cometió el crimen. Pero los abogados de Yutico no presentaron esa coartada como defensa; de hecho, no presentaron ninguna defensa. El juicio duró menos de una tarde completa.

Cuando la cárcel de Luisiana en donde Yutico estaba recluido empezó a permitir visitas por Zoom en 2020, mis hijos lo conocieron en línea. Se enfrascaron en bromas; Yutico molestaba a Carter con los 49ers de San Francisco, y a Ella le dijo que dejara de hablarme de manera irrespetuosa. ¿Era apropiado? Un año antes, sin duda hubiera dicho «Por supuesto que no». Pero estos intercambios le dieron tanto a mi cliente como a mis hijos una dosis de conexión humana saludable. Cuando fui a Nueva Orleans en diciembre de 2020 a investigar el caso, mis hijos no se quejaron de mi ausencia. A sus 9 y 11 años de edad, entendían el papel de las malas políticas, la mala abogacía y la indiferencia hacia las vidas negras que le quitaron la libertad a Yutico. Sabían que tenía que ir a recopilar evidencia para probar su inocencia. En ese momento, Yutico no solo era un nombre: era un rostro, una voz, una persona a la que habían llegado a conocer. Su relación con Yutico, con mis alumnos y mi trabajo nos acercó.

En marzo de 2021, regresé a Nueva Orleans para una audiencia por el caso de Yutico. A cargo estaba un nuevo fiscal de distrito. A diferencia de su predecesor, entendía la gravedad de la injusticia y dijo que no se opondría a su liberación. El juez que había sentenciado a Yutico había sido destituido varios meses antes. El nuevo juez era un exabogado de derechos civiles muy respetado y exabogado de oficio. Las perspectivas de Yutico, que durante ocho largos años tras su acusación fueron débiles, de pronto parecían más optimistas.

Sin embargo, algunas disputas de último minuto me tenían con el alma en vilo, como la solicitud a última hora del fiscal de distrito de verse en privado con el juez para llegar a un acuerdo sobre un asunto secreto antes de que prosiguiéramos. Durante tres noches apenas dormí. La mañana de la audiencia desperté por el sonido de los latidos de mi corazón y un mensaje de mi hija: «¡Mami!», escribió, «¿Estás nerviosa? ¿Quieres vomitar?». Me preguntaba si la necesitaba y le respondí que tenía miedo. Trató de tranquilizarme en su respuesta y agregó que ella y Carter iban a ver el procedimiento jurídico por Zoom.

Cuando llegó el momento de ponerme de pie para explicarle a la jueza por qué debía liberar a Yutico, usé tantas palabras suyas como pude; cité sus llamadas desesperadas desde la cárcel, que habían quedado grabadas, a su abogado y una carta que le escribió a un amigo (la carta que nos convenció a mí y a mis alumnos de derecho de que debíamos tomar su caso). Describí las prácticas racistas que llevaron a la condena injusta. Le dije a la jueza: «Yutico Briley fue condenado en 2013, y es como si lo hubieran culpado en 1813». Era un discurso apasionado, incluso para mis estándares. Hasta en dos ocasiones usé malas palabras. Pero creo que el tono era el correcto. Yutico quería que se contara su historia, la verdadera historia, y no había manera de hacerlo sin expresar indignación.

Cuando fue el turno de la fiscalía, el fiscal adjunto del distrito aceptó que Yutico era inocente y ofreció una disculpa en nombre del estado. Desde su lugar, la jueza dijo que el caso era «espantoso» y un «ejemplo de manual» de cómo, con mucha frecuencia, el sistema falla de manera catastrófica. La jueza ordenó la liberación de Yutico. Al salir, leí un mensaje de texto de mi hijo: «¡Bieeennn hechoooo!», su máxima expresión de emoción y euforia.

No pude asistir a la junta de padres y maestros de cuarto grado de mi hija. Ella me perdonó, aunque estaba un poco enojada y triste. Pero por la expresión en su rostro cuando habló con Yutico por FaceTime el día de su exoneración, apostaría que lo entendía.

Las palabras más alentadoras que escuché sobre mi desequilibrio entre el trabajo y mi vida las formuló Pamela Metzger. Igual que yo, es una abogada litigante que se hizo profesora de Derecho, y tiene un hijo y una hija. Durante casi un año, de septiembre de 2005 a agosto de 2006, Pam iba y venía de Atlanta a Nueva Orleans para hacer trabajo legal después del huracán Katrina. Hoy, es directora del Centro de Reforma de

Justicia Criminal de la Escuela de Derecho de Southern Methodist, en Texas. «Tus hijos lo entenderán, te lo prometo», me escribió. «Mi hijo de 21 años es la primera persona que se para en la calle para grabar un "encuentro entre policías y ciudadanos". Mi hija, que tiene 18, dirigió la marcha de los estudiantes de Dallas y organizó la marcha de protesta estudiantil cuando la Asociación Nacional del Rifle se reunió en Dallas. Sí, me echan en cara que "siempre estaba afuera", pero también presumían [con] sus amigos que su mamá demandaba a todos los jueces de Nueva Orleans».

Luego, agregó: «Nuestros hijos siempre están observando, incluso cuando no estamos ahí. Y no estamos priorizando nuestro trabajo por encima de nuestros hijos. Tenemos que construir el mundo que queremos para ellos, ladrillo por ladrillo. Así que les estamos mostrando que la justicia y la paz no son gratuitas. Les estamos mostrando que eso tiene un precio que estamos dispuestas a pagar. Les estamos mostrando que hay felicidad en el trabajo de ayudar a otras personas. Tú hiciste que *tikkun olam*[18] sea real para tus hijos. Para mí, eso significa que ya los estás eligiendo a *ellos*».

CAPÍTULO 8

Los niños están bien

El sentido común convencional enseña que las madres que dan prioridad a su carrera lo hacen a expensas de sus hijos. Esta forma de pensar ha pasado como verdad durante décadas, haciendo que millones de madres se sientan avergonzadas e inferiores, siempre ansiosas por su ausencia física del hogar, como si eso significara negligencia emocional de sus hijos. Pero los datos no respaldan esta idea.

Algunos estudios empíricos mostraron que los hijos de madres trabajadoras estaban bien; de hecho, muchos eran muy prósperos. De acuerdo con una investigación de 2018, era más probable que las hijas de madres trabajadoras obtuvieran un empleo, ganaran sueldos más altos y tuvieran trabajos con responsabilidades de control; en tanto que los hijos varones, con mayor probabilidad, dedicarían tiempo a cuidar de los hijos y otras responsabilidades domésticas que aquellos cuyas madres eran amas de casa. Dicho estudio, realizado por la profesora Kathleen McGinn, de la Escuela de Negocios de Harvard, evaluó a 100 000 hijos adultos en 24 países desarrollados y encontró que los hijos de madres trabajadoras eran tan felices como los de las amas de casa.[1]

Existen algunos calificadores. El estudio se basó en autoinformes[2] y no medía la intensidad o los horarios del empleo de la madre.[3] En su lugar, la pregunta clave fue si las madres trabajadoras fueron modelo para sus hijos.[4] La respuesta a esa pregunta, enfática y rotunda, fue sí: «Las hijas de madres trabajadoras, al enfrentarse a oportunidades y desafíos de tener sus propios hijos, parecen tanto motivadas como capaces de imitar a su madre para manejar su empleo y el cuidado de los hijos al mismo tiempo».[5] Esto se debía en parte a que las madres trabajadoras les «transmitían comportamientos de igualdad de género y habilidades de la vida para gestionar el empleo y las responsabilidades domésticas de forma simultánea». Los autores aclararon que estos resultados no eran una crítica a las madres amas de casa, sino una refutación de la creencia arraigada de que la decisión de permanecer en casa, para las madres que tenían la elección, es la mejor.

Los hallazgos de la profesora McGinn replicaban los de estudios anteriores sobre el mismo tema que consideraron tamaños de muestra más pequeños. Pamela F. Lenehan, autora de *My Mother, My mentor: What Grown Children of Working Mothers Want You to Know* (Mi madre, mi mentora: lo que los hijos adultos de madres trabajadoras quieren que sepas), encuestó a mil hijos adultos, algunos cuyas madres se quedaban en casa y otros cuyas madres trabajaban. Encontró que no había diferencias en cuanto a la felicidad, nivel de educación o empleo entre ambos grupos. No obstante, Lenehan sí detectó que un porcentaje más alto de hijas de mujeres trabajadoras le daban el crédito a su madre por inculcarles independencia. El estereotipo persistente de la madre trabajadora negligente, teorizó Lenehan, se debía en parte a la duda entre las madres trabajadoras de que su generación «publicitara» su éxito como madres; es decir, gritar a voz en cuello y con orgullo su capacidad de criar hijos sanos y bien adaptados.[6] Las exhortó a dar un paso adelante, no solo como ejemplos, sino también para que brindaran consejo y apoyo a las mujeres que venían después de ellas.

En 2014, la socióloga Amy Hsin y la economista Christina Felfe publicaron los resultados de un estudio que realizaron para probar la suposición de que «el empleo de las madres es perjudicial principalmente porque les arrebata a los niños tiempo valioso con sus padres».[7] Encontraron una diferencia de cantidad, pero no de calidad. No sorprende que los hijos de madres que se quedan en casa pasan más tiempo con su madre, pero mucho de ese tiempo consiste en «actividades no estructuradas»; es decir, actividades que «requieren el menor tiempo de intercambio verbal» y «compromiso directo». Tanto las madres que trabajan como las que se quedan en casa pasan casi el mismo tiempo de «calidad» con sus hijos, entendido como estar presentes e implicadas durante «actividades estructuradas y educativas» que promueven el desarrollo cognitivo y conductual del niño. La suposición de que las madres trabajadoras dañaban a sus hijos era «infundada», escribieron.

Un metaanálisis de 2010 de 69 estudios que se realizó a lo largo de cincuenta años exploró el impacto de las carreras de las madres en el desarrollo académico y emocional de sus hijos; encontró más beneficios que efectos negativos. En hogares monoparentales de todos los niveles económicos, los hijos de madres trabajadoras mostraron un mejor rendimiento académico y menos problemas conductuales. Si bien algunos estudios arrojaron que en ciertos hogares con ambos padres había un efecto neto negativo cuando las madres trabajaban durante el primer año de vida de los hijos, los autores advirtieron que la muestra era tan pequeña que no permitía sacar conclusiones definitivas. Su conclusión después de una revisión exhaustiva de la bibliografía fue que «las relaciones entre el éxito, los problemas de comportamiento y el empleo de las madres eran predominantemente insignificantes».[8]

Empecé a leer con inquietud sobre los resultados de los hijos de madres trabajadoras y acabé con un sentimiento de alivio. Los datos seguían el rastro de mi propia experiencia de niña. En particular, me pareció significativo el análisis del tiempo de calidad frente al de cantidad. Cuando hablé con mi madre sobre este estudio, me dijo que mis hermanas y yo nos quejábamos todo el tiempo de que trabajaba mucho, aunque en su mente ella hacía todo lo posible para darnos ese «tiempo de calidad» que los investigadores consideraban tan importante.

«¿Crees que trabajaba mucho?», me preguntó. Hice una pausa para pensarlo. «En esa época, sí, pero ahora no», respondí. Mi madre trabajaba mucho cuando yo era niña; lo sigue haciendo ahora que ya tiene setenta y tantos. Desde el inicio, incluso cuando resentía el tiempo que estaba alejada, entendí la importancia de su trabajo, que consistía en sanar a la gente y enseñar a estudiantes de medicina a curar a otras personas. Siempre me he sentido muy orgullosa de que mi madre sea la doctora Bazelon. Ese título significaba logro académico y determinación, un escape de la pobreza y una refutación contundente de la creencia sexista de que las mujeres no podían o no debían ser médicos.

Mi madre tenía tiempo para mí. No de la misma manera que las madres amas de casa (o, para el caso, que las madres que tenían menos hijos) tenían para sus hijos. Pero cuando la necesitaba, ella siempre estaba ahí. Relaciono a mi padre con mis mayores triunfos y, hasta hoy, es la primera persona a la que llamo para darle las buenas noticias. A mi madre la asocio con mis mayores vulnerabilidades y ella es a quien llamo cuando tengo miedo, estoy desesperada y no sé qué hacer.

Entre los hijos de las madres ambiciosas que he entrevistado, la confianza en su madre —en su juicio sensato, su capacidad y su apoyo— durante los peores momentos de la vida es un tema recurrente.

Me parezco mucho a mi madre de diferentes maneras. He trabajado sin interrupción, incluso arduamente, a lo largo de la vida de mis hijos. Pero también existen diferencias significativas. Debido a mi divorcio, pasaba menos tiempo con mis hijos que el que ella pasaba con mis hermanas y conmigo. Por mis decisiones laborales, viajo mucho más de lo que ella lo hizo, incluso más de lo que hizo mi padre (aunque ahora es menos cierto y ninguno de mis hijos tiene recuerdos claros de los años que pasé viajando de San Francisco a Los Ángeles). Lo que es parecido, hasta cierto punto, es la manera de criar. Valoro el tiempo que paso con mis hijos y trato de hacer que cuente. Igual que hacía con mis padres cuando era niña, hablamos de deportes, política, personas famosas, crímenes, escuela y trabajo. Compartimos miedos, risas, bromas e ideas creativas. Reímos hasta llorar. Sí, nos peleamos; me responden y yo grito. No, no soy la única responsable de que estén bien; tienen un padre maravilloso, una familia extendida amorosa y una comunidad acogedora.

No doy por hecho el bienestar actual de mis hijos; el mundo puede ser un lugar peligroso, convulsionado por la violencia y el conflicto. Incluso si son lo suficientemente afortunados para escapar al impacto directo de un evento de vida devastador, de manera inevitable aparecerán temblores y fisuras a lo largo de su vida, como desafíos, decepción, conflicto y pérdida. Así es la vida, como dicen. Pero al ser su madre —su ocupada, ambiciosa y trabajadora madre—, sé que juego un papel clave en su felicidad actual. Me adjudico el crédito de eso. Me adjudico el crédito de escuchar mi voz interior y abrirme paso. Mi vida es la total aceptación del desequilibrio; no en un tambaleo, sino como el símbolo del infinito: una parte sube al tiempo que la otra baja y luego sube y baja y vuelve a subir.

El feminismo del siglo XXI está bien enfocado en salarios iguales en el trabajo, la división equitativa de los quehaceres del hogar y la erradicación de muchos abusos y parámetros chovinistas que han sacado a las mujeres del campo laboral o han provocado que tengan que elegir salarios más bajos o empleos de medio tiempo. Pero el feminismo en el siglo XXI también debe ser más que eso. Debemos redefinir lo que significa ser una buena madre.

Ser ambiciosa y buscar la plenitud en el trabajo no son opuestos a la buena crianza; lo sabemos porque la sociedad recompensa estas cualidades cuando son ejercidas por los padres. Las madres no son egoístas al querer hacer también estas cosas; de hecho, se les debería *exhortar* a hacerlas. Las mujeres empoderadas y con seguridad económica son más felices, y los niños lo entienden y se benefician de ello, aunque signifique menos cantidad de tiempo en familia.[9]

Si los deseos de ser madre y profesionista exitosa se consideran compatibles, en lugar de incompatibles, las mujeres serán más felices en su hogar y su trabajo. Limitarse a un estándar que pueden lograr en lugar de buscar el equilibrio entre el trabajo y la vida privada libera a las mujeres del proyecto imposible y agotador de estar física y emocionalmente presentes en todo momento y todos los ámbitos.

Sin embargo, la prueba está en la experiencia directa. ¿Cómo están los niños? ¿Qué tienen que decir cuando les preguntan sobre su madre ambiciosa? No entrevisté a mis hijos ni a otros niños pequeños para tomar una decisión informada sobre si querían participar o no; pero sí quise escuchar directamente a los hijos adultos de madres ambiciosas, incluidos los hijos de las madres a las que entrevisté para este libro. ¿Cómo vivieron las decisiones de su madre al priorizar su carrera?, ¿como una ausencia y una fuente de dolor y frustración?, ¿con orgullo y como una fuente de inspiración? ¿Aspiraban a ser como su madre o se rebelaron contra el ejemplo que establecieron? ¿Tenían una relación estrecha con su madre cuando eran niños? ¿Tienen una relación cercana con ella ahora? De ser así, ¿de qué forma? De lo contrario, ¿por qué no?

Resultó que las respuestas fueron todas las anteriores. Los hijos con quienes hablé fueron atentos, reflexivos y honestos sobre lo que su madre les había dado y lo que no. En general, los hijos adultos a los que entrevisté hablaron de su madre con gran admiración y afecto. La mayoría se sentía profundamente vinculada con su madre durante la niñez, aunque ella estuviera a menudo ausente, y la mayoría tenía una relación estrecha con ella en la edad adulta. Varios me dijeron que su madre era un modelo. Estos hijos adultos también eran ambiciosos y exitosos de manera independiente, algunos tenían carreras muy demandantes y su propia familia.

Estas entrevistas no pretenden ser representativas de una tendencia general; no estaba realizando un estudio empírico. Estas historias de los hijos son la continuación de lo que hicieron sus madres. Su voz ofrece un panorama más completo y, en cierto sentido, emite el veredicto. Del mismo modo en que he tratado de hacerlo con mi propia madre, quería sacar conexiones y conocimiento al seguir la línea de sucesión. Como hijos adultos, somos el legado de nuestra madre ambiciosa. ¿Cuál es ese legado y qué significa para nuestros propios hijos? Recopilar las respuestas a menudo fue una experiencia emocional, para ellos y para mí. No estaba preparada para lo mucho que sus palabras y experiencias significarían para mí como niña y como adulta. Pasaba de celebrar las decisiones de esas madres al tiempo que me sentía bien sobre las mías y me avergonzaba de un reflejo poco halagador en el espejo que ellos me mostraron. En ocasiones reviso mi tesis orgullosa y audaz y me pregunto si tendré vida para que me golpee en la cara.

Me interesaba en particular hablar con las hijas de Gretchen Rossman, la madre de la tarjeta que no era tal, quien estuvo dispuesta a arriesgarse y romper con la tradición, algo que mi propia madre nunca pudo lograr. Así como uno siempre siente curiosidad sobre la gente de un pasado distante, quería saber qué había pasado con Dara y Tamara. Pero también quería conocer su perspectiva del tipo de madre que había sido Gretchen. Había estado muy segura de la fidelidad de mis recuerdos y percepciones, pero me equivocaba.

Dara y Tamara se describieron como muy apegadas a Gretchen cuando eran niñas; Tamara usó la palabra «entrampada». Sin embargo, la decisión de su madre de mudarse a Massachusetts para aceptar un puesto académico que buscaba desde hacía tiempo y el divorcio posterior de sus padres fueron muy difíciles. «Fue traumático, no hay otra palabra», dijo Dara. «Ella se mudó en enero, cuando yo estaba a la mitad del primer año de preparatoria. Tamara se fue con ella cuando terminó el año escolar». Gretchen y Milt hablaron con sus hijas y les dijeron que la decisión de irse o quedarse era de ellas. Dara decidió quedarse en Filadelfia. Tenía su vida: un novio y un historial académico sólido. No quería volver a empezar, pero lo más importante es que Dara sentía que no podía dejar solo a su padre.

Al recordar la separación de sus padres, Dara me dijo que le «parecía ahora como si las reglas hubieran cambiado para ellos, como para muchas personas que se casaron a finales de los sesenta: se suponía que ella debía quedarse en casa, pero luego se dio cuenta de que no era eso lo que quería. Era un cambio enorme y no pudieron asumirlo». Cuando se presentó la oferta de una posible plaza de titular en la Universidad de Massachusetts, dijo: «En ese momento, creo que nuestra madre tenía un sentido de destino y urgencia y nos relacionó a esa narrativa. En esa época no lo cuestioné». Como madre de una hija de 17 y otra de 14 años, dijo, «ahora lo hago. Fue muy difícil y me entristeció mucho».

No obstante, ahora que es una adulta, Dara conoce bien los caprichos del mercado en el trabajo académico y la oportunidad única que se le presentaba a su madre. Desde 2013, Dara ha sido profesora titular de literatura inglesa en la Universidad de Nueva York, pero el camino para llegar hasta ahí le llevó una década y media e implicó dos mudanzas al otro lado del país. Tras obtener un doctorado en literatura victoriana en la Universidad de Brandeis, Dara dio clases en Princeton con varios contratos de un solo año, mientras que su esposo, Greg, trabajaba en un despacho de abogados connotado en Manhattan. Cuando tuvieron a su primera hija, él empezó a trabajar a distancia para una organización sin fines de lucro con base en Londres.

«Esas decisiones estuvieron relacionadas», explicó Dara. «Yo no me casé para tener hijos con alguien que trabajara 70 h a la semana». Aunque Greg laborara desde casa, la licencia por maternidad fue difícil. Dara no cumplía los requisitos para tomar una licencia y tres semanas después de la cesárea tuvo que volver al salón de clase; amamantaba en los recesos. Mientras trabajaba en estos puestos de bajo nivel, Dara pasó cinco años en el mercado laboral y no obtuvo un puesto de profesora titular de estudios victorianos. «Sentía que era un fracaso», me dijo.

En 2005, Pomona, una universidad de artes liberales en Claremont, California, le ofreció a Dara la dirección de su programa de escritura. No era una plaza de titular, pero era prestigioso y el trabajo le interesaba. Greg seguía trabajando a distancia; la apoyó y estuvo dispuesto a mudarse. Así lo hicieron, esperando que más adelante ella pudiera obtener una plaza en la Costa Este, donde estarían cerca de sus familias de nuevo. Nueve años después, Dara obtuvo el empleo en la Universidad de Nueva York.

«No puedes salirte del ámbito académico y regresar como si nada hubiera pasado. No me hago ilusiones. Pero la otra parte es que no creo que hubiera sido feliz». Con su segunda hija, que nació en 2006, Dara pudo trabajar medio tiempo durante unos meses, «pero parte de lo que lo hacía maravilloso era que podía usar mi cerebro profesional durante la mitad del día. Me gusta el descanso cuando estoy en año sabático, o en enero en las vacaciones de invierno, pero me sentiría ansiosa, aburrida y deprimida si no tuviera también mis propios proyectos creativos e intelectuales».

Dara dio los ejemplos de su madre, su abuelo y su bisabuelo, quienes fueron académicos eminentes, y me dijo: «Creo que ese siempre fue mi plan». Dara mencionó que su madre la inspiró y que también le enseñó lecciones cruciales de vida. «Cuando era niña, sentía que mi madre siempre sabía qué decir y cómo ayudarme a considerar las cosas. Después de que ella se mudó, hubo momentos en que fue un poco incierto, pero volví a sentirme así cuando fui mayor y estaba en la universidad. Ella tiene una suerte de inteligencia emocional que me ha enseñado a poner atención en quién soy y en quién intento ser como maestra y como madre».

Tamara vivió con Gretchen en Amherst de segundo de secundaria hasta su graduación de preparatoria; se describió como «la niña buena que siempre hacía lo correcto. Era amiga de todos, practicaba deportes, demostraba habilidades artísticas y estaba en la orquesta. Tenía buenas calificaciones. Mi mamá y yo siempre fuimos muy cercanas. Era una mamá muy dispuesta con otros niños, no amiga, pero sí un apoyo». Al mismo tiempo, Tamara describió a Gretchen como «distraída». Tuvo varias parejas serias que duraron mucho tiempo, y ella estaba concentrada en esas relaciones y en su carrera. Mientras tanto, Tamara empezó a relajar un poco la disciplina. «Si yo pasaba la noche en casa de mi amiga Kathy, mi mamá decía "perfecto, yo puedo pasar la noche en casa [de mi novio]", y Kathy vivía a menos de 500 m de mi casa, nos escapábamos y nos reuníamos con chicos para beber en mi casa».

Le pregunté a Tamara si Gretchen tenía alguna idea de lo que ella hacía. Contestó: «Creo que eligió no darse cuenta». Me avergoncé, pensando en mis propios hijos y cómo me describían como «distraída, desenfocada, obsesionada» con mi trabajo. Era muy fácil imaginar a mis propios hijos, mi hija en particular, comportándose igual que Tamara cuando era adolescente. Por supuesto, era razonable portarse mal, Dios sabe que yo lo hice, pero lo que me angustiaba era la idea que Tamara tenía de la permisividad de su madre como falta de atención. Y lo que dijo después fue como un golpe bajo para mí: «Por una parte entiendo por qué mi mamá quería reclamar su propia vida como lo hizo; pero por otra, ahora que soy madre, lo juzgo con más severidad».

Tamara conoció a su esposo, Matt, en primero de preparatoria. Desde el principio la relación fue «muy madura», dijo. «Siempre supimos que nos amábamos». Él era dos años mayor y estuvieron juntos hasta que Tamara entró a la universidad. «Terminamos la relación porque yo no tenía idea de quién era yo más allá de nuestro noviazgo; éramos como una sola persona». Ocho años después, cuando Tamara vivía en Colorado y trabajaba como maestra en una escuela pública, Matt estaba en una capacitación de la marina en Florida y le escribió un correo electrónico para agradecerle todo lo que ella le dio durante el tiempo que estuvieron juntos. Ella había establecido el estándar, le dijo, de lo que significaba el amor. Tamara, quien en ese momento tenía problemas para salir de una relación abusiva, se sintió profundamente conmovida.

Un año después, Tamara se encontró con Matt una tarde en Maryland, donde ambos estaban visitando a su familia. «Los dos sabíamos», dijo. Se casaron menos de un año después, en 2002. Tamara, de 28 años, se mudó a Texas donde Matt asistía a una escuela de aviación; luego lo siguió a Central Valley, en California. Cuando Matt volvió de su primer despliegue de las misiones de vuelos de combate sobre Irak y Afganistán, Tamara quedó embarazada. Supieron que sería una niña y decidieron llamarla Mackenzie. Pero Mackenzie fue mortinata. «Matt tenía que desplegarse en dos meses y yo estaba muy mal, como nunca había estado, y se iría de seis a ocho meses. Yo sabía que tenía que quedar embarazada de nuevo para tener un poco de salud mental».

Era marzo de 2006. Los médicos le dijeron a Tamara que esperara seis meses para que su cuerpo se recuperara, pero un mes después Tamara estaba otra vez encinta. Este embarazo también fue traumático «porque mi cuerpo no había sanado y empezaron a suceder cosas extrañas». Su bebé, Buzz, nació prematuro en octubre, a las 26 semanas; solo pesó 907 g y permaneció en la unidad de cuidados intensivos neonatales hasta enero siguiente. Poco después de que Buzz regresó del hospital, Matt tuvo que irse de nuevo.

Tamara describe la muerte de Mackenzie como un momento crucial en su vida. «La muerte de Mackenzie me hizo darme cuenta de que nada va a salir como lo supuse inconscientemente. En ese momento, supe que debía quedarme en casa». Ese sentimiento se hizo más intenso las primeras semanas de vida de Buzz, una situación impredecible, y los meses que siguieron, con Matt ausente y Buzz conectado a un monitor cardiaco y un tanque de oxígeno. «En ese momento, mi propósito en la vida era mantener a Buzz con vida y a Matt con la conciencia tranquila, porque estar lejos de nosotros lo destrozaba. No tenía familia [cerca] y mi bebé estaba muy enfermo. Mi propósito, con "P" mayúscula, era claro, no había ninguna duda». Cuando Buzz tenía 13 meses de edad, Tamara volvió a embarazarse. Esta vez el embarazo llegó a término y tuvo una hija, Mikayla, en 2008. Los siguientes cinco años, Tamara estuvo casi todo el tiempo sola con sus hijos, que se llevaban menos de dos años, porque Matt estaba en combate una y otra vez. «Los primeros tres años de la vida de Mikayla creo que estuvo en casa menos de seis meses». A pesar del estrés por las continuas ausencias de Matt, Tamara dijo que mantenían una unidad familiar, en parte porque ella estaba decidida a incluirlo. «Estaba en un caos haciendo las tareas cotidianas y, cuando me atoraba por el comportamiento de alguno de los niños, le pedía consejo a Matt, como si le aventara un hueso para que se sintiera incluido. Matt podía ver el panorama completo porque él no estaba adentro. Me ofrecía un consejo fantástico y ambos criábamos juntos, aunque él estuviera al otro lado del mundo».

Con los años, la familia se mudó varias veces: a Montgomery, Alabama; Virginia Beach, Virginia; Meridian, Mississippi; y más recientemente a Louisville, Kentucky. «Es imposible tener una carrera con tanta mudanza», me dijo Tamara. Ha trabajado de manera habitual como maestra sustituta e instructora de yoga. Cuando vivían en Virginia Beach, sus clases de terapia de yoga empezaban a tener éxito. «La oportunidad de crecimiento era enorme, pero no pude continuar cuando nos mudamos a Mississippi». Esa fue la única vez que el matrimonio estuvo en verdaderos problemas, dijo Tamara. En Virginia Beach se sentía establecida; los niños estaban bien y ella iba y venía a Washington D. C. para hacer su maestría. Al principio, Tamara le dijo a Matt que ella y los niños se quedarían más tiempo, pero cuando vio lo triste que se puso, ella lo reconsideró. «La relación se estaba deteriorando porque nos concentrábamos en lo que hacíamos y no en cómo lo hacíamos».

Al final todos se fueron a Mississippi y luego se mudaron a Kentucky cuando Matt se jubiló del ejército y obtuvo un empleo en Amazon. Tamara retomó su práctica de yoga y ahora trabaja tiempo completo como maestra de tercer año de primaria en una escuela en el centro de Louisville, en un área de mayoría-minoría. Muchos de los niños sufren de indigencia, abuso, negligencia y pobreza. «Es todo: difícil, estresante y gratificante», dijo. Tamara se interesa mucho por sus alumnos, pero «cuando siento que es demasiado, no dudo en elegir mi propia salud y cordura, y la salud y cordura de mi familia antes que el trabajo».

«En nuestra familia tenemos una historia de mujeres determinadas con una fuerte ética laboral», dijo. Gretchen tomó el apellido de su esposo, Rossman, pero con una pequeña modificación, según describió Tamara: «Cuando era niña, mi mamá, Dara y yo nos llamábamos Ross-women.* Para ellas no son empleos, son carreras, pasiones; así son ellas. Y yo tiendo a describirme y tomar decisiones en mi vida contrarias a la tradición familiar».

La vida militar de la que, al principio, Tamara recelaba tanto le mostró que había una manera diferente de vivir en comparación con el modelo urbano de la costa en el que se había criado entre padres liberales, profesionistas, como los suyos (y los míos). «Tantas mudanzas y vivir en áreas geográficas tan diferentes siendo esposa de un militar me hicieron conocer a personas de todo tipo: cristianos, gente trabajadora, etc. Conocí a otros padres. Y pensé: "Ah, cuando era niña nos burlábamos de esos modelos". Quedarse cerca de casa, en el mismo pueblo, quizá incluso vivir en casa cuando estás en la universidad para ahorrar dinero puede ser sano, provechoso y amoroso de diferentes maneras».

---

* Juego de palabras, *man* significa hombre; *woman*, mujer. (N. *de la t.*).

«No eres buen ejemplo para mi tesis», le dije. Estaba bromeando, aunque no tanto.

«Eso me hace sentir bien», respondió riendo.

En realidad, mis pláticas con Tamara me conmovían y me perturbaban, al igual que mis conversaciones con Gretchen, pero por razones totalmente diferentes. Al considerar la vida de Tamara, podía ver el camino que no había tomado. Unos meses más tarde Matt, mi Matt, vino a recoger a los niños una noche y, como se había hecho rutina desde el COVID, se quedó a cenar. ¿Y si hubiera sido menos impulsiva y binaria en mi modo de pensar?, le pregunté. ¿Qué hubiera pasado de no haber aceptado el trabajo en Los Ángeles? ¿Si me hubiera definido en oposición a las mujeres Bazelon, mi madre y mis hermanas, en lugar de creer que mi propósito en la vida era competir para tener un lugar entre ellas? ¿Y si me hubiera esforzado más en hacer los sacrificios necesarios para que funcionara nuestro matrimonio?

Tamara tenía un amor romántico profundo y duradero con su esposo y una vida enfocada en el bienestar de sus hijos. Yo no. Mi matrimonio, para citar a Hobbes respecto de otro tema, fue desagradable, tosco y breve. Eso no quiere decir que Matt y yo no estuviéramos enamorados. Lo estábamos. De hecho, yo seguía enamorada de él cuando nos divorciamos. Pero me amaba más a mí misma. Ceder a su visión de cómo debía ser una esposa y una madre significaba perder mi independencia y olvidar mi ambición; eso me hubiera dejado resentida e insatisfecha. Sencillamente, no estaba dispuesta a hacer esos sacrificios ni que nuestros hijos fueran el objetivo central de mi vida.

Tampoco viví la tragedia que cristalizó el sentido de la vida de Tamara. Matt y yo fuimos afortunados, muy afortunados, de tener dos hijos sanos. Durante un tiempo eso estuvo en duda. Bien entrado el segundo trimestre de mi embarazo de Ella, me hicieron una cirugía abdominal para extirpar una masa en el ovario del tamaño de una pelota de tenis. Mi doctora, Laurie Green, no podía descartar la posibilidad de cáncer de ovario o de que la masa rasgara el ovario y provocara sangrado interno grave.

La cirugía, una incisión desde el ombligo hasta el hueso púbico, también implicaba un riesgo real de muerte fetal. Las semanas que antecedieron fueron aterradoras. Durante el día, lo sobrellevaba fingiendo que no sucedía, lo que significaba que trabajaba más que nunca. Por la noche me recostaba en la cama con la mano sobre mi vientre hinchado, murmurando «lo vamos a lograr, lo vamos a lograr», en un intento por recordarme que teníamos muchas posibilidades a nuestro favor.

Al final, la masa resultó ser benigna y Ella sobrevivió. Pero mirar esa cicatriz rosada me sirve como recuerdo constante de que me abrieron con mi bebé dentro. Me sentí mutilada y la recuperación fue un proceso agonizante que duró semanas. Cuando desperté de la cirugía, con náuseas y un dolor terrible, mi madre estaba sentada junto a mi cama; esa mañana había tomado un avión para cruzar el país. Ella sostenía la vasija bajo mi barbilla mientras vomitaba y me acariciaba el cabello al tiempo que yo rompía en llanto como una niña. Sostuvo mi mano cuando di los primeros pasos, casi por completo doblada, y durmió en una silla en el hospital durante días hasta que pude volver a casa. Ella era la persona que quería tener a mi lado, más que a Matt, quien tenía que cuidar a nuestro hijo, porque tenía total confianza en su capacidad para ayudarme a sanar.

Quizá era una señal de que debía tomar las cosas con más tranquilidad, poner más atención, contar mis bendiciones. No hice nada de esto. Tres semanas después había mejorado lo suficiente para volver al trabajo. Mi madre regresó a casa. Cuatro meses más tarde, después de un parto afortunado y sin problemas, respondía mensajes de texto del trabajo desde mi cama de hospital mientras Ella dormía. Ni siquiera había acabado el efecto de la epidural.

Matt me escuchaba hablar de esto con una mezcla de diversión e incredulidad reflejado en el rostro. «Esa no eres tú», dijo refiriéndose a la vida de Tamara. «Esa nunca serás tú». Por supuesto, tenía razón. Sin embargo, Tamara parecía feliz y satisfecha; en sus palabras, sus hijos, ahora en primero y segundo de secundaria, seguían siendo «maravillosamente inocentes y eso es importante para mí». Pensé en lo que vivieron Carter y Ella: mis ausencias prolongadas en su vida, el divorcio de sus padres y una experiencia cercana del sistema de justicia penal a través de la lente de dos padres abogados en defensa penal. Eran maravillosos, sí, pero «¿maravillosamente inocentes?». No tanto.

«Mamá, me estoy cansando de Jesse», me dijo Ella un día, hablando del cliente cuyos problemas legales habían provocado que faltara a su fiesta de cumpleaños. «¿Su caso terminará pronto?». Sí, pero después había otro. Siempre había otro. Sin embargo, Ella me animaba a que adoptara a Yutico, a quien le había dado por llamarme Mujer Maravilla y su Mujer Maravilla Bebé. El hecho de que tuviera 27 años, viviera en Luisiana y ya tuviera una madre no le impedía hablar del tema cada que podía. Poco antes de que liberaran a Yutico, ambos se metieron en problemas: Yutico por un conflicto con uno de los guardias de la cárcel y Ella por un pleito con un maestro. Hablando con Yutico por Zoom, Ella dijo: «No te preocupes, todos perdemos el control de nuestros sentimientos a veces». Por su parte, Yutico le aconsejó que se portara mejor y mostrara más respeto. Le dijo que cuando saliera de prisión pensaba tatuarse su nombre y el mío en la espalda. (Lo hizo). Cuando Ella me contó esto, abrí los ojos como platos, pero su conexión emocional me conmovía y la creencia compartida de que la liberación de Yutico no era una cuestión de «si», sino de «cuando». Ambos actuaban bajo la absoluta convicción de que esta abogada Mujer Maravilla, yo, podía probar su inocencia. Y tenían razón.

Por supuesto, esa no es toda la historia. Mis dos hijos se quejan de la cantidad de horas que trabajo y de ser dispersa. Este también era un tema entre varios de los hijos de madres profesionistas que trabajaban mucho y que se pusieron en contacto conmigo después de que se publicó mi ensayo en *The New York Times*. Algunos hablaron de manera conmovedora de haber extrañado a su madre; otros escribieron que sentían que su madre era distante y fría. Una mujer, Rachel, quien se crio en un pequeño pueblo de Vermont y ahora vive y trabaja en Tel Aviv, escribió: «Soy hija de una mamá que se concentró en su carrera y eligió su trabajo antes que a sus hijos. Mi mamá nunca estuvo ahí para mí y, hasta la fecha, sigue siendo una madre distante y difícil». Cuando sus padres se divorciaron, a Rachel la crio principalmente su padre, a quien describió como «mi mejor amigo, un padre fantástico, un ferviente partidario de todo lo que hago».[10]

Al mismo tiempo, Rachel, de 24 años, se describió como ambiciosa. Se graduó de una universidad competitiva y obtuvo una maestría en Gobierno enfocada en contraterrorismo. Ahora está enviando solicitudes para un doctorado en Ciencias Políticas. Rachel, homosexual y comprometida con una estudiante de medicina, está indecisa en cuanto a tener hijos. «La manera en que vi cómo fue mi mamá me hace no querer repetirlo. Ella no era maternal, no tenía ese instinto. Me preocupa que yo sea igual». Hoy, Rachel y su madre tienen una relación cordial y hablan con frecuencia, incluso cocinan juntas por FaceTime, un pasatiempo que ambas disfrutan. Pero Rachel dijo: «No la veo como a una madre, la veo como una mujer amable a la que conozco».

La mayoría de los hijos adultos de profesionistas trabajadoras expresó un gran orgullo por su madre. La extrañaron, hubieran querido tener más tiempo con ella, pero entendían por qué tenía que irse. Las relaciones eran complicadas, como lo son muchas entre madres e hijos, pero me asombró cuántos de estos hijos hablaban de su madre como de un ejemplo, un icono incluso; el grado al que se sentían inspirados para seguir su propia carrera con pasión e intensidad; y su preferencia por una pareja que se sintiera igual.

Samuel Rickless, el hijo de una famosa cantante de ópera, es profesor de Filosofía en la Universidad de California, en San Diego, y escribió:

> Recuerdo cuando mi madre [...] se iba durante meses para cantar en salas de ópera por todo el mundo. La extrañaba mucho. Cuando era muy joven, escondía su ropa con la esperanza de que no se iría sin ella. Pero después crecí y entendí que tenía una pasión y un llamado, que era algo que amaba y en lo que se distinguía. Ahora que tengo mi propia pasión (filosofía ¡y leyes!), entiendo por qué lo hizo y agradezco todo lo que pudo darme.

Allison Singleton, de 21 años, hija de Verna Williams, tiene un cargo de alto rango en la Universidad de Brown. De niña era una de las últimas a las que recogían de la escuela y pasaba muchas tardes en la oficina de su mamá haciendo la tarea, impaciente por volver a casa. Cuando Verna se convirtió en decana de su Facultad de Derecho, sus horas de trabajo aumentaron.

En ocasiones, Allison se sentía frustrada y no tan entusiasta por lo ocupada que estaba, pero también hablaba con mucho amor de su madre y de sus rituales, como ir al museo y cenar juntos en familia. La inspira la ambición de Verna y está «superorgullosa» de sus logros.

Cuando Allison estaba en segundo de secundaria, Verna la invitó a una presentación que daría frente a sus colegas sobre el artículo que estaba escribiendo acerca de derechos reproductivos. En esa época, Verna era docente. El decano empezó a desafiar de manera agresiva las ideas de su madre con, en palabras de Allison, «críticas no muy amables. Sé que los académicos se destrozan, pero en realidad no me gustaba ver que le hablara de esa manera». Al escuchar al decano agredir a su madre, Allison, quien se describe como «muy introvertida», tuvo un sentimiento cada vez mayor de rabia. En una sala abarrotada de profesores de derecho, alzó la mano. «Comenté las razones por las que era una buena idea para un artículo y dije que mi mamá hacía un trabajo fenomenal».

Anthony Gentile, el hijo de Karyn Ward, también fue uno de los últimos a los que recogían en la escuela. Al igual que Allison, deseaba irse directo a casa como sus amigos cuyas madres no trabajaban fuera del hogar. Pero Anthony y Karyn también tenían rituales, veían beisbol y futbol religiosamente. «Es superfanática de los Jets de Nueva York, lástima por ella», dijo con sequedad. Durante su último año de preparatoria, Anthony se puso gravemente enfermo de la enfermedad de Addison y pasó tres semanas y media en el hospital. Karyn, quien, como recordarán, trabajaba 70 h a la semana como asistente ejecutiva, estuvo ahí.

«Mi mamá era una persona muy cariñosa y endemoniadamente carismática. Se llevaba bien con las enfermeras y era muy buena para defenderme, pero no de manera violenta. Si necesitaba algo, se aseguraba de que lo obtuviera de inmediato». Cuando Anthony regresó a casa había perdido 22 kg. «No podía comer. No podía caminar porque estaba muy débil». Unos días después, su padre requirió una cirugía de emergencia debido al cáncer que padecía. Todo ese tiempo, Anthony dependió de su mamá incluso cuando se sometió a una cirugía más tarde ese mes. Él describió la muerte de su padre, dos años antes, como «horrible, pero no sé qué hubiera hecho en caso de que se tratara de mi madre. Porque ella es la persona a la que recurro cuando algo no va bien en mi vida». Durante el COVID, Anthony y su novia se mudaron con Karyn y todas las noches cocinaban y comían juntos. Dijo que sintió como si tuviera una familia de nuevo.

Jonathan, de 24 años, es hijo de Beth Fouhy, la editora política de NBC/MSNBC. Sobre los viajes que su madre debía hacer por el trabajo, dijo: «No recuerdo haber tenido a una madre ausente». Agregó que la culpa que ella sentía le parecía «enraizada en una estructura ridícula y obsoleta del pueblo donde vivíamos, que a veces puede ser conservadora y reaccionaria. La idea de que mi madre trotamundos entreviste a líderes mundiales y le haga preguntas a Obama es objeto de juicio para estas mamás suburbanas y eso me enfurece. El trabajo de mi mamá fue una parte divertida en mi vida. Yo tomaba un tren para ir a Thirty Rock y comer juntos, me parecía muy entretenido». Jonathan se graduó de la Universidad de Nueva York y ahora cursa la maestría en planeación urbana, en la Universidad de Columbia. Ve a sus padres con frecuencia para cenar y me dijo: «Es horrible cuánto los amo». Y agregó: «No puedo imaginar tener un matrimonio en el que sea yo el único sostén económico y mi pareja se quede en casa todo el día».

Al escuchar a Allison, Anthony y Jonathan, sentí oleadas intermitentes de agradecimiento. Puedo imaginar a mi hija que habla en mi defensa. Cuando tenía un año de edad, se sentó en mi regazo mientras yo discutía con mis jefes por lo que pensaba que era una beca de investigación mal pagada y un tratamiento injusto e inequitativo. Iba a renunciar y ya tenía otro trabajo, por eso me sentí segura para hacerlo, pero no dejaba de temblar por los nervios. El pequeño cuerpo de mi hija parecía irradiar poder. Sentí como si fuera ella quien me daba la fuerza, y no al revés. También me gusta ver los deportes con mi hijo, quien a veces aún recarga su cabeza contra mi hombro o incluso me toma de la mano. Cuando él y mi hija se enfermaron —ella tuvo cirugía de ojos y él un mal diagnóstico que requirió varios exámenes incluida una resonancia magnética—, me comporté igual que Karyn: una abogada implacable y persistente. Creo que mis hijos se enorgullecían al verme en los juzgados, abogando por la libertad de Yutico, quizá mi ejemplo los inspirará para tener sus propias grandes ambiciones y encontrar parejas que se sientan igual.

Peighton DeVon, quien era una niña pequeña cuando su madre, Nicole, volvió a la universidad, me dijo que siempre fueron muy unidas, incluso durante su infancia que a veces fue muy traumática. Esto incluyó la batalla por la custodia que inició el padre de Peighton cuando ella estaba en primero de primaria (él y Nicole se habían separado seis meses antes de que ella naciera). En tanto se resolvía el pleito legal, Peighton no vio a su madre durante más de dos meses. «Él me dijo que mi mamá ya no me quería y me convenció de que estaba muy ocupada y quería una vida diferente».

Al final, la corte determinó que las acusaciones eran infundadas y que el único trauma sufrido por Peighton fue que la obligaran a separarse de su madre. Nicole me dijo que el día que volvieron a reunirse «la abracé y ella dejó escapar un llanto gutural que ningún niño debería sufrir. Desde entonces, hemos sido inseparables». Los años siguientes Peighton siguió viendo a su padre, pero la relación se deterioró. Ahora tiene

24 años y no lo ha visto desde que tenía diez. Pero sí tuvo el amor y el apoyo incondicional de la madre biológica de Nicole, de su padre adoptivo y de la pareja de muchos años de Nicole, Derek; todos ellos ayudaron a cuidarla cuando era niña.

La relación central de Peighton siempre ha sido su madre. Así fue durante los 13 años en que Nicole trabajó en su *alma mater*, la Eastern Washington University, en Spokane. Cuando Peighton estaba en primaria, Nicole empezó a trabajar como coordinadora de Estudios Indios Americanos y más tarde creó el puesto que asumió como directora de Asuntos de Nativos Americanos y enlace con el presidente de la universidad. «Trabajaba todo el tiempo», dijo Peighton, «pero no hasta el punto de ser una mamá inexistente». A Peighton le gustaba escuchar las historias de su madre en el trabajo y se daba cuenta de lo importante que era Nicole para sus alumnos.

Igual que su madre, Peighton era una atleta destacada; ganó una beca completa de atletismo para la Universidad de Nevada, Reno, como jugadora de voleibol de primera división. Se graduó en menos de cuatro años y entró a la maestría en Administración Deportiva. Hoy, vive en Los Ángeles. Peighton trabajó varios años como recepcionista en un restaurante y Nicole la ayudó a encontrar un empleo en mercadotecnia y comunicaciones para un organismo sin fines de lucro que actúa como enlace entre las tribus nativas y el Gobierno federal en Alaska, Oregón y Idaho. «Este es mi primer trabajo de adulta», me dijo Peighton orgullosa. «Gano 26.5 dólares la hora», con prestaciones y un plan de retiro. Su objetivo es ascender en la industria del deporte; considera que su capacidad para desarrollar sus habilidades en mercadotecnia es una gran ventaja.

Durante casi un año, en particular durante la pandemia de coronavirus, Peighton vivió con su novio. Cuando la despidieron de su trabajo en el restaurante, él la mantuvo. Ninguno de los dos se sentía cómodo en ser dependiente del otro, pero era particularmente problemático cuando Peighton era el sostén. «Lo hacía sentirse humillado y aparte teníamos muchos problemas en la relación porque yo soy muy independiente y hago mis cosas». En febrero de 2020, Peighton rentó su propio departamento; afirmó que era necesario para salvar la relación. «Necesito mi propio espacio y para mí es un paso importante porque voy a vivir sola por primera vez y voy a pagar todo en una ciudad tan cara como esta», me explicó con una gran sonrisa.

Por su parte, Nicole está en lo que Peighton llama «su segundo aire». En abril de 2021, renunció a Eastern Washington y se mudó al otro extremo del país para asumir el puesto de jefa ejecutiva de Asuntos Tribales y Diversidad, Equidad e Inclusión en el Departamento de Servicios Infantiles y Familiares de Luisiana. Nicole dice que está nerviosa, aunque emocionada, por este gran cambio en su vida; después de 15 años de vivir y trabajar en Spokane, va a vender su casa y la mayoría de sus pertenencias para empezar una vida diferente. Cuando siente miedo, recuerda que «tengo talento, las personas me ponen atención. Cuento con la capacidad de inspirar interés y respeto, solo necesito ser real y auténtica. Así que tengo que creer que lo haré de maravilla, dondequiera que vaya. Llevo mucho tiempo cuidando a todos los demás y ahora que Peighton va por buen camino supongo que debo darle un giro a mi carrera».

Peighton tiene sentimientos encontrados: «No quiero estar tan lejos de ella». Sin embargo, se siente orgullosa de que a los 50 años su madre empiece una nueva aventura. «A mamá le encanta el sur», me dijo; luego, con una pequeña sonrisa agregó: «Le gustan los hombres sureños».

Ross, el hijo de Laurie Green, tiene en la actualidad treinta y tantos años. «Soy hijo de mamá», confesó. Esto es cierto, aunque su madre trabajara regularmente 70 h a la semana y nunca tomara tiempo libre. «Tengo amigos cuyas madres son amas de casa y cuando voy a cenar o de vacaciones con ellos es diferente. Nosotros no teníamos cenas ni vacaciones familiares». Para Ross y su hermana, las cenas a menudo consistían en quesadillas o arroz con zanahoria; el postre eran sándwiches de helado. Dijo que a él le encantaba. «No me daba cuenta de la mala alimentación en nuestra casa hasta que en primero de primaria tuve los almuerzos de la escuela y sí eran mucho mejores».

Desde muy joven fue consciente de la identidad de su madre como la doctora Green. Su hermana, Mónica, a veces se refería a Laurie de esa manera para molestarla, pero para Ross era una fuente de orgullo. Como muchos otros hijos adultos con quienes hablé, Ross sabía que su madre llevaba una carga interna y externa de los juicios a los que estaba sujeta por no ser una mamá tradicional. «Sabe que hay algo de verdad en el hecho de que quizá hubiera sido mejor madre para sus hijos de no haber trabajado tanto. Atendía guardias los fines de semana, pasaba noches en el hospital, no asistía a las prácticas de deporte ni a las graduaciones. No iba a los campamentos, a esquiar o de vacaciones». Al mismo tiempo, a Ross no se le ocurrió que su madre motivada y ambiciosa pudiera dejar de ser ginecobstetra. «El equilibrio entre el trabajo y la vida privada sugiere que el trabajo no es vida, pero nuestra intuición infantil nos decía que no era cierto. Nuestra mamá amaba trabajar y sus pacientes la querían. Ella estaba "equilibrada" porque practicaba medicina; tenía un llamado».

En cuanto a lo que Ross busca en una pareja, me dijo: «Fuera de la burbuja de la costa hay miles de personas con familias tradicionales». Agregó que existen argumentos convincentes para una relación que implique que uno en la pareja se quede en casa, pero añadió: «No sé cómo vivir así y nunca he salido con nadie cuyo objetivo sea ese. Elijo a las personas que son ambiciosas y motivadas».

Hablé con David y Joe Granzotto, los hijos de la abogada litigante que después fue juez de apelación, Elizabeth Gleicher. En la actualidad tienen treinta y tantos años. David, vicedirector de una escuela pública en el Área de la Bahía, dijo que su madre «se mataba trabajando» cuando él era niño. La describió como «en un nivel de nueve [de diez] todo el tiempo en términos de estrés y, diablos, podía volverse loca». Recientemente, David se comunicó con un amigo de la infancia que le recordó que «incluso la manera en la que tu mamá decía tu nombre era aterradora». Al mismo tiempo, David recuerda que cenaban juntos todas las noches cuando su madre no estaba viajando, y dijo «Era muy impresionante que pudiera ser quien era y mantener unida a la familia». Lo que su madre ganaba le permitió a David y a sus hermanos asistir a una escuela privada exclusiva en Bloomfield, Michigan, un suburbio rico en Detroit. «El 90% de las mamás eran amas de casa», explicó. «Recuerdo que pensaba que mi mamá era mucho más genial que eso. Trabajaba por causas con principios. Su caso estrella fue una demanda colectiva en contra de Blue Cross Blue Shield, porque no cubría trasplantes de médula ósea para sobrevivientes de cáncer de mama. Su mejor amiga había muerto por ese cáncer y, después de la demanda, Blue Cross tuvo que cubrir esos tratamientos».

David sobresalió en la preparatoria y asistió a la *alma mater* de su madre, Carleton College, donde obtuvo la licenciatura en estudios religiosos; aprendió a hablar árabe y leer en coreano. Pensó seriamente en entrar a la Facultad de Derecho e incluso presentó el examen de admisión, pero durante un viaje en carretera de seis semanas por el estado de Utah, donde acampó en varios parques nacionales, tuvo una revelación. «Pensaba "si soy abogado, no podré hacer esto". Mi madre nunca pudo hacerlo. Me di cuenta de que para mí el tiempo era más valioso que el dinero o el prestigio». Dijo que lo mejor que le sucedió a su familia fue cuando nombraron a su madre jueza cuando él estaba en preparatoria. Como jueza, sus horarios eran más flexibles y su nivel de estrés disminuyó significativamente. «Nadie fue más feliz que nosotros», dijo refiriéndose a su padre y hermanos. «Yo quería buscar a la gobernadora para estrecharle la mano».

Al terminar la universidad, David entró al programa Teach for America, donde lo ubicaron en una preparatoria en Richmond, California, que era una de las peores del estado. «Había peleas. Yo enseñaba en educación especial y algunos de mis alumnos eran gánsteres norteños». En ocasiones, dijo, se sentía «más como portero de discoteca que como maestro, pero sentía que estaba haciendo muy buen trabajo. Amaba a mis niños». Se quedó seis años más. En esa época se enamoró y él y su novia tuvieron un hijo, Leo. Él y la mamá de Leo ya no están juntos. La describe como motivada igual que su madre y habla de sus logros con el mismo orgullo. Ahora sale con alguien con quien espera casarse, pero un punto de desacuerdo es lo que David percibe como los valores más tradicionales de ella. «Quiere ponerse mi apellido y yo le digo "No quiero que lo hagas. ¿Qué pasa si tenemos una hija? No quiero que piense que debe ponerse el apellido de algún tipo"». Cree firmemente en que ambos padres deben trabajar.

Joe, el segundo hijo, se graduó de la Facultad de Derecho de Harvard y trabaja en Paul, Weiss y Rifkind, uno de los bufetes de abogados más prestigiosos del país. Él también recuerda los viajes constantes de su madre y sus horarios caóticos. Joe era deportista; jugaba futbol, basquetbol y *lacrosse*. Su madre nunca fue a ninguno de sus eventos deportivos, salvo a la Noche de Séniors, una celebración para los atletas y sus familias, cuando fue a verlo jugar en el último partido de futbol. Joe recuerda que estaba un poco sorprendida y que le dijo «Resulta que eres muy bueno». Pero me comentó que la ausencia de su madre «no fue algo que considerara un hueco en su vida». Su padre estaba ahí y, en cualquier caso, «estaba más interesado en que las chicas fueran a verme jugar que mi mamá».

De joven, Joe no tenía intenciones de estudiar derecho, pero él también tuvo una revelación. Después de que su madre fue nombrada para la corte de apelaciones, hubo un evento formal en el que juramentaba su investidura. «Para mí fue una tarde dolorosa», dijo Joe, «porque tuve que faltar a un partido de futbol para ir a la ceremonia. Estaba muy molesto y enojado con mis padres». Pero mientras se encontraba entre el público y al escuchar a un orador tras otro describir el trabajo que hacía su madre para cambiar vidas, se sintió profundamente conmovido. «Sabía que había hecho ese litigio por negligencia médica y que había trabajado para las sobrevivientes de cáncer de mama y organizaciones de mujeres, pero por primera vez escuchaba la historia completa de su carrera».

Conforme Joe hablaba, su voz empezó a quebrarse. «Disculpa», me dijo. «Estoy a punto de llorar». Hizo una pausa. «Contaron la historia de cómo después de que perdió un juicio estaba sentada en su coche, en el estacionamiento, con su cliente y ambos estaban llorando. Nunca vi así a mi madre; nunca se mostró así frente a nosotros». Joe lloró antes de terminar su explicación. «Me pareció que era muy admirable y pensé que la abogacía sería una buena carrera».

Mientras realizaba estas entrevistas, no dejé de pensar en lo que Sarah Viren, profesora de la Universidad Estatal de Arizona y escritora creativa de no ficción, me dijo sobre la manera en la que ella y su esposa, Marta, lidiaban con la crianza de sus dos hijos. Sarah tiene recuerdos claros de su propia madre cuando escribía su tesis por las noches para su doctorado en psicología. Cuando tenía que estudiar para un examen, hacía que las partes difíciles fueran un juego para Sarah y sus hermanos. «Nos enseñó a usar mnemotecnia para memorizar los diagnósticos y nosotros tratábamos de ayudarla con algunas frases locas que pudieran servirle. Cuando estaba aprendiendo cómo hacer exámenes para niños superdotados, los aplicaba con nosotros tres y me parecía muy divertido. Mucho de lo que hacía lo compartía con nosotros, nos hacía participar. Era ambiciosa, pero estábamos con ella. Eso me parecía agradable. Marta y yo tratamos de hablar de nuestro trabajo con nuestros hijos, qué hacemos y qué significa».

Sarah recuerda que su madre se sentía culpable por tomar atajos: cenar pasta con crema de champiñones como salsa o palitos de pescado. «Pero nos encantaba», dijo. «No teníamos idea de que había otro mundo con verduras orgánicas». Sarah y Marta tienen distintas maneras de criar a sus dos hijos. «Pienso mucho en eso: si estuviera casada con un hombre, ¿me sentiría más culpable o me juzgarían más? No quiero jugar videojuegos ni hacer el Trote del pavo. No me parece muy importante y no lo disfruto. Pero a Marta sí le gusta hacer el Trote del pavo».

«Tenerlo todo nunca me llamó la atención. Tengo amigas ambiciosas que tienen que ser buenas en todo: excelentes madres, excelentes en su profesión, excelentes en su relación. Y sienten que fracasan todo el tiempo. Yo solo quiero ser excelente en mi profesión. No tengo problema en solo ser buena mamá. No quiero ser horrible, y si no hiciera ciertas cosas como leerles, sentiría que estoy fallando, pero no tengo que ser la mejor. No me importa no tener éxito en el dominio maternal».

Los hijos de Sarah y Marta tienen ahora 7 y 4 años. Hace poco, Sarah los observaba jugar juntos y les preguntó qué hacían. «Trabajamos», le dijeron. Me reí y pensé en mi hija, cuando escribía como loca en una «laptop» que construyó con unas cajas de cartón. «Estoy escribiendo, mami», me dijo orgullosa. «Igual que tú».

Cuando mis hijos sean adultos, ¿qué recordarán sobre mi manera de criarlos? ¿La madre de la tarjeta? No. ¿Fotografías perfectas de alegría familiar como las que se usan para vender marcos elegantes? Probablemente no. ¿Imágenes borrosas de ausencia y distracción, los momentos que estuve ausente? Quizá, pero no en su mayoría, no lo creo. Espero que recuerden un mosaico de diferentes texturas, los gritos, peleas y partes miserables, sí; pero también, y más importante, las muchas veces que reíamos tanto que se nos salían las lágrimas —viendo episodios de *The Office*, haciendo bromas locales o entre nosotros—; la visita al zoológico cuando una gaviota bajó para comerse nuestra pizza; la vez que Matt y yo los cargamos a espaldas para cruzar un río helado en el Parque Nacional de Yosemite, años después de que nos habíamos divorciado; el día que llevamos al cachorro a la casa; las tantas noches de acurrucarnos en la cama.

Lo que también recordarán, espero, es mi trabajo y cuánto significa para mis clientes, mis alumnos, mis lectoras y para mí. Y espero que todos esos recuerdos los enorgullezcan y también los inspiren a ser igual de ambiciosos por derecho propio. La verdad es que amo a mis hijos más allá de toda razón. Me siento igual en cuanto a mi trabajo. Y eso no solo está bien, es maravilloso.

Agradecimientos

Este libro no existiría sin mi madre. Gracias al ejemplo que estableció, a su generosa cooperación con el proyecto, a su apoyo inquebrantable por la idea detrás de él. Todo el tiempo, ella me ha exhortado a decir la verdad. Le agradezco a mi madre más allá de toda medida.

También les doy las gracias a las «Ross-women»: Gretchen, Dara, Tamara; me dedicaron varias horas de su tiempo y me enseñaron mucho. Cambiar de manera radical las propias creencias arraigadas puede ser muy alentador.

A mi compañera de escritura, Valena Beety, quien me hizo responsable incluso cuando las palabras salían de a poco y el mundo se derrumbaba a nuestro alrededor. Ver tu hermosa imagen en una esquina de la pantalla de Zoom me aseguraba que estabas ahí conmigo, aunque no tuviera sonido. Nuestra amistad fue un salvavidas para mi escritura y para mi alma. Nos encontramos, nos sujetamos con fuerza y llegamos a la línea de meta de la mano.

A las docenas de mujeres increíbles en todo Estados Unidos que se dieron tiempo para hablar conmigo, con honestidad y vulnerabilidad, sobre su trabajo, sus hijos y su pareja; sobre sus elecciones tan difíciles. Ustedes me mostraron lo mucho que implica la ambición y ser madre. El gran placer de escribir este libro se debe a los momentos que pasé con cada una de ustedes.

A mi antigua editora de *The New York Times*, Jen Parker, quien publicó mi defensa de las madres trabajadoras. A mi agente, Emma Patterson, quien me convenció de que había todo un libro detrás de mi columna de opinión y encontró un hogar para él. Siempre estás atenta, incluso cuando no soy razonable. A mi editora, Marisa Vigilante, no podría haber pedido una mente tan brillante ni una escrutadora más amable. El libro es mucho mejor gracias a ti. A Tracy Behar, Fanta Diallo, Lena Little y el resto del gran equipo de Little, Brown Spark. A Elizabeth Shreve y su equipo. A mis intrépidos investigadores y verificadores de hechos: Elizabeth Bowman, Lila Garlinghouse y Charlie Nelson Keever. A Charlie en particular, quien me ayudó a conectarme con la siguiente generación de madres.

Agradezco a mis hermanas Emily, Jill y Dana. Y a mi padre, quien siempre me dijo que podía hacer cualquier cosa que me propusiera, incluido, y en particular, aceptar los casos más difíciles y nunca, jamás, darme por vencida. Te perdono por Florida, como espero que mis hijos me perdonen por Los Ángeles.

A mi mejor amigo de Boggle, Ben, quien me enseñó que si quería encontrar nuevas palabras tenía que cambiar mi punto de vista al hacer girar el tablero.

Por último, a mis hermosos hijos y personas favoritas, Carter y Ella. Ustedes son mi razón de vivir. Y a Matt, quien me dio a mis hijos. Sin ti, mi vida hubiera sido imposible.

Notas

PREFACIO

1 Lisa Belkin, «Opting Out», *The New York Times Magazine*, 26 de octubre de 2003, https://www.nytimes.com/2003/10/26/magazine/the-opt-out-revolution.html.

2 Judith Warner, «The Opt-Out Generation Wants Back In», *The New York Times Magazine*, 7 de agosto de 2013, https://www.nytimes.com/2013/08/11/magazine/the-opt-out-generation-wants-back-in.html.

3 Lara Bazelon, «I've Picked My Job Over My Kids», *The New York Times*, 27 de junio de 2019, https://www.nytimes.com/2019/06/29/opinion/sunday/ive-picked-my-job-over-my-kids.html.

4 Shelley J. Correll, Stephen Benard e In Paik, «Getting a Job: Is There a Motherhood Penalty?», *American Journal of Sociology* 112, núm 5 (marzo de 2007): 1297-339.

5 Lara Bazelon, «All the Single Mothers», *Slate*, 11 de mayo de 2019, https://slate.com/human-interest/2019/05/single-moms-fewer-chores-free-time-married.html.

6 Sarah Jane Glynn, «The New Breadwinners: 2010 Update», *American Progress*, 16 de abril de 2012, https://www.americanprogress.org/issues/economy/reports/2012/04/16/11377/the-new-breadwinners-2010-update/.

7 Rebecca J. Rosen, «Money-Rich and Time-Poor: Life in Two-Income Households», *The Atlantic*, 4 de noviembre de 2015, https://www.theatlantic.com/business/archive/2015/11/work-life-balance-pew-report/414028/.

8 Kim Parker, Juliana Horowitz y Rachel Minkin, «How the Coronavirus Outbreak Has —and Hasn't— Changed the Way Americans Work», Pew Research Center, 9 de diciembre de 2020, https://www.pewresearch.org/social-trends/2020/12/09/how-the-coronavirus-outbreak-has-and-hasnt-changed-the-way-americans-work/.

9 James McDermott, correo electrónico al autor, 30 de junio de 2019.

10 Yi-Jin Yu, «How Can We Help Working Women? Proposal Calls for a "Marshall Plan for Moms"», *Today*, 8 de marzo de 2021 (el artículo establece que las mujeres perdieron un millón de empleos más que los hombres).

11 Austan Goolsbee, «The Battle to Come Over the Benefits of Working from Home», *The New York Times*, 20 de julio de 2021, https://www.nytimes.com/2021/07/20/business/remote-work-pay-bonus.html.

12 Adam McCann, «States Offering the Most Support During the COVID-19 Pandemic», WalletHub.com, 28 de abril de 2020, https://wallethub.com/edu/states-offering-the-most-coronavirus-support/73333 (clasifica los estados que proporcionaron más apoyo durante la pandemia, incluidos servicios médicos relacionados con el COVID-19, ayuda para alimentos y vivienda, y apoyo de desempleo); «State Paid Sick & Leave Provision Enactments Due to COVID-19», Partners Group, https://www.thepartnersgroup.com/state-paid-sick-leave-provision-enactments-due-to-covid-19/.

13 Corregí la ortografía creativa de mi hija para mayor claridad.

CAPÍTULO 1. AMOR, MATRIMONIO, CARRIOLAS

1 Gretchen Livingston, «They're Waiting Longer, but U.S. Women Today More Likely to Have Children Than a Decade Ago», Pew Research, 18 de enero de 2018, https://www.pewresearch.org/social-trends/2018/01/18/theyre-waiting-longer-but-u-s-women-today-more-likely-to-have-children-than-a-decade-ago/.

2 Ilse Delbaere, Sarah Verbiest y Tanja Tydén, «Knowledge About the Impact of Age on Fertility: A Brief Review», *Upsala Journal of Medical Sciences* 125 (2020): 167-74, https://www.tandfonline.com/doi/full/10.1080/03009734.2019.1707913.

3 ESHRE Capri Workshop Group, «Fertility and Ageing», *Human Reproduction Update* 11 (mayo-junio de 2005): 273.

4 *Ibid.*

5 «Infertility Causes», Cleveland Clinic, última revisión diciembre de 2020, https://my.clevelandclinic.org/health/diseases/16083-infertility-causes; Chantel Cross, «Why Can't I Get Pregnant?», Johns Hopkins Medicine, 2021, https://www.hopkinsmedicine.org/health/wellness-and-prevention/why-cant-i-get-pregnant.

6 Hallie Levine Sklar, «Is It Too Late for a Baby?», *Health*, última revisión el 19 de diciembre de 2019, https://www.health.com/condition/pregnancy/is-it-too-late-for-a-baby.

7 Rebecca Macatee, «Halle Berry Pregnant at 46: Here Are 5 More Stars Who Had a Baby After 40!», E! Entertainment News, 5 de abril de 2013, https://www.eonline.com/news/405353/halle-berry-pregnant-at-46-here-are-5-more-stars-who-had-a-baby-after-40.

8 Marinus J. C. Eijkemans *et al.*, «Too Old to Have Children? Lessons from Natural Fertility Populations», *Human Reproduction* 29, núm 6 (junio de 2014): 1304-12, https://doi.org/10.1093/humrep/deu056.

9 Sylvia Ann Hewlett, *Creating a Life: Professional Women and the Quest for Children* (Nueva York: Hyperion, 2002), 33.

10 *Ibid.*, 3.

11 *Ibid.*, 7-8. Hewlett atribuye este «consejo extremadamente concreto» a Cathryn Palmieri.

12 Caroline Bologna, «23 Times Tina Fey Hilariously Summed Up Parenting», *Huffington Post*, 16 de mayo de 2019; Zach Seemayer, «"Saturday Night Live": Maya Rudolph Gets Some Support from Her Kids in a Sweet Monologue», *Entertainment Tonight*, 27 de marzo de 2021; Lesley Messer, «Rachel Dratch Reveals Her Son's Father», *People*, 2 de diciembre de 2020; Jacqueline Tourville, «Celeb Moms Who Had Babies After 35», Mom.com, 27 de octubre de 2014.

13 Jean M. Twenge, «How Long Can You Wait to Have a Baby», *The Atlantic*, julio-agosto de 2013, https://www.theatlantic.com/magazine/archive/2013/07/how-long-can-you-wait-to-have-a-baby/309374/.

14 Rachel Gurevich, «What Are the Chances of Getting Pregnant After 40?», Verywellfamily.com, actualizado el 30 de noviembre de 2020, https://www.verywellfamily.com/what-are-the-chances-of-getting-pregnant-after-40-1960287.

15 Reyhan Harmanci, «The Truth About Pregnancy Over 40», *The New York Times*, 12 de noviembre de 2019 (actualizado el 29 de agosto de 2020), https://www.nytimes.com/2020/04/15/parenting/pregnancy/baby-after-40.html.

16 Twenge, «How Long Can You Wait».

17 División de Salud Reproductiva, 2016 *Assisted Reproductive Technology National Summary Report*, octubre de 2018, https://www.cdc.gov/art/pdf/2016-report/ART-2016-National-Summary-Report.pdf.

18 Evita Almassi, «What Is a "Geriatric Pregnancy"?», National Women's Health Network, 14 de mayo de 2019, https://nwhn.org/what-is-a-geriatric-pregnancy-at-35-can-i-have-a-normal-pregnancy/.

19 Virginia Sole-Smith y Nicole Harris, «Are You at Risk of Having a Baby with Down Syndrome?», Parents.com, última actualización el 9 de septiembre de 2020, https://www.parents.com/health/down-syndrome/are-you-at-risk-of-having-a-baby-with-down-syndrome/.

20 «Percentage of Childless Women in the United States in 2018, by Age», Statista, 28 de octubre de 2021, https://www.statista.com/statistics/241535/percentage-of-childless-women-in-the-us-by-age/.

21 Roni Caryn Rabin, «Put a Ring on It? Millennial Couples Are in No Hurry», *The New York Times*, 29 de mayo de 2018.

22 Drew Desilver, «For Most U.S. Workers, Real Wages Have Barely Budged in Decades», Pew Research Center, 7 de agosto de 2018, https://www.pewresearch.org/fact-tank/2018/08/07/for-most-us-workers-real-wages-have-barely-budged-for-decades/.

23 Claire Cain Miller, «The 10-Year Baby Window That Is the Key to the Women's Pay Gap», *The New York Times*, 9 de abril de 2018, https://www.nytimes.com/2018/04/09/upshot/the-10-year-baby-window-that-is-the-key-to-the-womens-pay-gap.html.

24 Sara Eckel, «Sometimes, It's Not You, or the Math», *The New York Times*, 23 de septiembre de 2011, https://www.nytimes.com/2011/09/25/style/modern-love-sometimes-its-not-you-or-the-math.html.

25 Judith E. Owen Blakemore *et al.*, «I Can't Wait to Get Married: Gender Differences in Drive to Marry», *Sex Roles* 53 (2005): 327-35. Este estudio hizo un muestreo de 395 personas solteras entre los 18 y los 31 años que eran «estudiantes de psicología de un plantel regional de una universidad estatal en el Medio Oeste de Estados Unidos». La división racial fue como sigue: 88.6% blancos, 6.1% negros, 2% hispanos y 1.5% asiáticos.

26 S. M. Stanley, «What Is It with Men and Commitment, Anyway?», artículo de trabajo basado en una plática clave en la 6.ª Conferencia Anual Smart Marriages, Washington D. C., última actualización noviembre de 2019, 2002, http://www.box.net/shared/1zketqdii1ccnqb5vlf 9.

27 Si bien la investigación científica reciente sugiere que, al igual que los óvulos femeninos, el esperma masculino disminuye en calidad conforme se envejece, los cambios vienen después

en la vida para los hombres que para las mujeres. Cfr., por ejemplo, Harry Fisch, *The Male Biological Clock* (Nueva York: Free Press, 2015); Ana Swanson, «Why Men Should Also Worry About Waiting Too Long to Have Kids», *Washington Post*, 27 de octubre de 2015, https://www.washingtonpost.com/news/wonk/wp/2015/10/27/men-have-biological-clocks-too-so-why-does-no-one-talk-about-them/.

28 R. Sylvest *et al.*, «Attitudes Toward Family Formation Men Attending Fertility Counseling», *Reproductive Biomedicine and Society Online* (julio de 2018), https://www.ncbi.nlm.nih.gov/pmc/articles/PMC6120434/.

29 Profile America Facts for Features, 16 de agosto de 2017, https://www.census.gov/content/dam/Census/newsroom/facts-for-features/2017/cb17-ff16.pdf.

30 William Safire, «On Language; A Woman of a Certain Age», *The New York Times*, 2 de julio de 1995.

31 Carol C. Nadelson *et al.*, «To Marry or Not to Marry: A Choice», *American Journal of Psychiatry* 138, núm. 10 (octubre de 1981); cfr. también Janet Cockrum y Priscilla White, «Influences on the Life Satisfaction of Never-Married Men and Women», *Family Relations* 34, núm. 4 (1985): 551-56. Los autores observaron que las mujeres solteras eran consideradas como «menos femeninas, menos amorosas y cuidadosas, menos atractivas sexualmente y más egoístas».

32 Claudia Goldin y Lawrence F. Katz, «Putting the "Co" in Education: Timing, Reasons, and Consequences from 1835 to the Present», *Journal of Human Capital* 5, núm. 4 (2011): 412-23, https://scholar.harvard.edu/files/goldin/files/putting_the_co_in_education_timing_reasons_and_consequences_of_college_coeducation_from_1835-_present.pdf.

33 «Percentage of U.S. Population Who Have Completed Four Years of College or More from 1940 to 2020, by Gender», Statista, https://www.statista.com/statistics/184272/educational-attainment-of-college-diploma-or-higher-by-gender/.

34 Nadelson, «To Marry or Not to Marry».

35 Arline L. Bronzaft, «College Women Want a Career, Marriage, and Children», *Psychological Reports* 35, (diciembre de 1974): 1031-34. La Dra. Bronzaft ganó la mención presidencial de la American Psychological Association en 2018 por toda una vida de logros profesionales, que incluyen ser consejera de los alcaldes de Nueva York sobre salud infantil, ruido urbano y desarrollo psicológico; cfr. https://www.apa.org/about/governance/president/citation/arline-bronzaft.

36 «Percentage of the U.S. Population Who Have Completed Four Years of College or More».

37 Quoctrung Bui y Claire Cain Miller, «The Age That Women Have Babies: How a Gap Divides America», *The New York Times*, 4 de agosto de 2018, https://www.nytimes.com/interactive/2018/08/04/upshot/up-birth-age-gap.html.

38 W. Bradford Wilcox and Wendy Wang, «The Marriage Divide: How and Why Working-Class Families Are More Fragile Today», Institute for Family Studies, 25 de septiembre de 2017.

39 Naomi Cahn y June Carbone, *Red Families v. Blue Families* (Nueva York: Oxford University Press, 2010).

CAPÍTULO 2. EL CULTO DE LA MATERNIDAD

1 Sharon Hays, *The Cultural Contradictions of Motherhood* (New Haven, CT: Yale University Press, 1996). [Versión en español: Hays, S. (1998) *Las contradicciones culturales de la maternidad*. Madrid: Paidós].

2 Bethany L. Johnson y Margaret M. Quinlan, *You're Doing It Wrong! Mothering, Media, and Medical Expertise* (New Brunswick, NJ: Rutgers University Press, 2019).

3 Alexandra Sacks, «The Birth of a Mother», *The New York Times*, 8 de mayo de 2017, https://www.nytimes.com/2017/05/08/well/family/the-birth-of-a-mother.html.

4 Julie Ma, «25 Famous Women on Becoming New Moms», *Cut*, 28 de mayo de 2018, https://www.thecut.com/article/celebrity-moms-quotes-about-motherhood.html.

5 Jaime Harkin, «The Thoroughly Modern Mogul», *People*, 27 de enero de 2020.

6 Jen Juneau, «Cardi B Says "I Met My Match" in Newborn Daughter Kulture: "I Can't Believe I Have a Boss"», *People*, 27 de julio de 2018, https://people.com/parents/cardi-b-met-her-match-baby-girl-new-motherhood/.

7 «Salma Hayek: I Would Give Up Acting for Valentina», *People*, actualizado el 2 de diciembre de 2020, https://people.com/parents/savages-usa-today-salma-hayek-quit-acting-for-valentina/.

8 Lisa Belkin, «What Does She Mean by "Mom in Chief"?», *Huffington Post*, 5 de noviembre de 2012.

9 Rasha Ali, «Larry King Has "Less of a Fear of Dying Now" After Near-Fatal Stroke, Talks Recent Divorce», USA *Today*, 5 de febrero de 2020, https://www.usatoday.com/story/entertainment/celebrities/2020/02/05/larry-king-talks-sur viving-stroke-health/4665721002/.

10 Melissa Seelye, «The Cult of Motherhood: A Century of Mother's Days», *Feminist Wire*, 11 de mayo de 2014.

11 Allison Aubrey, «Xanax or Zoloft for Moms-to-Be: A New Study Assesses Safety», NPR, 18 de septiembre de 2017, https://www.npr.org/sections/health-shots/2017/09/18/551020800/xanax-or-zoloft-for-moms-to-be-a-new-study-assesses-safety.

12 Bruce Drake, «Few Americans Say a Mother Working Full-Time Is Good for Her Children», Pew Research Center, 3 de abril de 2013, https://www.pewresearch.org/fact-tank/2013/04/03/few-americans-say-a-mother-working-full-time-is-ideal-for-children/.

13 Jerry A. Jacobs y Kathleen Gerson, «Unpacking Americans Views of the Employment of Mothers and Fathers Using National Vignette Data Survey», *Gender and Society* 30 (2016): 413-41. Sin embargo, vale la pena observar que, cuando los autores examinaron los datos, encontraron que el apoyo a las madres jóvenes que trabajaban tiempo completo fuera de su hogar variaba dependiendo de su empleo específico, satis-

facción laboral, estado civil, contribución financiera al hogar y organización del cuidado de los hijos.

14 Denise-Marie Ordway, «What Research Says About the Kids of Working Moms», *Journalist's Resource*, 6 de agosto de 2018, https://journalistsresource.org/economics/working-mother-employment-research/.

15 Kathleen L. McGinn *et al.*, «Learning from Mum: Cross-National Evidence Linking Maternal Employment and Adult Children's Outcomes», *Work, Employment and Society* 33, núm. 3 (2019): 374-400, https://journals.sagepub.com/eprint/DQzHJAJMUYWQevh577wr/full; Dina Gerdeman, «Kids of Working Moms Grow into Happy Adults», Working Knowledge, 16 de julio de 2018, https://hbswk.hbs.edu/item/kids-of-working-moms-grow-into-happy-adults.

16 Susan Douglas y Meredith Michaels, *The Mommy Myth* (Nueva York: Free Press, 2005).

17 Cressida Leyshon, «This Week in Fiction: Lauren Groff on the Cult of Motherhood», *The New Yorker*, 16 de mayo de 2016.

CAPÍTULO 3. APRENDER DE PRIMERA MANO SOBRE EL SEGUNDO TURNO

1 En la década de 1970, pocas personas defendían públicamente a las parejas homosexuales, y mucho menos el matrimonio homosexual; el porcentaje de familias homoparentales era muy bajo. Fue hasta principios del año 2000 cuando empezó a arraigarse la aceptación de los derechos homosexuales, incluido el concepto de familias gay con hijos.

2 Jennifer Szalai, «The Complicated Origins of "Having It All"», *The New York Times Magazine*, 2 de enero de 2015.

3 Ruth Rosen, «Who Said We Could Have It All?», Open Democracy, 2 de agosto de 2012, https://www.opendemocracy.net/en/5050/who-said-we-could-have-it-all/.

4 Melissa Kirsch, «Why "Free to Be... You and Me" Was the Most Important Album of Our Youth», *Scary Mommy*, 5 de agosto

de 2005, https://www.scarymommy.com/why-free-to-beyou-and-me-was-the-most-important-album-of-our-youth/.

5 George Guilder, «Women in the Work Force», *The Atlantic*, septiembre de 1986, https://www.theatlantic.com/magazine/archive/1986/09/women-in-the-work-force/304924/.

6 *Ibid.*

7 Cynthia Hess, Tanima Ahmed y Jeff Hayes, «Providing Unpaid Household and Care Work in the United States: Uncovering Inequality», documento informativo C487, Institute for Women's Policy Research (enero 2020).

8 Kayla Van Gorp, «The Second Shift: Why It Is Diminishing but Still an Issue», *The Review: A Journal of Undergraduate Student Research* 14 (2013): 31-37.

9 Se cambiaron los nombres reales y detalles de identificación por solicitud de la entrevistada.

10 Gretchen Livingston y Deja Thomas, «Among 41 Countries, Only U.S. Lacks Paid Parental Leave», Pew Research Center, 16 de diciembre de 2019, https://www.pewresearch.org/fact-tank/2019/12/16/u-s-lacks-mandated-paid-parental-leave/.

11 Economic News Release, U.S. Bureau of Labor Statistics, última modificación el 22 de julio de 2021, https://www.bls.gov/news.release/atus.t09.htm.

12 Hallazgos de 2017 Kaiser Women's Health Survey, 13 de marzo de 2018, https://www.kff.org/womens-health-policy/issue-brief/women-work-and-family-health-key-findings-from-the-2017-kaiser-womens-health-survey/.

13 Darcy Lockman, «Too Often Working Mothers Do Far More of the Childcare Than Their Husbands. Here's How to Fix That», *Time*, 16 de mayo de 2019.

14 Quizá no es sorprendente que algunos hombres se molesten cuando se ven confrontados por estos estudios e informes realizados por mujeres. El 70% de los padres dice que las tareas domésticas se reparten de manera equitativa, mientras que solo el 44% de sus parejas femeninas dicen que es

verdad; cfr. «Women in the Workplace 2020», McKinsey and Company (2021), https://wiw-report.s3.amazonaws.com/Women_in_the_Workplace_2020.pdf.

15 Jessica Bennett, «"I Feel Like I Have Five Jobs": Moms Navigate the Pandemic», *The New York Times*, 20 de marzo de 2020.

16 «Seven Charts That Show COVID-19's Impact on Women's Employment», McKinsey and Company (8 de marzo de 2021), https://www.mckinsey.com/featured-insights/diversity-and-inclusion/seven-charts-that-show-covid-19s-impact-on-womens-employment#; Nicole Bateman y Martha Ross, «Why Has COVID-19 Been Especially Harmful for Working Women?», Brookings (octubre de 2020).

17 También es notable que la devastación económica provocada por la pandemia tuvo un efecto desproporcionado en el empleo de las mujeres. Puesto que ellas están sobrerrepresentadas en la industria del servicio, como restaurantes y ventas, que fueron las más golpeadas, las mujeres perdieron un número neto de 5 400 000 empleos durante la pandemia, comparado con los 4 400 000 que perdieron los hombres. Cfr. Diana Boesch y Shilpa Phadke, «When Women Lose All the Jobs: Essential Actions for a Gender-Equitable Recovery», Center for American Progress, 1 de febrero de 2021, https://cdn.americanprogress.org/content/uploads/2021/01/29041540/WomenLoseJobs-brief.pdf?_ga=2.212257948.966411441.1616111546-2002805608.1615 425830.

18 Melanie E. Brewster, «Lesbian Women and Household Labor Division: A Systematic Review of Scholarly Research from 2000 to 2015», *Journal of Lesbian Studies* 21 (2017): 47-69, https://www.tandfonline.com/doi/full/10.1080/10894160.2016.1142350; Charlotte J. Patterson, Erin L. Sutfin y Megan Fulcher, «Division of Labor Among Lesbian and Heterosexual Parenting Couples: Correlates of Specialized Versus Shared Patterns», *Journal of Adult Development* 11 (2004): 179-89.

19 Abbie E. Goldberg, JuliAnna Z. Smith y Maureen Perry-Jenkins, «The Division of Labor in Lesbian, Gay, and Heterosexual New Adoptive Parents», *Journal of Marriage and Family* 74 (agosto

de 2012): 812-28, https://onlinelibrary.wiley.com/doi/abs/10.1111/j.1741-3737.2012.00992.x.

20 Claire Cain Miller, «How Same-Sex Couples Divide Chores and What It Reveals About Modern Parenting», *The New York Times*, 16 de mayo de 2018.

21 Tiffany Dufu, «I Was the Family Micromanager—Here's How I Learned to Let Go», *Good Housekeeping*, 13 de febrero de 2017, https://www.goodhousekeeping.com/life/parenting/a42864/tiffany-dufu-drop-the-ball/. Cfr. también Tiffany Dufu, *Drop the Ball: Expect Less from Yourself and Flourish in Work and Life* (Nueva York: Flatiron Books, 2017).

22 Oliver Burkeman, «Dirty Secret: Why Is There Still a Housework Gender Gap?», *The Guardian*, 17 de febrero de 2018.

23 «Statistics on Stay-at-Home Dads», National At-Home Dad Network, consultado el 18 de marzo de 2021, https://www.athomedad.org/media-resources/statistics/.

CAPÍTULO 4. LA TOXICIDAD DE LA AMBICIÓN FEMENINA

1 La educación de Mimi Hu la financió la Fundación Freeman.

2 Robin Romm, ed., *Double Bind: Women on Ambition* (Nueva York: W. W. Norton, 2017).

3 Robin J. Ely and Irene Padavic, «What's Really Holding Women Back?», *Harvard Business Review* 98, núm 2 (marzo-abril de 2020): 58-67.

4 Gwen Ifill, «The 1992 Campaign: Hillary Clinton Defends Her Conduct in Law Firm», *The New York Times*, 17 de marzo 1992. A Clinton también la criticaron por conservar su nombre de soltera, Rodham, durante diez años después de casarse con Clinton. Los votantes no aprobaron esa decisión, dijo, porque era un factor de fracaso para su esposo en la reelección como gobernador de Arkansas en 1980. Cuando Bill Clinton volvió a postularse en 1982, anunció que, a partir de ese momento, su esposa respondería al nombre de Hillary Rodham Clinton. De acuerdo con *The Washington Post*, «era plegarse a la tradición,

pero también una jugada política. Era un intento por cambiar la idea de que era una mujer excesivamente ambiciosa o desinteresada en el papel tradicional de la primera dama del estado»; cfr. Janell Ross, «The Complicated History Behind Hillary Clinton's Evolving Name», *The Washington Post*, 25 de julio de 2015.

5 «For the Record: Obama Endorses Clinton as "Likable Enough"», USA *Today*, 10 de junio de 2016, https://www.usatoday.com/story/news/politics/onpolitics/2016/06/10/record-obama-endorses-clinton-likable-enough/85675584/; Rebecca Sinderbrand, «Analysis: Why Clinton's Bid Failed», CNN Politics, 6 de junio de 2008, https://www.cnn.com/2008/POLITICS/06/06/clinton.race/index.html; Patrick Healy, «After Delay, Clinton Embarks on a Likability Tour», *The New York Times*, 19 de diciembre de 2007, https://www.nytimes.com/2007/12/19/us/politics/19clintons.html; Sady Doyle, «America Loves Women Like Hillary Clinton, as Long as They Are Not Asking for a Promotion», *Quartz*, 26 de febrero de 2016, https://qz.com/624346/america-loves-women-like-hillary-clinton-as-long-as-theyre-not-asking-for-a-promotion/.

6 Amy Chozick, «Hillary Clinton and the Return of the (Unbaked) Cookies», *The New York Times*, 5 de noviembre de 2016.

7 Daniella Diaz, «Trump Calls Clinton a Nasty Woman», CNN, 20 de octubre de 2016.

8 Cfr., p. ej.: Farida Jalalzai, «A Comparative Assessment of Hillary Clinton's Presidential Race», *Socius* 4 (enero de 2018). En él, argumenta que el género, «evidente en la negatividad persistente que Clinton enfrentó en la cobertura de los medios de comunicación y entre el público en general, contribuyó en parte al resultado electoral». Cfr. también Clare Foran, «The Curse of Hillary Clinton's Ambition», *The Atlantic*, 17 de septiembre de 2016, https://www.theatlantic.com/politics/archive/2016/09/clinton-trust-sexism/500489/, and Doyle, «America Loves Women Like Hillary Clinton».

9 Meghan Keneally, «Hillary Clinton's Progress Trying to Shatter That Highest, Hardest Glass Ceiling», ABC News, 9 de noviembre de 2016.

10 Ruth Graham, «For Conservative Christian Women, Amy Coney Barrett's Success Is Personal», *The New York Times*, 28 de septiembre de 2020. «Cuántos tiene, ¿seis o siete hijos?», preguntó Pat Robertson en la red del programa cristiano en 2018, cuando Barrett la mencionó por primera vez como una posible candidata para la Corte Suprema. «Debe ser difícil ser juez y cuidar a tantos niños, ¿no?».

11 Brian Schwartz, «Some Biden Allies Wage Shadow Campaign to Stop Kamala Harris from Becoming Vice President», CNBC News, 29 de julio de 2020.

12 Jessica Grose, «Ambition Has Always Been "Ladylike"», *The New York Times*, 11 de agosto de 2020.

13 Keneshia Grant, una profesora de ciencias políticas en la Universidad Howard, observó que las mujeres blancas que estaban bajo consideración para la vicepresidencia no recibieron la misma crítica. «Esta narrativa [ambiciosa] que coloca explícitamente a la senadora Kamala Harris en un lugar especial que sugiere que su ambición es incorrecta o no bienvenida es problemática. Y pienso que muestra una preocupación sobre el hecho de que una mujer negra sea presidenta y si es momento de que pueda ser presidenta». Cfr. Eugene Scott, «In Accusations of Being Too Ambitious, Some Black Women See a Double Standard», *The Washington Post*, 3 de agosto de 2020.

14 En un ensayo en primera persona que escribió para *Elle*, Harris dijo que no pudo asistir a la graduación de preparatoria de su hijastra porque tuvo que interrogar al director del FBI, James Comey, en el Capitolio. «Padecí este conflicto de horarios», escribió, y luego afirmó: «pero llegué a casa a tiempo para cenar en familia esa noche». Cfr. Kamala Harris, «Sen. Harris on Being "Momala"», *Elle*, 10 de mayo de 2019.

15 Lilee Williams, «VP Candidate Kamala Harris' Favorite Title Is Momala», Moms.com, 13 de agosto de 2020, https://www.

moms.com/vp-candidate-kamala-harris-favorite-title-is-momala/.

16 Colby Itkowitz *et al.*, «Vice Presidential Debate: Highlights and Fact Checks», *The Washington Post*, 7 de octubre de 2020.

17 Claire Cain Miller y Alisha Haridasani Gupta, «Why Supermom Gets Star Billing on Résumés for Public Office», *The New York Times*, 14 de octubre de 2020.

18 *Ibid.*

19 Steven Mintz, «The Other Gender Gap», *Inside Higher Ed*, 4 de agosto de 2019, https://www.insidehighered.com/blogs/higher-ed-gamma/other-gender-gap.

20 Mark J. Perry, «Chart of the Day: The Incredible 13M Gender College Degree Gap Since 1982 Favoring Women», *AEIdeas*, 20 de febrero de 2019, https://www.aei.org/carpe-diem/chart-of-the-day-the-incredible-13m-gender-college-de gree-gap-since-1982-favoring-women/.

21 La directora de Operaciones de Facebook, Sheryl Sandberg, llamó una renovada atención a este estudio en su libro *bestseller Lean In*. Cfr. también Danielle N. Sunday, «Challenges Women Face Leading in Work and Life», Penn State University, 14 de agosto de 2013, https://sites.psu.edu/dan ielle sunday/2013/08/24/challenges-women-face-leading-in-work-and-life/.

22 Lyn Turknett, «Who Are Heidi and Howard and Why Does It Matter?», Turknett Leadership Group, enero de 2020, https: //www.turknett.com/wp-content/uploads/2020/01/Who-are-Heidi-and-Howard-and-Why-Does-It-Matter_.pdf.

23 Katherine Rosman, «Abby Phillip Is Next-Gen CNN», *The New York Times*, 13 de noviembre de 2020.

24 «Women in Politics, the Workplace, and Family Life», Associated Press and NORC Center for Public Affairs Research, marzo de 2019, https://apnorc.org/wp-content/uploads/2020/02/APNORC_GSS_gender_equality_2019.pdf.

25 Leonardo Bursztyn, Thomas Fujiwara y Amanda Pallais, «"Acting Wife": Marriage Market Incentives and Labor Market

Investments», *American Economic Review* 107, núm 11 (noviembre de 2017): 3288-319.

26 Anna Fels, *Necessary Dreams: Ambition in Changing Women's Lives* (Nueva York: Pantheon 2004).

27 Lara Bazelon, «What It Takes to Be a Trial Lawyer if You're Not a Man», *The Atlantic*, septiembre de 2018. Varios párrafos en este capítulo están parafraseados o se reproducen de manera literal de la obra.

28 Catherine Saint Louis, «Up the Career Ladder, Lipstick in Hand», *The New York Times*, 12 de octubre 2011.

29 Debora L. Spar, «Aging and My Beauty Dilemma», *The New York Times*, 24 de septiembre de 2016.

30 Cfr. S.B. 188, Reg. Sess. § 2, § 3 (Cal. 2019-2020), enmienda § 212.1 del Código de Educación de California y § 12926 del Código de Gobierno de California, respectivamente. Una legislación similar se aprobó en Nueva York y Nueva Jersey, y está pendiente en otros estados. Cfr. 2019 iniciativa de ley de la Asamblea A07797A (N. Y. 2019); S.B. S3945, Reg. Sess. (N. J. 2019); S.B. Núm. 165, Reg. Sess. (N. C. 2021); Aimee Simeon, «Connecticut Is Officially Making Natural Hair Discrimination Ilegal», Refinery29, 2 de marzo de 2021, https://www.refinery29.com/en-us/2021/03/10339549/connecticut-natural-hair-discrimination-crown-act.

31 S.B. 188 § 1(b) (Cal. 2019-2020).

32 Samantha Grossman, «The Insidious Sexism of Resting Bitch Face», *Week*, 10 de enero de 2019. Observa que la frase «es en realidad insidiosa y sexista», y que existe un estándar doble porque «si la expresión neutral de un hombre muestra desagrado o molestia significa que es más humano».

33 El nombre y los detalles que lo identifican se cambiaron por solicitud de la entrevistada.

34 Emma Gray, «Every Woman Should Read Reese Witherspoon's Stunning Speech About Ambition», *Huffington Post*, 10 de noviembre de 2015.

CAPÍTULO 5. ESTOY ENAMORADA... DE MI TRABAJO

1 «Family and Medical Leave Act», U.S. Department of Labor, consultado el 29 de septiembre de 2021, https://www.dol.gov/agencies/whd/fmla.
2 Desde 1993, solo 15 estados y el Distrito de Columbia han ampliado las prestaciones de licencia no remunerada más allá de los estándares de la FMLA al aumentar la cantidad de tiempo de licencia ofrecido o ampliar la definición de un miembro elegible de la familia; cfr. «Paid Family and Sick Leave in the U.S.», Kaiser Family Foundation, 14 de diciembre de 2020, https://www.kff.org/womens-health-policy/fact-sheet/paid-family-leave-and-sick-days-in-the-u-s/. Una compañía que ofrece incluso tan poco como 16 semanas de licencia remunerada, fácilmente estará entre las veinte compañías de EUA con las mejores políticas de licencias familiares en Estados Unidos; cfr. Richard Feloni, «These Are the Top 14 US Companies Giving New Parents at Least 4 Months of Paid Time Off», *Business Insider*, 24 de junio de 2019, https://www.businessinsider.com/best-parental-leave-policies-from-large-us-companies-2019-6.
3 Linda R. Hirshman, *Get to Work: A Manifesto for Women of the World* (Nueva York: Viking, 2006), 3.
4 *Ibid.*, 16.
5 *Ibid.*, 3.
6 Sharon Hays, *The Cultural Contradictions of Motherhood* (New Haven, CT: Yale University Press, 1998). [Versión en español: Hays, S. (1998) *Las contradicciones culturales de la maternidad*. Madrid: Paidós].
7 Roos IJsendijk, correo electrónico a la autora, 1 de julio de 2019.
8 Gretchen Livingston, «Stay-at-Home Moms and Dads Account for About One-in-Five U.S. Parents», Pew Research Center, 24 de septiembre de 2018, https://www.pewresearch.org/fact-tank/2018/09/24/stay-at-home-moms-and-dads-account-for-about-one-in-five-u-s-parents/.

9 «Why Lillian Gave Up Her Career, Part 1», Postmodern Family, 2 de julio de 2017, http://thepostmodernfamily.com/2017/07/02/why-lillian-gave-up-her-career-part-1/; «Why Lillian Gave Up Her Career, Part 2», Postmodern Family, 2 de julio de 2017, http://thepostmodernfamily.com/2017/07/02/why-lillian-gave-up-her-career-part-2/.

10 Según un informe noticioso de 2021, «Attacks on feminists, queer people and people of different cultural backgrounds are not difficult to find under the #tradwife hashtag»; cfr. Anna Kelsey-Sugg y Siobhan Marin, «For Some Being a Tradwife Is About More Time with Family. For Others, It's a Dangerous Far-Right Ideology», ABC Radio National, 21 de agosto de 2021, https://www.abc.net.au/news/2021-08-22/tradwife-movement-personal-pleasures-or-extreme-right-ideologies/100356514. Una de las publicaciones de Lillian de 2019 enlaza a un artículo que afirma: «Usted ya no tiene derecho a sacar a su hijo de la educación relacional y sexual (ahora bajo la bandera "educación de la salud"). Su hijo de 4 años aprenderá en el salón de clase... donde se establece que algunos niños no se sienten del género en el que nacieron. Desde el primer año escolar se les enseña que el sexo biológico es distinto al género mental, una IDEOLOGÍA, no un hecho». Otro informe noticioso dice que «el movimiento #tradwife es especialmente popular entre los supremacistas blancos, que afirman categóricamente que las mujeres blancas deberían someterse a su esposo y concentrarse en tener tantos bebés blancos como sea posible»; cfr. Hadley Freeman, «"Tradwives": The New Trend for Submissive Women Has a Dark Heart and History», *The Guardian*, 20 de enero de 2020. Ni Lillian ni Felipe son caucásicos.

CAPÍTULO 6. LIBERARSE

1 Mitra Toossi y Teresa L. Morisi, «Women in the Workforce Before, During, and After the Great Recession», U.S. Bureau of Labor Statistics (julio de 2017).
2 *Ibid.*
3 *Ibid.*
4 Elisabeth Jacobs y Kate Bahn, «Women's History Month: U.S. Women's Labor Force Participation», Washington Center for Equitable Growth, 22 de marzo de 2019.
5 Kerri Anne Renzulli, «This New Bill Before Congress Could Save Parents Thousands of Dollars a Year—Here's How», CNBC, 27 de febrero de 2019.
6 Brigid Schulte y Alieza Durana, «The New America Care Report», New America Foundation, 28 de septiembre de 2016, https://www.newamerica.org/better-life-lab/policy-papers/new-america-care-report/.
7 Maggie Germano, «Women Are Working More Than Ever, but They Still Take on Most Household Responsibilities», *Forbes*, 27 de marzo de 2019, https://www.forbes.com/sites/maggiegermano/2019/03/27/women-are-working-more-than-ever-but-they-still-take-on-most-household-responsibilities/?sh=19bd77c952e9; Darcy Lockman, «Too Often, Working Mothers Do Far More of the Childcare Than Their Husbands. Here's How to Fix That», *Time*, 16 de mayo de 2019, https://time.com/5589770/parenting-working-women-domestic-balance/.
8 Francine D. Blau y Lawrence M. Kahn, «Female Labor Supply: Why Is the U.S. Falling Behind?», ponencia núm. 7140, presentada ante la American Economic Association Meeting en San Diego, enero de 2013.
9 «Senator Murray Reintroduces Comprehensive Child Care and Early Learning Bill to Ensure #ChildCare4All, Builds on Momentum from Washington State Stories», boletín informativo, Murray.Senate.gov, 26 de febrero de 2019, https://www.murray.senate.gov/public/index.cfm/2019/2/video-

senator-murray-reintroduces-comprehensive-child-care-and-early-learning-bill-to-ensure-childcare4all-builds-on-momentum-from-washington-state-stories.

10 Chaudry y Hamm, «The Child Care for Working Families Act».

11 Nicole Bateman y Martha Ross, «Why Has COVID-19 Been Especially Harmful for Working Women?», Brookings (octubre de 2020); Tim Henderson, «Mothers Are 3 Times More Likely Than Fathers to Have Lost Jobs in the Pandemic», Pew Research Center, 28 de septiembre de 2020.

12 Alicia Sasser Modestino, «Coronavirus Child-Care Crisis Will Set Women Back a Generation», *The Washington Post*, 29 de julio de 2020.

13 Tyler Atkinson y Alex Richter, «Pandemic Disproportionately Affects Women, Minority Labor Force Participation», Banco de la Reserva Federal de Dallas, 10 de noviembre de 2020.

14 Gran parte de esta sección se publicó en una versión un poco diferente en el artículo de Lara Bazelon, «Divorce Can Be an Act of Radical Self-Love», *The New York Times*, 30 de septiembre de 2021.

15 Los nombres y detalles de identificación se cambiaron a solicitud de la entrevistada, para preservar su anonimato.

16 Jayita Poduval y Murali Poduval, «Working Mothers: How Much Working, How Much Mothers, and Where Is the Womanhood?», *Mens Sana Monographs* 7, núm. 1 (enero-diciembre de 2009): 63-79, https://www.ncbi.nlm.nih.gov/pmc/articles/PMC3151456/.

17 Tracy McVeigh, «The Biggest Financial Risk for Women Today? Embarking on a Relationship», *The Guardian*, 18 de marzo de 2017.

18 Poduval y Poduval, «Working Mothers».

19 Katherine Weisshaar, «From Opt Out to Blocked Out: The Challenges for Labor Market Re-Entry After Family Related Employment Lapses», *American Sociological Review* 83, núm. 1 (2018).

20 Julia Zimbalist, correo electrónico a la autora, 30 de junio de 2019.

21 Dimitri Mortelmans, Gert Thielemans y Layla Van den Berg, «Parents Returning to Parents: Does Migration Background Have an Influence on the "Boomerang Effect" Among Parents After Divorce?», en M. Kreyenfeld y H. Trappe, eds., *Parental Life Courses After Separation and Divorce in Europe* (Cham, Suiza: Springer, 2020), 83-102.

22 Dimitri Mortelmans, «Economic Consequences of Divorce: A Review», en *ibid.*, 23-41; Ben Steverman, «Divorce Destroys Finances of Americans Over 50, Studies Show», *Bloomberg News*, 19 de julio de 2019.

23 Stacy Francis, «The Biggest Financial Risk a Woman Can Take Is Getting Married», Francis Financial, última consulta el 18 de noviembre de 2021, https://francisfinancial.com/the-biggest-financial-risk-a-woman-can-take-is-getting-married/.

24 Stacy Francis, «Money Stress Traps Many Women into Staying in Unhappy Marriages», CNBC, 13 de agosto de 2019.

25 Sarah Jane Glynn y Katie Hamm, «The Economics of Caregiving for Working Mothers», Centro para el Progreso Estadounidense, 10 de diciembre de 2019.

26 *Ibid.*; Cheridan Christnacht y Briana Sullivan, Oficina de Censo de EUA, 8 de mayo de 2020.

27 Sarah Jane Glynn, «Breadwinning Mothers Continue to Be the U.S. Norm», Center for American Progress, 10 de mayo de 2019. El número mayor de madres negras que son sustento de su casa se explica, en parte, por el hecho de que la mayoría de las madres negras cría sola a su familia; cfr. «Breadwinner Mothers by Race/Ethnicity and State», Institute for Women's Policy Research, septiembre de 2016, https://iwpr.org/wp-content/uploads/2020/08/Q054.pdf. Asimismo, los hogares dirigidos por madres latinas constituyeron el 24.4% de las familias latinas (en un estudio de 2018). En contraste, ese mismo estudio encontró que las mujeres blancas dirigían solo el 12.7% de los hogares, y las mujeres asiáticas estadounidenses, el 11.7% de los hogares asiático-estadounidenses; cfr. Jocelyn Frye, «On the Frontlines at Work and at

Home: The Disproportionate Economic Effects of the Coronavirus Pandemic on Women of Color», Centro para el Progreso Estadounidense, 23 de abril de 2020, https://www.americanprogress.org/issues/women/reports/2020/04/23/483846/frontlines-work-home/.

28 Sreedhari D. Desai, Dolly Chugh y Arthur Brief, «Marriage Structure and Resistance to the Gender Revolution in the Workplace», UNC Kenan-Flagler artículo de investigación núm. 2013-19 (marzo de 2012).

29 Jill Filipovic, «Are Women Allowed to Love Their Jobs?», *The New York Times*, 28 de abril de 2017.

30 *Ibid.*

31 Sonyan White, «The Brighter Side of Single Mom Life: Why Women Are Living Happily Ever After Divorce», *Connected Women*, 7 de junio de 2017, https://www.connectedwomen.co/magazine/the-brighter-side-of-single-mom-life-why-more-women-are-living-happily-ever-after-divorce/.

32 Lara Bazelon, «Confessions of a Part-Time Mom», *Slate*, 13 de junio de 2017, https://slate.com/human-interest/2017/06/divorce-and-shared-custody-suits-me-and-it-suits-my-kids-too.html.

33 Mary Daniels, correo electrónico a la autora, 4 de julio de 2019.

34 Lara Bazelon, «From Divorce, a Fractured Beauty», *The New York Times*, 24 de septiembre de 2015.

35 Bateman y Ross, «Why Has COVID-19 Been Especially Harmful».

36 Las autoras Hana Schank y Elizabeth Wallace cuentan muchas de estas historias en su libro *The Ambition Decisions: What Women Know About Work, Family, and the Path to Building a Life* (Nueva York: Penguin, 2019).

37 «Senator Murray, Senator Cantwell Introduce Bill to Help Families Pay for Child Care», boletín informativo, 10 de febrero de 2021, https://www.murray.senate.gov/public/index.cfm/mobile/newsreleases?ID=67704AE2-AE85-40E4-B837-7BCA7371AAAE#:~:text=In%202019%2C%20she%20

also%20introduced,wages%20for%20early%20childhood%20educators.

38 Jason DeParle, «In Stimulus Bill, a Policy Revolution in Aid for Children», *The New York Times*, 7 de marzo de 2021.

CAPÍTULO 7. ACEPTAR EL DESEQUILIBRIO

1 J. F. Meyer, «History Repeats Itself: Restorative Justice in Native American Communities», *Journal of Contemporary Criminal Justice* 14, núm. 1 (febrero de 1998): 42-57.

2 Emily Alpert Reyes y Matt Lait, «LA to Pay $24 Million to Two Men Imprisoned for Decades After Wrongful Murder Convictions», *Los Angeles Times*, 19 de enero de 2016.

3 Cara Chocano, «Calling Yourself "Humbled" Doesn't Sound as Humble as It Used To», *The New York Times Magazine*, 24 de enero de 2017.

4 Kaitlin Menza, «#LuckyGirl Is the New #Humblebrag», *Cosmopolitan*, 6 de junio 2013.

5 Hannah Seligson, «The #LuckyGirl's Lie», *The Atlantic*, 21 de septiembre de 2015.

6 Shannon Bendixen, «Women Leaders and Luck», Center for Creative Leadership, 20 de noviembre 2020, https://www.ccl.org/articles/leading-effectively-articles/women-luck-credit-success/.

7 Andrew W. Hait, «Number of Women-Owned Firms Increased 0.6% from 2017 to 2018», Oficina de Censo de EUA, 29 de marzo de 2021.

8 Eduardo Porter, «How the Unemployment System Failed», *The New York Times*, 21 de enero de 2021.

9 Andrew Stettner and Elizabeth Pancotti, «12 Million Workers Face Jobless Benefit Cliff on December 26», Century Foundation, 28 de noviembre de 2020; Christopher Rugaber, «Trump's Hesitation on COVID-19 Relief Bill Will Delay Stimulus Payments for Unemployed», Associated Press, 29 de diciembre de 2020; Diana Boesch y Shilpa Phadke, «When

Women Lose All the Jobs: Essential Actions for a Gender-Equitable Recovery», Centro para el Progreso Estadounidense, 1 de febrero de 2021. Ver también Nicole Bateman y Martha Ross, «Why Has COVID-19 Been Especially Harmful for Working Women?», Brookings (octubre de 2020), https://www.brookings.edu/essay/why-has-covid-19-been-especially-harmful-for-working-women/.

10 Boesch y Phadke, «When Women Lose All the Jobs».

11 Annalyn Kurtz, «The U.S. Economy Lost 140 000 Jobs in December. All of Them Were Held by Women», CNN, 8 de enero de 2021.

12 Scott Horsley, «"Overlooked": Asian American Jobless Rate Surges but Few Take Notice», NPR, 20 de octubre de 2020; Erica Hellerstein, «"I'm So Scared": California Nail Salon Workers Face Ruin as Pandemic Wears On», *San Francisco Chronicle*, 19 de septiembre de 2020.

13 Kurtz, «The U.S. Economy Lost 140 000 Jobs in December».

14 Tim Henderson, «Mothers Are 3 Times More Likely Than Fathers to Have Lost Jobs in Pandemic», Pew Research Center, 28 de septiembre 2020, https://www.pewtrusts.org/en/research-and-analysis/blogs/stateline/2020/09/28/mothers-are-3-times-more-likely-than-fathers-to-have-lost-jobs-in-pandemic; Boesch y Phadke, «When Women Lose All the Jobs».

15 Rakesh Kochhar, «Unemployment Rose Higher in Three Months of COVID-19 Than It Did in Two Years of the Great Recession», Pew Research Center, 11 de junio de 2020, https://www.pewresearch.org/fact-tank/2020/06/11/unemployment-rose-higher-in-three-months-of-covid-19-than-it-did-in-two-years-of-the-great-recession/; «The Employment Situation», Oficina de Estadísticas Laborales de EUA, 3 de septiembre de 2021, https://www.bls.gov/news.release/pdf/empsit.pdf.

16 Dylan Matthews, «Joe Biden Just Launched the Second War on Poverty», *Vox*, 10 de marzo de 2021, https://www.vox.com/policy-and-politics/22319572/joe-biden-american-

rescue-plan-war-on-poverty; Heather Long, Alyssa Fowers y Andrew Van Dam, «Biden Stimulus Showers Money on Americans, Sharply Cutting Poverty and Favoring Individuals Over Businesses», *The Washington Post*, 6 de marzo de 2021, https://www.washingtonpost.com/business/2021/03/06/biden-stimulus-poverty-checks/.

17 Jonathan Weisman, «From Cradle to Grave, Democrats Move to Expand Social Safety Net», *The New York Times*, 6 de septiembre de 2021.

18 *Tikkun olam* es una frase en hebreo que significa «reparar el mundo», similar al principio de acción social y la búsqueda de justicia social en el judaísmo moderno.

CAPÍTULO 8. LOS NIÑOS ESTÁN BIEN

1 Kathleen L. McGinn *et al.*, «Learning from Mum: Cross-National Evidence Linking Maternal Employment and Adult Children's Outcomes», *Work, Employment and Society* 33, núm. 3 (2019), https://journals.sagepub.com/eprint/DQzHJAJMUYWQevh577wr/full.

2 Jacqueline Howard, «Having a Working Mother Has Benefits for Kids Later in Life, Study Says», CNN, 28 de julio de 2018, https://www.cnn.com/2018/07/18/health/working-moms-kids-study.

3 McGinn *et al.*, «Learning from Mum».

4 Carmen Nobel, «Kids Benefit from Having a Working Mom», *Working Knowledge*, 15 de mayo de 2015, https://hbswk.hbs.edu/item/kids-benefit-from-having-a-working-mom.

5 McGinn *et al.*, «Learning from Mum».

6 Pamela Lenehan, «I Surveyed More Than 1000 People to Find Out How Having a Working Mom Really Affects Kids», *Time*, 1 de marzo de 2016.

7 Amy Hsin and Christina Felfe, «When Does Time Matter? Maternal Employment and Child Development», *Demography* 51 (octubre de 2014): 1867-94.

8 Rachel G. Lucas-Thompson, Wendy A. Goldberg y JoAnn Prause, «Maternal Work Early in the Lives of Children and Its Distal Associations with Achievement and Behavior Problems: A Meta-Analysis», *American Psychological Association* 136, núm. 6 (2010): 915-42.

9 Denise-Marie Ordway, «What Research Says About the Kids of Working Moms», *Journalist's Resource*, 6 de agosto de 2018, https://journalistsresource.org/economics/working-mother-employment-research.

10 Los nombres y detalles de identificación se cambiaron a solicitud de la entrevistada, para proteger su anonimato.